U0141683

GOBOOKS
& SITAK
GROUP ©

Rich致富215

富爸爸之有錢人的大陰謀
八種全新的金錢法則

Rich Dad's Conspiracy of the Rich: The 8 New Rules of Money

羅勃特．T．清崎（Robert T. Kiyosaki）◎著
王立天◎譯

高寶書版集團

致富館 215

富爸爸之有錢人的大陰謀：八種全新的金錢法則

Rich Dad's Conspiracy of the Rich: The 8 New Rules of Money

作　　者：羅勃特．T．清崎（Robert T. Kiyosaki）
譯　　者：王立天
編　　輯：吳怡銘
校　　對：吳怡銘、陳佩筠
出 版 者：英屬維京群島商高寶國際有限公司台灣分公司
　　　　　Global Group Holdings, Ltd.
地　　址：台北市內湖區洲子街88號3樓
網　　址：gobooks.com.tw
電　　話：(02) 27992788
E-mail ：readers@gobooks.com.tw（讀者服務部）
　　　　　pr@gobooks.com.tw（公關諮詢部）
電　　傳：出版部（02）27990909　　行銷部（02）27993088
郵政劃撥：19394552
戶　　名：英屬維京群島商高寶國際有限公司台灣分公司
發　　行：希代多媒體書版股份有限公司/Printed in Taiwan
初版日期：2010 年 9 月

Copyright © 2009 by Robert T. Kiyosaki
Published by Business Plus in association with CASHFLOW Technologies, Inc.
Complex Chinese edition authorized by Rich Dad Operating Company, LLC., from English language edition published by Business Plus, an imprint of Grand Central Publishing.
Complex Chinese translation copyright © 2010 by Global Group Holdings, Ltd.
All rights reserved.
凡本著作任何圖片、文字及其他內容，未經本公司同意授權者，均不得擅自重製、仿製或以其他方法加以侵害，如一經查獲，必定追究到底，絕不寬貸。
◎版權所有　翻印必究◎

國家圖書館出版品預行編目資料

富爸爸之有錢人的大陰謀：八種全新的金錢法則 /
羅勃特．T．清崎（Robert T. Kiyosaki）著; 王立天譯.
-- 初版. -- 臺北市：高寶國際出版：希代多媒體發行, 2010.9
　面；　公分. --（致富館；RI 215）
譯自：Rich Dad's Conspiracy of the Rich:
　The 8 New Rules of Money
ISBN 978-986-185-507-3（平裝）
1.個人理財　2.投資　3.財富　4.金錢心理學
563　　99015384

Rich Dad's

Conspiracy of The Rich

The 8 New Rules of Money

Is the love of money the root of all evil?

Or is the ignorance of money the root of all evil?

—Robert T. Kiyosaki—

Rich Dad's Conspiracy of The Rich
The 8 New Rules of Money

Rich Dad's
Conspiracy
of
The Rich
The 8 New Rules of Money

來自羅勃特‧清崎的叮嚀：為什麼我為你們寫了這一本書

一九七一年，尼克森總統（Richard Nixon）未經國會的同意下，取消了美元的金本位制並改變了美國——以及全世界金錢的法則。這個改變只是一系列演變中的一次，導致了我們二〇〇七年所發生的金融危機。這個改變的結果，讓美國可以幾近無限制地發行通貨紙鈔，並且毫無節制地累積債務。

我們目前所經歷的經濟危機，是否只是一次性的意外事件？有人說是，但我個人卻說「不」。

那些達官顯要是否會解決我們目前的經濟危機？許多人都這麼期待著，但是我再次地說，「不會」。當造成這次危機——並從中獲得利益——的人們和機構仍然主事的情況下，這次的危機怎麼可能會有解決的辦法？問題在於這次的危機日益嚴重，且並非像世俗所希望的那樣愈來愈小。一九八〇年代政府的紓困案都是以百萬美元計，一九九〇年代則是以數十億美元來計算。而今日，動輒以「兆」美元來進行紓困。

針對「**危機**」一詞，我喜歡採用的定義是，「聲嘶力竭地冀求改變」。我個人認為我們的領袖是不會做出改變的，意思就是，你和我必須要做出改變才行。

雖然本書以陰謀為主題，但是目的並非在指認始作俑者，或是尋找代罪羔羊，更不是要什麼人下台負責。我們都知道這個世界上存在著各式各樣的陰謀，有些對我們有益，有些則不然。每當球隊在比賽中場休息返回更衣間時，技術上他們就在針對另外一支球隊醞釀一場陰謀。只要有個人的利益存在，就會有陰謀的產生。

本書之所以會取名為《富爸爸之有錢人的大陰謀》，是因為本書在闡述當今世界上的鉅富們，是如何藉著銀行來控制著全球的經濟、政府，和金融市場。如同你早就知道的，幾百年以來這樣的事情早就存在著，我也相信只要人類不滅絕，這種現象還會不斷地延續下去。

本書分為兩大部分。第一部分是關於大陰謀的歷史，探討這些鉅富的世族們是如何藉著貨幣的供需發行，來控制全世界的金融與政治。許多近代的金融歷史都圍繞著「美國聯邦準備理事會」（Federal Reserve，簡稱「聯準會」）。它根本不屬於聯邦體制下的機構，不但沒有任何儲備金，也根本不是一間銀行）與美國財政部之間的關係。在第一部分探討的議題當中，包含了為什麼大銀行絕對不會破產、為什麼在我們的教育體系當中並不包括所謂的財務教育、為什麼儲蓄是一種愚蠢的行為、金錢在歷史上的演化，以及為什麼我們現在所用的「錢」不再是金錢，而只是一種「通貨」罷了。其中，同時也會解釋為什麼美國國會在一九七四年改變了雇員的金錢法則，強迫上班族必須藉著「退休金」這個工具，才能拿到原本屬於自己的金錢。這大大地影響這些上班族，他們必須要將自己的退休金（例如四〇一（K）計畫）投資於股票市場之中，就算他們極度缺乏財務方面的教育亦然，這也就是為什麼我個人沒有擁有這類「退休金計畫」的理由之一。我個人傾向於把錢交給**自己**來運用，而不是把錢交給那些和政府陰謀勾結的超級有錢人。

簡單來說，第一部分著重於歷史沿革，因為當你清楚瞭解歷史之後，就會比較容易為自己做準備，打造一個光明的未來。

第二部分則是闡述你我可以如何運用自己的金錢——以彼之陰謀還治其身。你將學會為什麼有錢人愈來愈有錢，卻又教我們要好好地量入為出、節儉度日。一言以蔽之，有錢人之所以會愈來愈有錢，是因為他們遵守的是另外一套金錢法則。那些舊法則——例如辛苦地工作、好好儲蓄、買一棟房子居住、清償自己的債務、長期並多元化地投資於股票、債券，和共同基金等等——都是讓一般大眾持續在財務上困頓掙扎的金錢法則。這些陳舊的金錢法則讓成千上萬的人們陷入了財務困境之中，同時也造成這些人在自己的房屋與退休金中，流失了鉅額的財富。

最終而言，這本書的重點在探討使得人們貧窮的四大原因：

1. 稅賦
2. 債務
3. 通貨膨脹
4. 退休金

陰謀家就是利用上述四種影響力來掠奪你的金錢。由於這些陰謀家遵循的完全是另外一套規則，因此他們很清楚地知道如何利用這些影響力來增加自己的財富——這些影響力同時也會使得一般大眾愈來愈貧窮。如果你想要改變自己的財務狀況，你就必須先改變自己的財務規則。唯有透過財商教育來提升自己的財務ＩＱ，才能解決這個問題。擁有財商教育，是有錢人所具備的一種極度不公平的競爭優勢。我的富爸爸不斷地教我有關於稅賦、債務、通貨膨脹，以及退休金的有關知識，並且教我如何將它們轉變成對自己有利的狀況。我從很年輕的時候，就學會了有錢人是如何玩金錢這一場遊戲的方式。

在本書的最後，你會知道為什麼當今日眾人在擔憂自己財務未來的時候，有錢人還是會愈來愈有錢。更重要的是，你也會清楚地知道你能夠做什麼樣的事情來替未來做準備，並且保護自己的財富。藉著提升自己的財務ＩＱ，並改變自己的金錢法則，你不但可以學會如何運用稅賦、債務、通貨膨脹，以及退休金，同時還能從這四種影響力中獲利——再也不要當它們的受害者了。

許多人都在引頸期盼世界的政治和財經體系發生改變。對我而言，這根本是一種浪費時間的行為。從我的觀點看來，與其等待我們的領袖們和固有體系發生改變，還不如先改變自己比較容易得多。

現在的你，是否應該重新掌控自己的金錢和財務的未來？現在的你，是否應該知道到底是哪些人在控制著全球的金融體系，而且還拚命不想讓你發現？你是否希望將晦澀難懂的財務知識，轉變成易學易懂的觀念？如果你對上述問題的回答皆為「是」，那麼這本書就是為你而設的。

一九七一年，尼克森總統取消美元的金本位制，因此金錢的遊戲規則發生了質變。直至今日，我們所謂的「錢」已經不再是「金錢」了，這就是為什麼在金錢的新法則中，第一條就是，「**知識就是金錢**。」

這本書是為了那些想要提升自己財務知識的人們而撰寫的，因為現在正是重新掌控自己金錢，以及自己財務未來的絕佳時機。

Part 1
陰謀
The Conspiracy

對金錢的渴愛是萬惡之源？
還是對金錢的無知才是萬惡之源？

Rich Dad's
Conspiracy
of
The Rich
The 8 New Rules of Money

你在學校學到了多少有關金錢的事情？你是否曾經懷疑過，為什麼我們的教育系統並沒有教我們——就算有也幾乎等於沒有——任何有關金錢的事情？我們的學校缺乏財商教育的現象，這純粹只是教育界的領導者們無意中的疏忽，還是背後存在著一個更巨大的陰謀？

儘管如此，無論我們是富是貧、受過教育還是文盲、小孩或者是成人、已退休還是正在就業等，我們通通都需要用到錢。不管你是否喜歡，在當今的世界裡，金錢對我們的生活造成了極大的影響。將「金錢」這個議題完全摒除在我們的教育系統之外，是一種殘忍而且不公正的行為。

【讀者評論】

如果我們整個國家不趕快醒過來，開始對金錢的教育負起責任，並且把這些知識傳授給我們的小孩，那麼我們將會面臨毀滅性的巨大慘劇。

——Kathryn Morgan

我的國中和高中是在佛羅里達州和奧克拉荷馬州唸的。我沒有接受到任何財商的教育，反倒是被迫選修木作和鐵作的工藝課程。

——Wayne Porter

改變金錢的法則

一九七一年，美國總統尼克森改變了金錢的法則：在未經國會的同意下，切斷了美元和黃金之間的連動。在緬因州米那特島（Minot Island）上所舉行的一次極度低調的兩天會議中，他獨斷地做出了以上這個決定，完全沒有徵詢國務院，或者是國際貨幣體系的意見。

尼克森之所以會改變既有的法則，是因為那些接受美元結匯的其他國家，開始逐漸質疑美國財政部一直不斷地增加通貨的發行量，來彌補美國的債務赤字。因此，這些國家開始積極地將他們所擁有的美元部位兌換成黃金，消耗了美國大部分的黃金儲備量。此時美國國庫日漸空虛，這是因為政府的貿易經年入超，以及昂貴的越戰軍備所致。隨著美國經濟的成長，也得不斷地增加石油的進口量。

講白話一點，美國正在邁向破產。美國的支出比收入還要高，無法結清自己的帳單——尤其是當這些帳單還得用黃金來支付。將美元從金本位制中解放出來，並且同時立法禁止拿美元直接兌換黃金之後，尼克森從此讓美國可以單單藉著印鈔票來償還自己的債務。

自一九七一年起，全世界的金錢法則發生了改變，因此開啟了人類歷史上經濟最昌盛的時代。這次的繁榮能一直維持不輟，是因為全世界都願意接受美元這種可笑的貨幣，一種根本不具有任何擔保價值的錢，純粹靠著美國納稅人承諾將來會替美國政府買單來做背書。

感謝尼克森改變了金錢的法則，通貨膨脹因此迅速竄升，全球都加入了這次的狂歡派對。隨著發行愈來愈多的通貨，這幾十年來美元一直在貶值，使得原物料和各種資產的價格不斷地上揚。就連美國的中產階級，也因為自己房子的價格持續上漲而晉升百萬富翁。他們會在信箱收到寄來的信用卡，為了讓資金自由地流動著，或是償付信用卡卡債，人們就把自己的房屋當成提款機。反正，房價永遠只會上漲，對吧？

由於被貪婪和寬鬆的信用所蒙蔽，許多人完全無視，甚至刻意忽略這個系統所呈現出來的可怕警訊。

二〇〇七年，我們的日常用語悄悄增加了一個全新的詞彙：**次級房貸戶**——借錢來購買自己無法負擔的房子的人們。一開始，大多數人們以為次級房貸戶的問題只限於窮人，以及那些夢想擁有自己房屋，但個人財務不健全的愚蠢人們。或者，他們以為只限於那些想要迅速撈一票的投機者——也就是所謂的「房屋投機客」。就連共和黨的總統候選人約翰．馬侃（John McCain）在二〇〇八年底，也並未把這次危機當成一件嚴肅的事情來看待，還一直向大家保證，「我們經濟的基礎指標都還是非常健全。」

幾乎在同一個時間，另外一個詞彙不知不覺地走入我們日常的談話之中：**紓困**——挽救那些龐大的銀行，它們跟次級房貸戶面臨同樣問題：擁有太多的債務而現金不足。當這次的金融危機不斷地蔓延，好幾百萬的民眾失去了自己的工作、家園、儲蓄、大學基金，以及自己的退休金。那些目前損失不大的人們現在也是膽顫心驚，深怕下一次就會輪到自己。就連州政府是否要以都感受到了切身之痛：加州州長阿諾．史瓦辛格（Arnold Schwarzenegger）開始討論州政府是否要以發放借據而非支票的方式，來發放公職人員的薪資，因為加州，也是當今世界上數一數二的經濟強權的地區之一，也可能恐遭破產的命運。

隨著時序二〇〇九年，全球開始注目這位剛剛被選出來的新總統歐巴馬（Barack Obama），希望他能挽救整個局勢。

強取豪奪我們的金錢

在一九八三年，我閱讀了R．巴克明斯特．富勒（R. Buckminster Fuller）所著的《強取豪奪的巨人》（*Grunch of Giants*）一書。**Grunch**一詞是「惡劣地強取豪奪全球的錢」（Gross Universe Cash Heist）的縮寫。這本書是有關於超級有錢以及極度權貴的人們，在這幾世紀以來，是如何強取豪奪並剝削全球人民的財富。這是一本有關於有錢人陰謀的書籍。

《強取豪奪的巨人》從幾千年以前的國王和皇后們開始講起，一直到現代為止。這本書解釋了為何有錢的權貴，能以一直凌駕在一般百姓之上，也指出為什麼現代的銀行大盜們不再戴著面具。反之，他們穿著西裝打著領帶，擁有明星大學的畢業證書，並從銀行的內部（而非外部）搶奪銀行裡的錢。多年前在拜讀《強取豪奪的巨人》一書之後，我可以預見目前金融危機的發生——我只是不能確切地知道它什麼時候會到來。我的投資和事業體系為什麼能無視於金融危機，繼續擁有良好表現的理由，這是因為我讀過《強取豪奪的巨人》一書，它讓我有充分的時間來為這次的危機做準備。

凡是有關於陰謀之類的書籍，通常都是由一些偏激的人們所寫的。雖然富勒博士的思想遠遠領先當代的人，但他根本不能算是一個偏激的人。他唸的是哈佛大學，雖然他沒有畢業，但是他的表現相當不錯（就像另外一位著名的哈佛大學校友比爾．蓋茲一樣）。美國建築師協會（The American Institute of Architects）極度推崇富勒博士，並將他視為美國最偉大的建築師與設計師之一，同時也是美國史上最具成就的公民之一，名下擁有為數眾多的專利權。他是一位受人尊敬的未來學家，同時也是啟發約翰．丹佛（John Denver）在「一個人能做些什麼」（What One Man Can Do）這首歌中，那一句歌詞「未來之父」（grandfather of the future）的靈感。富勒博士也是一位環境保護論者，當時這個名詞根本沒有多少人知道它的意思。最重要的是，他之所以這麼受人尊敬，在於他把自己的天賦才華完全貢獻於全體人類之上，而不是為了一己之私或者那些有錢有勢的人。

我在閱讀《強取豪奪的巨人》一書之前，就已經拜讀了許多富勒博士的著作。他早期的著作大部分都是屬於數學或科學方面的著作，讓我面臨了很大的挑戰。這些書籍的內容根本超出我個人能力的範圍之外。但是我完全瞭解《強取豪奪的巨人》在說些什麼。

而在閱讀《強取豪奪的巨人》一書之後，我確認了這個世界上有著許多隱諱不言、令人懷疑的運作方式。我開始瞭解為什麼不在學校教下一代任何有關金錢的課程，同時也瞭解到為什麼我會被派到越南，參與了一場我們原本就不應該發動的戰爭。一言以蔽之，戰爭是有利可圖的。戰爭通常是因為貪婪而引起，而非基於愛國的情操。在我九年的軍旅生涯中，四年是在聯邦軍事學院受訓，有五年是海軍陸戰隊的飛行員（並在越南服役兩次），我完全同意富勒博士所說的話。我本人親自體驗到為什麼他將美國中情局（CIA）稱之為「資本主義的隱形軍隊」。

《強取豪奪的巨人》一書最棒的地方，是它喚醒了我內心當一個學生的渴望。這是我這輩子第一次想要主動地去研究一個課題。這課題就是——有錢和有權勢的人們，是如何完全「合法地」在剝削我們其他所有的人。自一九八三年起，我研讀超過了五十本和這個主題有關的書籍。在每一本書當中，我都能找到兩、三片零星的拼圖。你手上的這本書，就是準備將這些零碎的拼圖湊在一起。

真的有陰謀嗎？

陰謀理論實在是多得不勝枚舉，相信大家都聽過不少。舉凡有關於誰暗殺了林肯和甘迺迪、又是誰暗殺了金恩博士等，各自都有所謂的陰謀論。甚至對於九一一事件也有許多陰謀論被提了出來。這些理論必定歷久彌新，但是理論畢竟是理論，它們完全基於個人的懷疑以及尚未被解答的疑點。

我寫這本書的目的並不是要賣你另外一套陰謀論。根據我個人的研究，讓我不得不相信這些有錢人從以前到現在，確實醞釀著許多的陰謀，而且未來也絕對不會變少。在金錢和權勢當道之下，永遠都會有陰謀存在。金錢和權勢幾乎確定會讓人產生腐敗的行為。舉例來說，二〇〇八年伯納德．馬多夫（Bernard Madoff）被控操弄一樁超過五百億美元的龐氏騙局（Ponzi Scheme），被騙的對象不單單只是有錢的客戶，其中還包括了各類的學校、慈善機構，以及退休基金。他曾經是那斯達克的最高負責人，他也不需要再賺更多的錢，但是他宣稱多年來從非常聰明以及有錢的組織機構中，利用自己在財金市場中的權限騙走了大量的財富。

有關金錢和權勢腐敗的另一個例子，就是競相花費五十億美元來角逐美國的總統寶座，一個年薪只有四十萬美元的職位。在選舉期間這樣子灑錢並非國家之福。

因此，是否真的有所謂的陰謀？我相信在某方面來說的確存在。但是問題是：又如何？你我打算怎麼辦？許多造成這次金融危機的人們早已不在世上，但是他們的所作所為持續影響著我們。跟死人計較應該算是一件滿愚蠢的事情。

不管陰謀是否存在，可以確定的是：一些不可見、特定的狀況和事件仍然存在，一直對你的生活造成了相當的影響。舉例來說，檢視我們的財商教育。我經常驚訝於現代教育系統當中，缺乏著財務ＩＱ這個現象。我們的孩子們頂多被教導要如何平衡支票的收支、在股市當中打滾、到銀行存錢，並長期投資於自己的退休帳戶之中。換句話說，他們被教育成要把自己的金錢轉交給有錢人，而這些人絕對只會優先考量自己的利益。

每當教育工作者打著進行財務教育的名號，把銀行家或理財專家引薦到教室之中，他們其實是將黃鼠狼請到了雞舍之中。我並不是在說銀行家們和理財專家是壞人，我的意思是這些人都是有錢、有權勢人們的代理人罷了。他們的工作並不是在教育人們，只是在開發未來的潛在客戶而已。這就是為什麼他們不斷地教育大眾「要把錢存起來」，以及「要投資於共同基金之中」等這類的觀念。這麼做只對銀行有幫助，而不是你自己。我再次重申：這並不是一件壞事。這對銀行來說是很好的業務來源。這就跟我在高中時，陸軍和海軍招募人員來到我們的教室，並向同學們宣導報效國家是多麼光榮的一件事情如出一轍。

這次金融危機發生的原因之一，是因為絕大多數人無法分辨財務建議的優劣良窳。很多人無法區分一個優質的理財專家與騙子到底有什麼不同。絕大多數人也無法分辨投資案的好壞。很多人上學是為了得到一份好工作，然後努力工作、繳納稅金、買房子、存錢，然後將任何多餘的錢交給所謂的理專——或者像馬多夫一樣的投資專家。

很多人從學校畢業後，根本還分不清楚股票和債券，以及債務和股權之間的差異。很少有人知道為什麼優先股會被冠上**優先**的字眼，而且為什麼共同基金會稱之為**基金**；人們通常也搞不懂共同基金、避險基金、股票指數型基金，以及基金中的基金等之間有什麼不同。許多人認為擁有債務是壞的，但事實上債務可以讓你變得非常富有。舉債可以增加自己的投資報酬率，但是唯有當你很清楚知道自己在做什麼的時候才能奏效。很少有人知道**資本利得**和**現金流**之間的差異，更遑論後者的風險遠低於前者。很多人盲目地接受上好的學校並爭取好的成績，但是永遠搞不清楚為什麼**上班員工**要比擁有這家公司的**創業老闆**負擔更高的所得稅率。許多人今天陷入困境之中，是因為他們相信自己所擁有的房子是一種**資產**，但事實上它是一種**負債**。以上這些都是非常基本而且簡單易懂的財務概念。但是基於某種原因，我們的學校持續不斷地摒棄這類追逐成功的人生時所需的重要技能——也就是金錢這個科目。

一九〇三年，洛克斐勒（John D. Rockefeller）創立了國民教育委員會（General Education Board）。看起來該委員會的目的，是想要確保人力穩定的供給，訓練一批永遠需要金錢收入、一份工作，以及工作穩定的勞動力。有證據顯示洛克斐勒受到普魯士（Prussian）教育系統的影響，這個系統被設計用來生產眾多優質的雇員和軍隊，也就是會認真聽從並執行命令的人們，例如「這樣做，要不然就等著被開除」，或者「把你的錢交給我比較安全，而且我還會幫你進行投資」等。無論創立這種教育委員會是否為洛克斐勒的本意，但是它在今日所造成的結果就是：儘管擁有極高的教育以及非常安全的工作，人們在財務上仍然相當缺乏安全感。

由於缺乏基本的財務教育，長期的財務安全基本上是一件遙不可及的事情。在二〇〇八年成千上萬的美國嬰兒潮世代，每天開始有上萬人退休，這些人還期待在財務上以及在健康醫療方面，都會獲得政府長期妥善的照顧。今天，很多人總算開始體認到，**穩定的工作**並不能保證長期**財務上的安全**。

就算是美國的開國元老，亦即憲法的創始人，都非常反對一個能控制通貨發行量的國家銀行這類的制度，但聯準會還是於一九一三年成立了。如果缺乏適當的財務教育，很少有人知道聯準會根本不隸屬於美國聯邦政府，它也完全沒有任何儲備金，而且根本是一間銀行。當聯準會獲准成立，在金錢方面立即產生了兩套全新的法則：一套是專門給那些**為錢而工作**的人們，而另外一套是給那些**可以自己印鈔票**的有錢人來用的。

【讀者評論】

我還記得當我們的鈔票不再用黃金來作為擔保的時候，通貨膨脹完全失去控制。那個時候我正值青少年時期，也才剛剛得到了第一份工作。那時候我必須負擔自己的日常所需——所有的物價都上漲了，但是我父母的薪資完全聞風不動。

那時候大人的話題都圍繞在這個議題上，不斷質疑為什麼會發生這種事情。他們覺得這可能是整個金融體系崩壞的開始。雖然歷經許多年，但是今天確實到來了。

——Cagosnell

當一九七一年尼克森總統取消了美國的金本位制時，這些有錢人的陰謀就算是達成了。在一九七四年，美國國會通過了受僱人退休所得保障法（ERISA），造就了許多像是四〇一（K）的各種退休金投資工具。這項法案立即影響了上百萬原本享受著「確定給付」（Defined

Benefit, DB）的退休金制度的員工，因而變成了「確定提撥制」（Defined Contribution, DC）的退休金計畫，大家因此被迫將退休金投入股票市場和共同基金之中。華爾街從此完全掌控了美國公民全部的退休金。金錢的法則被完完全全地改變了，而且大大地有利於那些有錢和有權勢的人們。歷史上最蓬勃的一次經濟發展就此揭開了序幕；而在二〇〇九年的今天，這場榮景的泡沫即將煙消雲散。

我到底能做什麼？

就如稍早所言，有錢人的陰謀創造了兩套有關於金錢的法則，一是舊規矩，另一則是全新的金錢法則。一套是專門給有錢人用的，而另一套則是給一般平凡的老百姓。那些非常擔憂目前金融危機的人，都是在遵循金錢的舊法則。如果你想對自己財富的未來擁有更高的安全感，那麼你就必須清楚瞭解新的法則——也就是八項全新的金錢法則。這本書會教你這些新法則，以及如何把它們轉變成自己的優勢。

接下來是兩個金錢的舊法則和新法則的比較。

舊的法則：儲蓄存錢

一九七一年後，美元不再是金錢，只能算是一種通貨（這點在我另一本著作《富爸爸財務IQ》中有詳加說明）。由於這個原因，使得那些儲蓄者通通變成了大輸家。美國政府從此可以用比人民儲蓄還要快的速度來大量印製鈔票。當銀行家們拚命鼓吹**複利**的威力時，他們並沒有告訴你**複利式通貨膨脹**的威力有多麼大——或以今日的危機而言，複利式通貨緊縮的威力。通貨膨脹和通貨緊縮之所以會發生，是因為政府和銀行們企圖藉著憑空印製出來的鈔票和大量的放貸，來控制我們的經濟——這些通貨除了具有「對美國的純真信仰和信用」之外，完全不具有任何擔保價值。

多年來，世界各地的人們都非常相信美國政府公債是全世界最安全的投資之一。多年來，那些儲蓄者傻傻地買著美國公債，相信這是一種非常聰明的做法。二〇〇九年初，美國政府三十年長期公債的殖利率不到三%。對我而言，這就是在訴說全球充斥著美元這種可笑的通貨，那些偏好儲蓄的人將成為最大的輸家，而且從二〇〇九年開始，美國公債可能會成為所有投資工具當中，風險最高的一種。

如果你不知道為什麼會這樣，千萬不要擔心。絕大多數人都跟你一樣不懂，這就是為什麼在學校教育體系當中推廣財務教育（目前的狀況則是極度缺乏）是多麼重要的一件事情。凡是有關於金錢、公債、債務等議題，稍後都會在本書中詳加說明——而且完全不會像讀經濟學那樣枯燥無味。總而言之，這個觀念絕對值得加以瞭解：美國政府公債這個原本非常安全的投資，現在卻已經變成了風險異常高的投資工具。

新的法則：花錢，千萬不要儲蓄

今天，許多人投入大量的時間在學習如何賺錢。他們上學想要謀求一份高薪的工作，接著他們在該工作崗位上虛擲大量的歲月來掙錢，然後他們充其量也只能盡力把這些錢存起來。在新的法則之下，知道如何**運用自己的金錢**，遠比知道如何賺錢或存錢來得重要。換句話說，那些聰明地支配自己金錢的人們，永遠比那些聰明省錢的人們更容易富裕起來。

當然了，我所謂運用自己的金錢，指的就是**投資**，或者將自己的錢轉變成其他具有價值的事物。那些有錢人非常清楚地瞭解，在今日的經濟環境下，光是把錢藏在自己的床墊下是絕對不可能讓你變得更富有的——把錢放到銀行裡甚至更糟糕。他們清楚瞭解富有的關鍵，就在把錢投資在會產生現金流的資產之上。今天，你必須瞭解如何將錢投資在那些可以保有價值、提供收入、反映通貨膨脹、不斷增值（而非貶值）的資產之上。後續還會更加詳細地闡述。

舊的法則：多元化來分散風險

舊有的多元化、分散風險的投資觀念，告訴你要購買為數不少的股票、債券，和共同基金。但是，當股市跌掉三成以後，多元化並不能保護投資者的股票和共同基金免於遭受損失。我個人一直覺得很奇怪，那些被稱為「投資大師」的人，也就是一直在倡導多元化投資好處的專家，在股市崩跌時一直喊著，「賣！賣！賣！」如果多元化真的有所謂的保護作用，為什麼都要在市場接近底部的時候拚命叫人賣出呢？

如同華倫．巴菲特所說，「多元化的投資只適用於不清楚自己在做什麼的投資者。」追根究柢來說，多元化投資基本上算是一種零和遊戲。如果你我把風險均衡地分散掉，當某一種資產價格下跌時，必定有其他資產的價格上漲。你雖然在一處賠錢，但卻能在別的市場當中賺回來，但是你並沒有得到任何實質的收益，只是維持在原地踏步而已。可是通貨膨脹，亦即本書後面會提到的主題之一，會對你的財富持續發揮它的作用。

與其多元化分散風險投資，聰明的投資者會集中火力並且更加聚焦。他們會比任何其他人更加清楚地瞭解自己投資領域中的行規與商業運作模式。舉例來說，當你在投資不動產時，有些人專精於土地，有些人則是專精於公寓建築。雖然兩者都是在投資不動產，但是他們完全在不同的商業領域中運作。投資股票時，我所投資的都是有提供穩定配息的公司（現金流）。舉例來說，我現在投資的公司是在負責石油輸送管線，在二〇〇八年股市大崩盤後，這些公司的股價也跟著下跌，因此使得這一些有提供現金流配息的股票更具有吸引力。換句話說，如果你很清楚自己想要投資的標的，市況冷清的時候通常能提供你絕佳的投資機會。

新的法則：控制自己的金錢，並集中火力

千萬不要多元化分散風險。確實掌握自己的金錢，並集中火力在自己的投資目標之上。於這次金融海嘯中，我個人的確受到了一些波及，但是我的財富毫髮無傷，這是因為我的財富完全不依賴市場的漲跌來獲利（亦稱為**資本利得**），我的投資幾乎都是為了獲得**現金流**。

舉例來說，當油價下跌時，我的**現金流**稍微減少了一些，但是我的財富狀況仍然非常強健，因為我每一季仍然會收到別人寄給我的支票。就算我所投資的石油公司的股價（也就是賺價差時的**資本利得**）下跌時也一樣。我完全不需要擔心要怎麼把股票賣出去才能獲利這檔事。

我絕大部分的不動產投資也是一樣的道理。我投資不動產是為了獲得現金流，也就是說我

每個月都會收到很多支票——稱之為被動收入。那些現在受傷嚴重的人們，投資不動產多半是為了資本利得（賺價差），也稱之為**炒房地產**。換句話說，絕大多數的人們投資是為了**資本利得**（賺價差）；期待自己的股票和房屋價格上漲來獲利的這些人，現在都面臨了極大的麻煩。

當我還是小孩子的時候，我的富爸爸會一而再、再而三的跟他的兒子和我玩大富翁這個遊戲。藉著玩這個遊戲，我學會了**現金流**和**資本利得**之間的差異。舉例來說，如果我擁有蓋了一幢綠房子的土地，那麼我就能收到十美元的租金。如果在同一塊地上又蓋了三棟房屋，那麼我每個月所收的租金就變成了五十美元。而遊戲最終的目標，就是要在同一塊土地上蓋出紅色的旅館。想要在大富翁獲勝，你必須為了現金流而投資——而不是買賣賺價差。在九歲的時候，我學會了現金流和資本利得之間的差異，這是富爸爸給我最重要的教育之一。換句話說，財務教育有時候就像玩一個好遊戲一樣簡單，而且可以提供好幾代財務上的安穩與健全——就算面對金融海嘯也無所畏懼。

今天，我不需要**工作上的保證**，是因為我有**財務上的安全**。**財務安全**和**財務恐慌**兩者之間的差異，有時候就只是瞭解資本利得和現金流量之間的差異這麼簡單。問題是，想要為了**現金流**而投資，需要比**投資賺價差**還要更高程度的財務ＩＱ。如何更聰明地投資於現金流，稍後在這本書裡會有更詳細的說明。但就現在來說，你只要記得：在金融危機發生時，為現金流而投資變成了一件更容易的事情。因此千萬不要把頭伸進沙子裡頭，而錯失了一場絕佳的危機！危機拖得愈久，有些人會更加變得更加富有。我想要讓你成為他們其中的一位。

今天，新的金錢法則其中有一條，就是要把自己的心思和金錢**集中起來**，而不是採用**多元化**的策略。聚焦於**現金流**上，絕對比**買賣賺價差**更能事倍功半，這是因為當你愈清楚如何

控制現金流，你所獲得資本利得的金額和自己的財務安全也會同時有所增長。你甚至還有機會變得極為富有。在大富翁和我所發明的益智性遊戲**現金流**（有人把它稱之為「施打腎上腺素的大富翁」）當中，都教導著人們這個最基礎的財務觀念。

這些新法則，也就是**學會如何支配金錢而不是儲蓄**，以及**集中火力而不要多元化**，只是本書闡述多種觀念中其他的兩條罷了，而且在後續幾章中還會做更深入的探討。這本書最主要的重點是要打開各位的眼界，讓你們看到在擁有適當財商教育的狀況下，你就能擁有力量控制自己財務的未來。

我們的教育系統已經讓數百萬的人徹底失望——就連那些受過高等教育的人亦然。有證據顯示，我們的金融系統具有不利於你和其他人的陰謀存在，但是這已經是昨天的事了。今天，完全由你來控制自己的未來，而現在正是教育自己的絕佳時機——學習所有全新的金錢法則。在這麼做之後，隨著全新的法則來掌握金錢遊戲的關鍵，你就能掌握自己未來的命運。

【讀者評論】

我認為許多閱讀你著作的讀者，都是在尋求一種魔法般的快速解決之道，因為美國當今社會的心態，都只想讓自己的欲望獲得立即的滿足。我認為你做得很好，讓大家清楚地知道這並非一本快速解決問題的書籍。當你談到金錢的新法則時，你所說的話的確能重新塑造人們的思想和思考的方式。

——apcordov

我對你的承諾

尼克森總統在一九七一年改變金錢的法則後，有關於錢的概念就變得非常混亂。金錢對於許多誠實的大眾而言，完全不再具有道理。事實上，當人們愈是誠實並辛苦地工作，對他們而言這些新法則根本沒道理可言。舉例來說，新法則能讓有錢人印自己的鈔票，但是若換你這麼做，你會因為偽造國家貨幣而被關進大牢。但是在這本書中，我會解釋我是如何完全合法地印自己的錢。印自己的錢是有錢人最大的祕密之一。

我對你的承諾是，我會竭盡所能讓本書所有的解釋都淺顯易懂。我會盡量使用日常生活用語來解釋這些複雜的財經專有名詞。舉例來說，金融危機會發生的其中一個理由，是因為有一種被稱為「衍生性商品」的金融工具。巴菲特曾經把這些衍生性金融商品稱為「具有毀滅性的武器」，而現在他的話也已經獲得了印證。這些衍生性金融商品不斷地拖垮世界上數一數二的大銀行。

問題在於，極少數的人們瞭解這些衍生性金融商品到底是什麼？簡單來說，我經常利用橘子和橘子汁來解釋何謂衍生性金融商品，就如同汽油就是原油的衍生性商品，或者蛋就是從雞衍生出來的，就是這麼簡單。如果你買了一棟房子，那麼房屋貸款就是從你和你的房子衍生出來的產品。

我們現在之所以會發生金融危機，是因為全球各銀行不斷地創造衍生性金融商品。有些人替衍生性金融商品取了非常響亮的名字，例如**擔保債務憑證**（CDO），或者**高收益債券**（又名**垃圾債券**），以及**信用違約交換**（Credit Default Swaps）等。在本書中，我會盡力用日常生活用語來為這些名詞做出定義。要記住，我們金融界的目的之一，就是要讓百姓們搞不清楚這一切東西。

多層次衍生性金融商品根本就是明顯地遊走在法律邊緣。他們的行為，跟用信用卡來清償另外一張信用卡的債務，接著用二胎房貸來還清自己信用卡的循環利息帳款後，重新再開始刷卡度日是一樣的行為。這就是為什麼巴菲特把這種衍生性金融商品稱之為具有毀滅性力量的武器。這些多層次衍生性金融商品目前正在毀壞世界的銀行體系，就如同信用卡和房貸在摧毀許多家庭是一樣的道理。信用卡、金錢、抵押債務債權擔保債權、垃圾債券，和房貸等——這些都屬於衍生性的金融商品，只是各自取了不同的名字罷了。

二〇〇七年，當**衍生性金融商品**開始在這個世界崩潰時，這個世界上最有錢的人們就開始叫囂，「紓困！」紓困的本質就是，這些有錢人們想要藉著納稅人的錢來彌補自己騙局的損失。我個人研究發現，**紓困**根本就是，有錢人大陰謀裡早就預定好的一步棋。

我相信《富爸爸，窮爸爸》一書之所以成為理財書籍歷史上最暢銷的一本書，是因為我運用非常簡易的方式來呈現這些財經專有名詞。我也會盡自己的力量在這本書中持續這麼做。

有位具有大智慧的人曾經說過，「單純就是一種天才。」為了讓事情淺顯易懂，我不會去做過度詳細的說明或者複雜的名稱解釋。我會利用真實生活當中的故事來詳加說明，而非運用專業技術性的名詞來來解釋自己想要表達的內容。如果你想獲得更多的細節，我會列出一些參考書籍，這些書都非常深入探討我們在這裡所講的一些觀念。舉例來說，富勒博士所撰寫的《強取豪奪的巨人》就是一本非常值得閱讀的書。

簡單是非常重要的一件事情，因為有太多人都是藉由把錢這件事情搞得過度複雜而牟利，如果你愈混亂，就愈容易把你的錢給騙走。

因此我再問一次，「對金錢的渴愛是否萬惡之源？」我的回答是，「非也。」我堅信讓人們被蒙在鼓裡，同時對金錢概念一無所知的現象才叫作邪惡。對金錢運作的原理毫無概念時就會產生邪惡；而對財務的無知，就是讓有錢人的大陰謀得逞的關鍵。

【讀者評論】

我就讀華頓商學院，於此我很不好意思地說，課程並沒有這麼清楚地解釋財富是如何創造出來的。我認為，每個人都應該要在高中時期閱讀本書（以及清崎所有的其他著作）。

——Rromatowski

羅勃特：我會說「是的」，對金錢的渴愛的確是萬惡之根，但是跟你說「不是」的理由完全相同。讓絕大多數人們昧於金錢的那種邪惡，幾乎就與人們「衍生」對金錢的渴愛如出一轍。

——Istarcher

Chapter 1

歐巴馬能否挽救世界？

Can Obama Save the World?

危機的沿革

二〇〇七年八月，恐慌的心理悄悄地遍布全世界。整個銀行體系逐漸開始停止運作。這樣的現象產生了所謂的骨牌效應，甚至到現在全球經濟仍然有面臨垮台的威脅。就算政府提供將近七到九兆美元的鉅額紓困，以及刺激景氣的方案，但是全球數一數二的銀行和企業，例如花旗銀行和通用汽車公司等，仍然岌岌可危。它們能否繼續長存，依舊是一個未知數。

這次的危機不但威脅著大公司以及跨國性的銀行集團，同時也會影響辛苦工作家庭的財務安全。今天，成千上萬盲目遵從舊思維（也就是上學校、找份工作、買棟房子、存錢儲蓄、絕對不舉債、並多元化地投資於股票、債券，和共同基金之中等建議），還暗自竊喜以為自己做法正確的老百姓，現在都已經面臨了財務上的困境。

當我和全國各地的民眾接觸後，我發現他們非常憂心與害怕，而且為數不少的民眾在失去了自己的工作、房子、儲蓄、兒女的大學教育基金，甚至退休金之後，幾乎都非常焦慮。許多人都不瞭解我們的經濟到底發生了什麼樣的事情，更遑論自己最後將會受到什麼樣的影響。許多人都在想到底是什麼原因造就了這次的危機，並且問道，「應該要怪誰？誰能解決這個問題？危機到底什麼時候才會結束？」基於上述的原因，我認為花點時間來回顧一下那些形成目前金融危機的一系列事件，是一件相當重要的事情。接下來簡單扼要地將一些引起我們當前金融危機的重大財經事件，按照發生的順序排列出來。

二〇〇七年八月六日——

・美國最大的不動產貸款機構「美國房屋抵押貸款投資公司」（American Home Morgage）申請破產。

二〇〇七年八月九日——

・法國巴黎銀行由於美國次級房貸大問題，宣稱無法再為十六億歐元以上的資產進行（放貸）價值評估。

・隨著全球信貸市場的停滯，歐洲中央銀行對歐元銀行體系挹注了將近九百五十億歐元，想要藉此刺激銀行放貸的意願與資金的流通。

二〇〇七年八月十日——

・緊接著在第二天，歐洲中央銀行在全球金融市場之中再挹注六百一十多億歐元。

二〇〇七年八月十三日——

・歐洲央行再度釋出四百七十億歐元，亦即在三個工作天之內，三次挹注的資金總額高達兩千零四十億歐元。

二〇〇七年九月——

・英國最大的貸款公司暨商業銀行北岩銀行（Northern Rock）發生了存戶擠兌的情況。這是英國百年以來第一次發生擠兌事件。

總統選舉加溫效應

隨著二〇〇七年金融危機蔓延全球之際，美國的總統選舉——同時也是歷史上最昂貴的一次選舉——的戰況逐漸升溫。

在競選初期，就算到處都發生了全球金融體系瀕臨崩潰邊緣的徵兆，但是重量級的總統候選人幾乎都沒有提到相關的經濟議題。當時選舉熱門的議題反倒是伊拉克戰爭、同性戀結婚、墮胎，以及移民等政策。當總統候選人偶爾提到經濟相關的議題時，幾乎都表示了輕蔑或不屑之意（這點相當地明顯，尤其是當總統候選人約翰・馬侃在二〇〇八年宣稱，「我們目前所有的經濟指標都非常地強勁。」結果當天道瓊工業指數應聲下跌五〇四點，創下歷史最大跌幅。）

在面臨即將發生重大金融危機成山成堆的證據時，我們的總統到底在哪裡？我們的總統候選人和金融界的領袖們到底跑去哪裡？為什麼財經界的媒體寵兒並沒有警告投資者退場？為什麼財經專家仍然繼續提倡「要長期投資」的觀念？為什麼我們的政經領袖並沒有事先對這次的金融危機提出警告？為什麼我們沒有足夠的智慧勇敢地站起來說，「別傻了，這一切都是經濟。」引用一個著名流行歌曲中的歌詞來解釋，這些人都被「熾烈的光芒照得連眼睛也睜不開」。表面上看起來一切都還好，因為緊接著的事件就是確切的證據……。

二〇〇七年十月九日——

- 道瓊工業指數再度創歷史新高，以一四一六四點作收。

一年之後

二〇〇八年九月——

- 英國央行於二〇〇七年八月挹注兩千零四十億歐元，以及道瓊工業指數創歷史新高將近一年之後，布希總統和美國財政部推出將近七千億美元的紓困案想要來挽救美國經濟。
- 貝爾斯登和雷曼兄弟的垮台，房利美、房地美，以及全球最大保險金融公司美國國際集團（AIG）之所以會變成國有化，都是拜有毒的衍生性金融產品所賜。
- 甚者，美國汽車工業宣稱它們面臨衰退，同時通用汽車、福特汽車，和克萊斯勒等公司都提出紓困金的申請。美國現在有許多州政府和市政府也都在伸手想要獲得這筆錢。

二〇〇八年九月二十九日——

・在這個黑色星期一，布希總統向國會請求更多紓困資金之外，道瓊當天暴跌七七七點。這創下歷史單日最大跌幅，道瓊工業加權指數當天以一〇三六五點作收。

二〇〇八年十月一日至十月十日——

・道瓊在短短一個多星期內跌掉了超過二三八〇點，也是美國歷史上跌勢最慘痛的一次。

二〇〇八年十月十三日——

・道瓊開始呈現非常極端的波動性，一天之內狂漲了九三六點，創下了歷史單日最大漲幅新紀錄，並以九三八七點作收。

二〇〇八年十月十五日——

・道瓊再跌七三三點，以八五七七點作收。

二〇〇八年十月二十八日——

・道瓊上漲八八九點，這是史上第二大漲幅，並九〇六五點作收。

二〇〇八年十一月四日——

・藉著「我們可以相信的改變」（Chenge We Can Believe In）這個選舉口號，歐巴馬當選了美國總統。他即將入主已經決心要在各個領域中投入七・八兆美元來挽救經濟的美國政府。

二〇〇八年十二月——

- 根據十一月份的報導，美國一個月內損失了五十八萬四千多個工作機會，這是自一九七四年十二月以來最大的縮減。失業率創下十五年來的新高，亦即六・七%，光是二〇〇八年，美國就損失了兩百多萬的工作機會。除此之外，世界成長最迅速的經濟體——中國，在二〇〇八年也減少了六百七十多萬個工作機會，這顯示全球的經濟面臨了嚴峻的壓力，並且瀕臨大崩潰的邊緣。
- 經濟學家最後終於承認自二〇〇七年十二月起，美國的經濟就已經步入了蕭條期。在整整一年之後，經濟學家們才總算把狀況弄清楚了。這算什麼？
- 巴菲特，也就是全球公認最聰明的投資者，親眼看著自己的公司波克夏海瑟威（Berkshire Hathaway）的股價在一年之中整整跌掉三分之一。許多投資者仍然感到很欣慰，因為這個基金仍然能比市場的表現還要好——因為損失的幅度並沒有達到市場的平均值。真是一個令人開心的消息！
- 耶魯和哈佛大學也宣稱他們的贊助基金在一年之內減少了兩成。
- 美國通用和克萊斯勒兩家公司接受了政府一百七十四億美元的援助貸款。
- 民選總統歐巴馬宣布推動八千億美元的振興方案，主要是推動大量的基礎公共建設，藉此降低美國破紀錄的失業率——這還是在美國政府原先承諾將要投入的七・八兆美元之後所追加的金額。

二〇〇八年十二月三十一日——

．道瓊以八七七六點作收，和一年之前創下的歷史新高相比較，整整少了五三八八點。這是自一九三一年起道瓊指數表現最差勁的一年，總市值蒸發了六．九兆美元。

回到未來

面對著這麼壞的經濟環境，布希總統推動具有歷史指標性的紓困案，想要藉此挽救經濟，並且說道，「這項法案將會保護和安定美國的財經體系，並且導入永久性結構上的改變，確保這些問題再也不會發生。」

許多百姓安心地舒了一口氣，並且想著，「政府總算出面來挽救大家了！」問題是：以上的話並**不是**小布希總統所講的。這些話是他的父親，也就是老布希在一九八九年向國會申請六百六十億美元來挽救儲蓄信貸機構時所說的。結果這六百六十億美元並沒有解決這個問題，儲蓄信貸整個行業仍然從人間消失了。除此之外，原本估計六百六十億美元的挽救方案，最後總共花掉了納稅人超過一千五百億美元的金額——足足超過原先所估計的花費兩倍。這麼多錢到底都花到哪裡去了？

有其父，必有其子

二十年之後的二〇〇八年九月，小布希總統更向國會申請七千億美元的紓困金額，並發出了非常相似的承諾：「我們保證隨著時間的演變，這種事情絕對不會再度發生，同時我們必須解決目前的問題。這就是人民選我入主白宮的原因。」為什麼這對父子在相隔二十年之久，對於經濟竟然說出了這樣麼相仿的內容？為什麼老布希承諾要修復的金融系統又再度發生了問題？

總統的鷹犬

歐巴馬總統的主要競選口號是「**我們可以相信的改變**」。由於這句口號，我們必須要問，「那麼，為什麼歐巴馬總統仍然聘用與柯林頓總統時代同樣的一批官員？」這看起來並不像是有所改變，這根本就是因循苟且。

在選舉期間，為什麼歐巴馬要聽取這位剛剛辭去花旗銀行（一間岌岌可危，甚至還接受了四百五十幾億美元紓困金額）的前總裁羅勃特．魯賓（Rober Rubin）對經濟的建議？為什麼他要指派賴瑞．桑瑪士（Larry Summers）來出任白宮國家經濟委員會的主任委員，並且讓提摩西．蓋特納（Timothy Geithner），也就是美國聯準會銀行紐約分行的主席來出任財政部部長？這些人可都是柯林頓總統的財經團隊，而且三者都有積極參與推翻一九三三年所制定的格拉斯—史迪格爾法案（Glass-Steagall Act），一個專門禁止銀行出售任何投資產品的法案。由於近年來銀行不斷地出售一些衍生性金融商品的投資工具，這就是促成今天世界面臨金融危機的主要原因。

簡單來說，在上一次經濟大蕭條，也就是一九三三年所通過的格拉斯—史迪格爾法案的目的，就是要將「儲蓄銀行」（跟聯準會儲備金有所往來的銀行）和無法取得聯邦資金的「投資銀行」加以區隔。柯林頓、魯賓、桑瑪士，和蓋特納一起成功地廢除了格拉斯─史迪格爾法案，好讓「花旗集團」——美國歷史上最龐大的「金融超級市場」可以合法成立。很多人都不知道這件事情：花旗集團在草創成立的時候，完全違反了格拉斯─史迪格爾法案的相關規定。

接下來這一段話引自肯尼士．關斯爾（Kenneth Guenther），亦即美國獨立銀行委員會（Independent Community Bankers of America，也就是由美國小銀行所組成的機構）的總裁，在二○○三年花旗集團成立的時候，於美國公共電視台（PBS）訪問中所說的話：

> 他們以為自己是誰？其他所有人和公司都不可以這麼做……，花旗銀行（Citicorp）和旅行家集團（Travelers）規模如此龐大，才有辦法促成這件事情的發生。在我們的法律還規定這是一種完全違法的行為時，他們竟然成功地組成了史上最大的金融集團——完全地綜合了銀行、保險，和證券三者的超大機構。他們之所以能成功，是因為他們受到了美國前總統柯林頓、前聯準會的主席艾倫．葛林斯潘，以及前財政部部長羅勃特．魯賓的眷顧。而當一切塵埃落定之後，又發生了什麼事情？美國財政部部長竟然搖身一變，成了這個全新花旗集團的副總裁。

最勁爆的莫過於最後一句話，「美國財政部部長（羅勃特．魯賓）竟然搖身一變，成了這個全新花旗集團的副總裁。」就如我們稍早提過，羅勃特．魯賓在選舉期間竟然是歐巴馬的財經顧問。

歐巴馬總統目前的財政部部長就是提摩西．蓋特納。他於一九九八年至二○○一年期間，一直擔當兩任財政部部長羅勃特・魯賓和勞倫斯・桑瑪士（Lawrence Summers）的副部長。桑瑪士是蓋特納的師父，同時很多人也把蓋特納視為羅勃特・魯賓的得意門徒。唉，這些人怎麼編織了這麼複雜的關係啊！

換句話說，這些人對於這次金融危機的爆發要負不少的責任。由於允許儲蓄銀行和投資銀行的結合，這些人們讓銀行可以加速任意出售那些名稱動聽的衍生性金融商品——也就是巴菲特稱為「具有毀滅性力量的武器」的這些產品——因此才會造成當今全球經濟的崩潰。當目前金融體系的領導人，完全就是那些一開始造成今日金融爛攤子的同一批人時，我們怎麼能相信狀況會有所改變呢？當歐巴馬答應說要做出「我們可以相信的改變」時，他真正的意思到底是什麼？

共和黨、民主黨，以及銀行家

老布希和小布希總統會說出「現在紓困可以挽救經濟，而且能確保它不再發生」這種幾乎相同的話，是因為——他們之所以會當選，就是要保護原有的系統機制，而不是要把它修理好。如果有人說，歐巴馬總統任用柯林頓執政時期的同一批財經團隊，是因為他也想要保護原有的系統機制，也就是要讓有錢人愈來愈有錢的結構，是不是也滿有道理的？只有時間能證明一切。雖然歐巴馬總統為自己沒有收受任何利益團體的競選費用而感到自豪，但不可否認的是，他的財經團隊內，同樣充滿了那些不但促成了這次金融危機，而且現在還要負責挽救的內幕人士。

二〇〇八年總統競選期間，唯一持續不斷地倡議美國經濟議題，以及金融危機日益嚴重的候選人，就是民主黨的獨行俠——德州代表郎・保羅（Ron Paul）。他於二〇〇八年三月四日在富比士網站（Forbes.com）上寫道，「除非我們勇於接受從根本上的改變，不然我們這個偉大的國家將在即將來臨的金融風暴中，承受遠超過任何其他國家曾經加諸我們身上的打擊。」很不幸地，沒有足夠的選民相信他所說的話。

【讀者評論】

我把票投給歐巴馬，是因為我相信他是一個誠懇而且充滿同情心的領袖。但是，無論他是多麼地聰明，或者他身邊的幕僚是誰，是你——羅勃特・清崎——教我這個國家是多麼嚴重地缺乏財務教育！我很憂心目前負責領導國家的團隊不具備足夠的財務IQ。

——virtualdeb

看樣子，歐巴馬總統的團隊比較著重於短期繃帶式的挽救戰術，而不是著眼於長期的戰略式目標。截至目前為止，新政府所採取的任何行動，都好像是把手指頭插在壩堤的洞裡面，暫時止住問題擴大而已。好像沒有人想要找出這次金融危機發生的原因，也不想找出問題的真正根本，更遑論徹底改變基礎結構上的缺陷。

——egranman

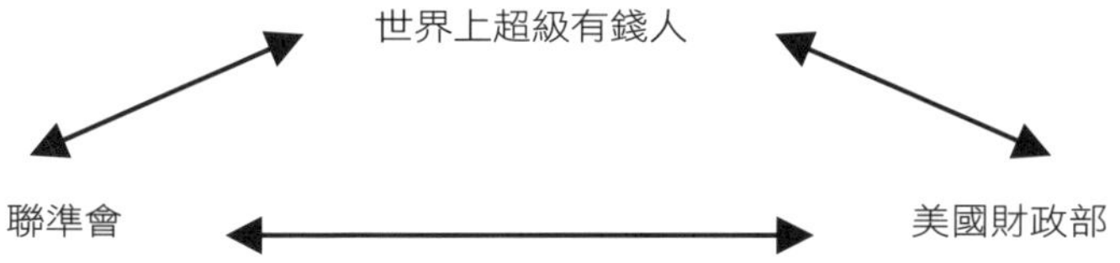

危機的淵源

謠傳歐洲最具有實力的銀行世家，其創始人梅耶．羅斯柴爾德（Mayer Amschel Rothschild）曾經說過，「如果將一個國家的貨幣供應系統交給我管，我才不在乎是誰在制定法律。」想要進一步瞭解現在的金融危機，那麼釐清美國政府、聯準會系統，以及全球最具有影響力的人三者之間的關係就非常重要。這三者之間的關係以上方的圖形來表示。

聯準會儲備系統於一九一三年創立，賦予全球最有錢的人控制美國貨幣供應系統的權利，因而落實了羅斯柴爾德那句話的精髓。很多人不知道、更不瞭解目前的聯準會儲備系統並不是一個政府機構，也並非一間銀行，其本身也不具有任何的儲備金。反之，它根本只是財經界最有勢力的一些人所組成的銀行聯合壟斷機制（bank cartel，也稱為「卡特爾」）。聯準會成立的目的，基本上就是給這些人頒發一張自由印製鈔票的執照。

聯準會儲備系統成立的另外一個理由，就是當銀行營運面臨困難的時候，聯準會就可以提供充分的資金來促進流動性，藉此保護這些大銀行免於倒閉。這根本就是在保護有錢人的財富，而不是用來保障納稅人的系統。

至今我們都還能看到他們不斷地在進行這類的勾當。二○○八年，當小布希總統下令釋出七千億美元的紓困金時，當時出身於高盛銀行的財政部長亨利．鮑爾森（Henry Paulson）協同聯準會，立即以「問題資產紓解計畫」

（Troubled Asset Relief Program，簡稱 TARP）的名義，連問都不用問就將錢交給他的朋友，亦即美國的各大銀行。

事實上，這次「問題資產紓解計畫」的紓困金，本質上就是從我們納稅人的口袋中，直接把錢放到這些爆出財務問題的各家銀行和大型企業的口袋之中。我們被告知，當政府把這些錢交給銀行時，附帶的條件要把這些錢借貸給有需要的民眾使用。但是我們的政府事後既沒有能力、也沒有意願來強制執行這個附帶條件。

二〇〇八年十二月中旬，當《今日美國》（*Today USA*）詢問各家銀行如何運用這些紓困金額時，接收了兩百五十億美元納稅人紓困金的摩根大通銀行（JPMorgan Chase）竟然回覆，「這些資訊沒有對外公開，我們也拒絕公布。」接受一百億美元紓困金的摩根士丹利（Morgan Stanley）回覆，「我們拒絕對你們的報導做出評論。」美國紐約銀行（The Bank of New York Mellon）回應說，「我們不打算公布。」銀行紓困用的錢根本就是有錢人自己彼此之間的周轉，用來幫助其他朋友所犯下的錯誤與罪行，而不是用來挽救經濟。

證據不言自明。就如《華爾街日報》（*The Wall Street Journal*）在二〇〇九年一月二十六日一篇名為「美國大銀行的放貸金額大幅下降」的報導指出，「華爾街日報分析了各家銀行最近公布的財務季報後發現，在『問題資產紓解計畫』受益最多的十三間銀行中，有十間銀行的應收貸款呆帳，在二〇〇八年第三和四季中減少了四百六十幾億美元，相當於一．四%。」這就等同於把原本要用來刺激民間貸款用的問題資產紓解金，同時也是納稅人給他們的錢，挪為銀行私自打消呆帳之用。

如果歐巴馬總統真的很想在華盛頓特區製造改變，那麼他就必須打破聯準會儲備系統、美國政府，以及有錢有勢的人們這三者之間的默契與裙帶關係。或許有一天他會這麼做，但是自從他任用柯林頓總統時代的財經人士之後，看來希望是很渺茫。看樣子，歐巴馬會遵循著從威爾遜（Woodrow Wilson）總統直到今日所有元首的作風——保護既有的體制系統，而不是加以改變。

【讀者評論】

我必須說，在閱讀第一章後，真是令我大開眼界。我今年二十三歲，而且從來就不知道聯準會在我們的國家扮演著什麼樣的角色，更遑論它有著什麼樣的功用。我必須承認，這件事情沒有讓我非常震驚。我非常感激你的誠實與勇氣，勇於對很多事情的意義與實際狀況賦予最真實的定義。真的很不幸，所有的納稅人都受到這件事情的影響，但是絕大多數的人們都不瞭解，甚至根本不知道有這回事！

——jacklyn

我們經常聽到媒體將聯準會報導成一種神祕而且巨大的組織；但現實上，它根本不是一般大眾心目中所認為的樣子。我從來就不知道它不隸屬於政府，也並非一間銀行。真正讓我擔心的是，它擁有無限的權力，而且完全缺乏監督的機制。現在我不禁要問，他們是怎麼占到這麼有權力的位置上？

——Kthompson5

根據估計，這次全球在原物料、股票、債券，以及不動產上的損失超過了六十兆美元。目前為止，全球的銀行和政府已經投入將近十兆美元想要來解決問題。那麼剩下的五十兆美元怎麼辦？由誰來承擔這些損失？這些錢到底到消失到哪裡去了？會不會有人來給**我們**紓困？……等。「我們」才是真正損失了金錢的人，現在不但要為自己的損失負起責任，同時**還得**用自己繳納的稅金當成紓困金，來補償有錢人這次的損失？

二〇一三年將是聯準會成立百年的週年紀念。聯準會在這近百年來，史無前例地成功強取豪奪了全球的錢。他們就是在搶銀行，可是這些強盜並沒有戴著面罩，反而穿著西裝革履，並別著美國國旗的襟章。這種搶劫的方式，是有錢人藉著我們的銀行和政府體系來剝削貧窮老百姓財富的手段。

當我一九八一年坐在富勒博士的教室裡，聽到他說，「政府最主要的目的就是成為有錢人的工具，用來竊取我們口袋裡的錢而已。」，我的內心感到非常地不安。雖然我不喜歡他所講的話（因為我非常憧憬而且尊敬自己的國家和元首），但是在我內心的深處，由於本身的生活經驗，我知道他所說的話的確有幾分真實。

在那之前，我的內心對政府的確有所存疑。當我還是小孩子的時候，我經常在想，為什麼學校都不教有關於金錢的事情。我在越南擔任海軍陸戰隊直昇機的駕駛員時，就經常懷疑我們到底為何而戰。我也曾經親眼看見自己的父親辭去夏威夷教育局局長的職位來跟州長競選，因為他發現政府內部非常地腐敗，造成他內心痛苦的掙扎。身為這麼誠實的人，當我父親成為政府的高級主管——亦即州長的幕僚時，他實在無法忍受自己所看到的一些事情。因此，就算我不想把富勒博士所講的話聽進去（因為我非常愛國家，而且也不喜歡批判它），但是他所說的話的確在我內心造成了相當的震撼，同時也喚醒了我。於是我在一九八〇年代初期開始著手研究這方面的課題，開始逐漸瞭解那些有錢人們極度不願意讓我們察覺的事實，著實讓我眼界大開。

這件事情會怎樣影響我？

大致從個人財務上來看，總共有四種經濟上的力量，會迫使人們辛苦地工作，並且不斷地遭受財務上的磨難。這四種力量就是：

1. 稅賦
2. 債務
3. 通貨膨脹
4. 退休金制度

請你花點時間來想想這四種力量到底是如何影響你個人的財務狀況。舉例來說，你每年到底繳納多少稅金？我們不但要繳納綜合所得稅，同時還要被課徵許多的營業稅、燃料稅、房屋地價稅等。更重要的是，我們繳的這些稅到底被送到那裡去了，而且被用在什麼地方？

然後想想，你必須為自己的負債支付多少利息？舉例來說，你如果擁有房屋貸款、汽車貸款、信用卡卡債，以及教育貸款等，總共需要為此支付多少的利息（本金不算）？

接著再花點時間想想，通貨膨脹是如何影響你的一生。或許你還記得沒有多久之前房價上漲的速度是如此地快速，促使許多人不斷地買賣自己的房屋。同一個時期，汽油、大學教育費、食物、衣服等的價格，也都持續不斷地穩定上漲——唯有自己的薪資例外。絕大多數的人也都不願意儲蓄，因為同樣的東西如果在明天就會漲價的話，不如今天先把錢花掉還比較聰明一些，這種觀念就是受到通貨膨脹的影響。

最後，更多人根本都還沒有看到自己的薪資，就有部分的錢被拿去投入在四〇一（K）之類的退休帳戶之中。這些錢直接匯到了華爾街，被一些完全不認識你的專家們來幫你「管理」。更甚者，他們還會利用各種手續費和佣金的名目來剝削你這一筆錢。到了今天，許多人都還沒有足夠的錢來退休，因為他們在最近崩跌的股市中失去了自己所有的財富。

瞭解這一點是相當重要的一件事情：稅賦、債務、通貨膨脹，以及退休金制度這些力量之所以會存在，完全是因為聯準會被賦予憑空印製鈔票的權利。在聯準會成立之前，美國人幾乎用不著繳納什麼樣的稅，國家和個人大多沒有什麼負債，通貨膨脹也幾乎微不足道，而且人們完全犯不著擔心所謂的退休生活，因為他們所儲蓄的金錢會一直維持著它們的價值（購買力）。以下簡要地解釋聯準會和這四種力量之間的關係：

1. 稅賦：早期的美國根本是免稅的。直到一八六二年為了打內戰時才開始徵收所謂的所得稅。而且美國高等法院於一八九五年還做出判決，表示向民眾徵收所得稅是一種違憲的行為。但是在一九一三年，也就是聯準會成立的那一年，第十六項修正法案獲准通過，讓所得稅成為一種永久性的制度。當時之所以恢復課徵所得稅，是為了提供美國財政部和聯準會足夠的營運資金。從此以後，有錢人就能以所得稅之名，永遠地把他們的手伸進你我的口袋。

2. 債務：聯準會儲備體系賦予了政治家借貸的權利，且用不著提高稅率。但是政府的債務就像是兩面刃一樣，終究會演變成向民眾課徵更高的稅賦，或者是通貨膨脹的兩種結果。美國政府為了避免向百姓課徵更高的稅賦，因此藉著賣出政府公債來創造可以運用的錢（通貨）。但是政府公債其實就是該國納稅人的借據，國家終究還是要課徵更高的稅賦來償還這些債務，要不然政府就得發行更多的鈔票來還債，終究還是會產生所謂的通貨膨脹。

3. 通貨膨脹：通貨膨脹之所以會產生，是因為聯準會和美國財政部不斷地在借錢，或者用印鈔票的方式來應付政府的開支。這就是為什麼通貨膨脹經常被稱為「隱含稅率」。通貨膨脹可以讓有錢人變得更有錢，但由於物價上漲，因此也會讓中產階級以及貧窮老百姓的日子愈來愈難過。印鈔票的人會獲得最大的利益。他們拿著新印出來的鈔票，趁著這些新錢還沒有稀釋施原有流通貨幣價值之前，便可大肆購買自己想要的產品和服務。他們享盡一切的好處，而且完全不用負擔它的惡果。在他們這麼做的同時，中產階級和貧窮百姓就只能眼睜睜地看著自己的鈔票愈變愈薄。

4. 退休金制度：就如稍早所提過，美國國會於一九七四年通過了受僱人退休所得保障法。這個法案強迫美國人民要把自己的退休金（例如四〇一（K））投入高手續費、高風險，以及低報酬率的股票市場之中，同時賦予華爾街控制全國百姓退休金的權利。

【讀者評論】

由於住在擁有全球最高通貨膨脹率（百分之五兆）的辛巴威，我開始理解到不要抱著鈔票（通貨）的好處。也因為所有物品的價格一日三變，使得上午所買進的貨物，在黃昏時出售都可以有可觀的獲利。

——drtaffie

我認為這些力量當中最邪惡的就是通貨膨脹，它對中產階級和貧窮百姓具有同樣的影響力。雖然中產階級比窮人繳納更多的稅賦，但是藉著通貨膨脹，每個人到最後付出的都會是一樣多。

——kammil12

結束的開始

我在一個很重要的日子開始撰寫本章內容：二〇〇七年八月六日。這一天，美國最大的房屋貸款提供公司之一，即美國房屋抵押貸款投資公司（American Home Mortgage）申請破產。這個日子之所以如此重要，是因為它清楚地顯示債務已經膨脹過頭了。全球整個金融體系已經無法再容納更多的債務。債務的泡沫於二〇〇七年八月六日終於破滅，因此我們開始面臨**通貨緊縮**，一個遠比**通貨膨脹**更嚴重的問題——後續幾章我們還會更加深入地探討。

為了挽救世界，歐巴馬被迫要避免**通貨緊縮**的發生。因此對抗**通貨緊縮**最主要的工具之一就是**通貨膨脹**。如此一來，美國必須承擔大量的舉債，並且憑空發行更多的鈔票才行。這麼一來，最後必定會導致更高的稅賦、債務，以及通貨膨脹（如果他成功的話）。

請將全球的經濟想成一個非常巨大的熱氣球。一切都進行得非常順利，直到二〇〇七年八月六日，太多的熱空氣——**也就是債務**——在氣球上製造了一個破洞。人們聽到氣球被撕裂的聲音，這時全球的中央銀行開始驚惶失措地給這個氣球注入更多的熱氣——**債務**——想要避免氣球墜落地面，所謂的**經濟蕭條**就產生了。

狄更斯在他的著作《雙城記》（*A Tale of Two Cities*）中寫道，「現在是最好的時代，也是最壞的時代；這是充滿智慧的時代，同時也是愚蠢的時代。」令人不禁搖頭的是，自狄更斯在一八五九年寫下這句名言後，到現在並沒有發生多大的改變。

對一些人來說，通貨緊縮會讓他們覺得這是最好的時代。隨著石油、不動產、股票，和原物料的價格不斷地下跌，生活開支跟著一直往下降，因此讓他們負擔得起更多的東西。很明顯地，沃爾瑪百貨（Walmart）並非是唯一不斷地在宣布折扣的公司。全球的政府和中央銀行都拚命在市場上挹注上兆「免費」（利率近乎於零）的資金，冀望全世界的百姓、公司，和其他政府繼續借錢，並持續擴大自己的債務。

擁有大量現金部位的人們，就像禿鷹一般在等待正確的時機將資金回流到市場中，一口氣蠶食即將面臨死亡的公司。對於那些卡好位置的投資者而言，這是一輩子非常難得的機會，可以用特別優惠的價格買進各種資產。對於那些已經準備好公司而言，當競爭對手一個個宣布倒閉時，就是大舉擴張市場版圖的時機。以上是這些有錢人所看到的源源不絕的豐富商機。

但對其他人而言，這卻是最糟糕的時代。

雖然生活物價水準逐漸在下跌，但是這些人們沒有辦法享受這些好處，因為他們不再擁有工作收入（來應付自己最基本的生活開支），或者他們被鉅額債務壓得喘不過氣來。原因在於，他們所擁有的資產總價值比自己的負債還要小——他們視為資產但實為債務的這些事物，例如自己所買的房屋等，拖累了他們。

就算全球各國的央行不斷地在金融體系中挹注龐大資金，但是對於一般人來說根本沒有什麼好處，因為他們無法申請到自己所需的汽車貸款或房屋貸款。隨著貨幣供應量像熱氣球一般地迅速膨脹，一般人能貸到這些錢的機會就愈加渺茫。

這些人不會覺得這是一輩子難得的機會，他們沒有大量的現金部位去購買絕佳的投資機會，他們看到的是貧窮與匱乏，而且內心充滿了恐懼。許多人都在擔心是否會失去（如果他在這次金融海嘯中幸運地還沒有賠光的話）自己的工作、房子、儲蓄，以及退休金。

那些覺得是最好的時代，以及那些覺得是最壞的時代兩種人之間，最大的差別就在於，他們各自所擁有的知識以及財務ＩＱ。我們目前教育體系最大的失敗，就是它從來不教導人們金錢真正的運作原理，反而教導一些不適用且極度荒謬的觀念——亦即陳舊的金錢法則。他們教你如何平衡自己的收支，但是他們不教你如何判讀資產負債表，更遑論如何利用資產負債表來累積自己的財富。

他們教你要把錢存起來，但是他們都不教你有關於通貨膨脹的事情，以及它是怎樣侵蝕你的財富。他們教你如何開立支票，但是他們從來不教你資產與負債兩者之間的差別。這不禁令人懷疑，這一套教育體制是刻意要把你打入財務的黑洞之中。

以今日的世界而言，你可以是學術界的天才，但同時又是財務方面的笨蛋。這種想法完全與傳統的觀念背道而馳。因為人們會錯誤地認為，那些擁有律師或醫生這類高薪工作的人之所以會有錢，是因為他們在財務以及學術方面應該都比平常人來得聰明。但是誠如你我所見，賺到很多錢並不代表你擁有較高的財務ＩＱ，尤其是當你不智地亂花錢或進行不當的投資——例如把自己的錢交給那些根本不在乎你是賺是賠的理財專家。請你務必記得，「穩定的工作」和「財務上的安全」兩者之間有著很大的不同。想要擁有真正的財務安全需要憑藉著紮實的財務教育，那是一種完全根據現實世界中金錢的實際運作原理來作為基礎的知識。

這就是為什麼當這次金融海嘯的災情蔓延到次級房貸戶之外的人們時，我**一點都不**感到驚訝。反倒是那些只會空口說白話的專家，以及我們的領袖看起來都很震驚。這也是為什麼所有的總統候選人在競選期間，都沒有提到這些相關的問題。他們竭盡所能地一再迴避，並且不斷地安撫我們，表示根本沒有所謂的金融危機，而這次財務出問題的人都僅止於那些付不起房貸的窮人。但是我們現在已經知道了，這次的問題不只是出在那些繳不出房貸的貧窮戶。這次問題的根本原因是來自於政府和財經界的高層。由於搞不清楚金錢的新法則是如何影響自己的生活，使得數以百萬計的人們瞬間失去了他們一輩子的辛苦所得。這種體制上的根本問題，絕對不是一個深具魅力的政客就能解決得了。

回歸到我們這一章標題「歐巴馬能否救得了我們？」正確的問法應該是：我們如何自

救？這個問題的答案就是「知識」。它同時也能讓我們從暴君式的經濟體系中重獲自由。如果你學習到有關於金錢，以及它運作原理方面的知識，你就能激發自己的潛能、打破匱乏的思維模式，並且開始看到自己周遭豐饒的世界。這麼一來，對你而言，現在也能成為最美好的時代。

我個人根本不期望政府或大型企業出面來挽救我。我只是單純地觀察著有權有勢的人們**實際在**做些什麼樣的事情（而不是聽他們在說些什麼，或者對我們做出什麼樣的承諾），然後對此做出因應的措施。知道如何做出反應（而不是盲目地跟隨），並且充滿自信地採取行動（而不是等著被人告知要怎麼辦）不但需要勇氣，而且更需要財務方面的教育。

我相信目前經濟所面臨的問題太過龐大，而且還在不斷地惡化，它已經完全不受我們的控制了。它根本是貨幣政策的問題，而不是政治方面的問題。它也是一個全球性的問題，而不單只是美國一個國家的問題。歐巴馬能做的其實非常有限，他所能做的事情，我怕根本微不足道。更嚴重的是，那些真正掌控著金融界的鉅子們，根本不需要對美國總統負責，他們做什麼也都不需要獲得總統的認可，這些人遠遠凌駕在全球政府以及民選的總統之上。

我們如何自救？

每當有人問我說：如果換我來執掌教育體系，那麼我會教大家什麼？我的答案是，「我會確保所有的學生在畢業之前，都能清楚地瞭解稅賦、債務、通貨膨脹，以及退休金制度之間的關係。」如果這些人能懂得這個道理，那麼他們未來的財務狀況就會更加穩固。他們必能在財務方面為自己做出更好的決定，而不是拚命想要依賴政府或者所謂的「財經專家」來挽救他們。

【讀者評論】

根據我在財務教育當中所學到的，我在很早之前就知道自己的四〇一（K）退休計畫並非像別人所說，是一種良好的投資標的。由於我有這樣的認知，因此我今天的財務狀況真的比一般人好得太多了。這件事情讓我想起羅勃特·清崎曾經講過的話，也就是，「黃金、白銀或不動產本身無法讓你致富發財；而是你對黃金、白銀或不動產到底有多少瞭解才會讓自己致富。」

——dafirebreather

總而言之，這本書主要講的是稅賦、債務、通貨膨脹，和退休金制度之間的關係，新的金錢法則完全是以這些力量來作為基礎。而其所傳授的知識，就是藉著瞭解這些力量以及新的金錢法則，讓你能重新掌握自己財務的未來。一旦你瞭解它，你就有機會跳脫出有錢人所設計出來的陰謀，活出一個真正財務自由的人生。

Chapter 2

不利於我們教育體系的陰謀
The Conspiracy Against Our Education

為什們學校沒有教有關錢的事情？

基金會（美國一般教育委員會）的目的是要如何利用金錢的力量，而不是提升美國的教育水準，雖然當時多數人都以為它的目的是要指引教育的方向……。它的目標是要利用教室來教導並鼓勵人們對他們的統治者順從而且被動。當時的目標是——到現在還是——塑造出一些受到足夠教育的公民，可以在監督之下擁有極佳的生產力，但是仍然不足以質疑當權派，或者擺脫他們所處的階級。只有那些菁英的兒女才能接受到完整的教育。其餘的人最好是將自己變成具有能力的工作者，除了享樂之外，心中不會擁有任何其他的想法。

——摘自愛德華．葛里芬（G. Edward Griffin）所著《來自傑克島的怪物》（*The Creature from Jekyll Island*）一書闡述於一九〇三年所成立的洛克斐勒教育基金會

新的學校

我在九歲的時候開始對學校的教育產生懷疑。那時候我的家人才剛從城市的另一頭搬到一個全新的家，因為這樣離我父親新的工作地點比較近。那個時候的我正要到一個新的學校就讀四年級。

我們當時居住在夏威夷大島上的希羅城（Hilo）。該城鎮的經濟主要來自糖廠，而且其中八到九成的人口都是一八〇〇年左右飄洋過海到夏威夷之亞洲移民的後代，我本身就是第四代的日裔。

在原來的小學中，我大部分的同學都跟我很相像。但在我的新學校裡，有一半的同學都是白人，而另一半則是亞洲裔。無論是白人還是亞洲人，大部分的小孩都是上流家庭的後代，這是我第一次感覺到自己是那麼地貧窮。

我那些有錢同學所住的房子都很高級，而且都座落於特定的社區，一些同學甚至還擁有海邊的別墅；我自己的家則是租了一間位於圖書館後面的屋子。我大部分的朋友家裡都擁有兩部汽車；而我家只有一輛。我的朋友開生日派對時，通常都是在遊艇俱樂部裡面舉辦；而我的生日則是在公共海灘上舉行。當我的同學開始打高爾夫球時，他們都會在鄉村俱樂部裡聘請職業選手當教練；我自己則是連高爾夫球具都沒有，甚至還在鄉村俱樂部裡當桿弟。我那些有錢的同學都擁有新的腳踏車，有些人甚至還擁有自己的帆船，放假時也會去迪士尼樂園；我的父母雖然也答應過有一天會帶我去迪士尼，但是從來沒有實現過，我們的休閒活動都是到附近的國家公園觀察火山爆發的情形。

我在這個新的學校裡認識了富爸爸的兒子。那個時候，我們兩人無論在家庭經濟環境或課業上的表現，都是班上倒數幾名左右。我們之所以會變成很好的朋友，是因為我們都是班上最窮的孩子，因此成天黏在一起。

教育的希望

在一八八〇年左右，我的祖先從日本移民到夏威夷。他們被派到甘蔗田和鳳梨田去工作。一開始的時候，他們的夢想就是下田工作、存錢，然後變成有錢人退休回日本。

我的祖先在這些農莊裡非常刻苦地工作，但是工資非常低廉。除此之外，因為農莊有提供住宿，因此農莊的主人還會從這些微薄的工資裡面扣掉房租費用。這個農莊也只有一家商店，表示這些勞工都必須在這個農莊裡的商店購買自己所需的食物和補給品。每到月底，扣除房租和在商店消費的金額之後，工資真的是所剩無幾。

我的祖先想要盡快脫離開農莊，而且對他們而言，接受良好的教育就是他們脫離農莊的保證。在那些我所聽到的故事中，我的祖先拚命節儉省錢，並將他們的孩子送到大學受教育，也就是說，如果你缺乏大學文憑，就等於被釘在農莊裡面。在第二代的時候，我大部分的親戚都已經離開了農莊。直到今日，我的家族常常誇耀幾代以來的大學學位——絕大部分的親戚都至少擁有大學文憑，也有許多人擁有碩士文憑，甚至有部分的人還擁有博士學位。

我的學術表現若依家族的標準來看，可以說真的很差：我只有大學工程學位——一個聊勝於無的學位。

在馬路對面的學校

我在九歲的時候換了學校，對我的生命造成很大的影響，原因在於學校所座落的位置。下面顯示我自己當時社會地位的改變。

希羅工會學校	馬路	我爸爸的辦公室
		河濱小學
		我的新家

我的新學校河濱小學的正對面，就是希羅工會學校。就讀希羅工會學校的小朋友，都是農莊作業員的小孩，其中許多家長也都有參加各種勞工工會。反觀河濱小學，則是專門給各個農莊主人的兒女就讀的學校。

我四年級時，就是進入農莊主人兒女所唸的河濱小學就讀。我在一九五〇年走路到河濱小學上學時，總會遙看著馬路對面的希羅工會學校，眼中所見到的是，這兩個學校並非因為種族，而是因為錢的關係而有所區隔。我對於學校和教育系統的懷疑就是從這個時候開始產生的。我知道有些事情不太對勁，但是我說不上來是什麼。如果我們家庭所座落的位置不是恰好跟河濱小學同一邊，那麼我所唸的學校很可能就會是希羅工會學校。從四年級到六年級期間，我所唸的學校就是充斥著那些農莊主人的後代，也就是我的親戚和祖先一直拚命努力想要脫離的那個體系和那群人。在唸小學的整個過程當中，我跟這些孩子一起成長，跟他們一起運動，有時候還會去他們的家裡玩。

自小學畢業後，很多同學都被送到寄宿的貴族學校，而我則是到沿著這條街稍遠的地方讀公立國中。在國中的時候，我就和馬路對面的那些小孩混在一起，也就是來自希羅工會小學的畢業生。那時候的我更是體會到有錢人家庭的兒女，以及那些中產或貧窮家庭小孩之間的差異。

我的父親受過極高的教育，並且成為夏威夷州的教育部長。他不但脫離了農莊，同時也是一位非常成功的公職人員。雖然我的父親受過教育並擁有極高的學位，同時也擁有一份高薪的工作，但是我們的家庭在財務上仍然非常貧困——至少跟我那些有錢人朋友相比是如此。每當我造訪那些富裕朋友的家時，我知道我們之間就是有那麼一點不同，但是當時的我並不清楚是什麼。在我九歲的時候，我開始思考：為什麼上學唸書沒有讓我的父母親變得很富有？

關於那些農莊

我的親戚努力工作並且省吃儉用，拚命存錢讓自己的孩子受到良好的教育，以便長大之後毋須再到農莊上工作。我親眼觀察到河濱小學和希羅工會小學之間的差異，也體驗到同時擁有農莊主人後代的朋友，以及在農莊上工作的勞工後代的朋友。即使我們在小學所受到的基礎教育是一樣的——但是一直少了些什麼，至今仍然如此。

我的親戚希望自己的孩子能脫離這些農莊。當時的問題在於，學校從來就不教我們如何**擁有農莊**。我們其中有太多的人都在**為那些新的農莊工作**——也就是世界級的大公司、軍方，或者是政府機構。我們上學的目的是為了要找份好的工作。我們被訓練成要為那些有錢人工作、要到有錢人開的連鎖商店買東西、向有錢人開的銀行借錢、投資那些有錢人們所擁有的共同基金和退休金計畫等——但是從來就沒有人教我們**如何變成有錢人**。

許多人都不喜歡聽到，自己被學校體系教導如何作繭自縛，或是如何被有錢人佈下的陰謀之網纏住，人們也不喜歡聽到「有錢人早已操縱了我們的教育系統」這類的話。

綁架教育系統

我們目前的教育體系中最邪惡的，莫過於完全不教導任何有關於金錢的事。它反而不斷地在教我們如何成為非常優秀的員工，並且要謹守自己的本分。有些人會宣稱，當前的教育系統是刻意被設計成這樣的。舉例來說，在《來自傑克島的怪物》一書中，葛里芬引用美國一般教育委員會的第一份正式文件（該文標題是，「未來『可用』的地方學校」，是由斐德列克．蓋茲（Frederick Gates）所撰寫），內容如下：

> 在我們的理想中，擁有無限的資源，人民也完全順從地讓我們幫他們塑造未來。讓目前傳統的教育從我們的腦海中逐漸淡忘；同時也完全不受傳統的束縛，我們開始充滿善意地建

立起一個優雅且具有責任感的白領神話……。我們眼前要為自己設立一個非常簡單、而且非常美麗的使命：將這些人依照我們認為完美的形式，好好地加以訓練……。

請務必知道，一般教育委員會是由洛克斐勒基金會在一九〇三年所成立的，是當時最具影響力、而且最富有的基金會之一。我們在這裡所看到的，是一個已經延續了將近一世紀的傲慢態度，一位有錢的美國（甚至是世界級）菁英份子的思想，費盡心思地安排能滿足他們所需的教育架構，而不是考慮學生本身的需要。就算到了現在，這件事情也非常重要，因為雖然是一百年前的事情，但是這種傲慢的態度至今都未曾消失，到現在還是你、我，以及我們後代子孫受教育時，背後的驅動力量與推手。這股力量到今天還是在壓抑著我們的財務教育。如果你只是別人賺錢機器中的一個齒輪，或者是某個農莊上的工人，那麼你確實不需要知道任何有關於金錢的知識。

在一九八三年看過富勒博士所寫的《強取豪奪的巨人》一書之後，我開始瞭解到為什麼學校不教任何有關於金錢的課程。到那之前，我壓根都沒有勇氣去批判我們的學校體系，畢竟我父親當時是夏威夷的教育部長。隨著年齡的增長，我開始遇到一些人，他們跟我擁有同樣的懷疑與看法，質疑學校為什麼從來不教我們有關於金錢的事情。

最早跟我一樣對教育體系抱持高度懷疑的人是約翰．蓋特（John Taylor Gatto），也就是《摧毀我們心智的毀滅性武器》（*Weapons of Mass Instruction and Dumbing Us Down*）以及許多其他書籍的作者。蓋特先生曾三次獲頒紐約市最佳模範教師，也曾榮獲紐約州模範教師的殊榮。他在一九九一年辭去了教職，並且在《華爾街日報》公開呈述，「我沒有辦法再繼續這樣教書了。如果你知道哪裡有一份不需要傷害兒童的教育工作，請務必告訴我。因為今年秋天我一定需要找新的工作。」他讓我知道，我們目前的教育體系源自於普魯士（譯註：第一次世界大戰前的德國）的教育模式，它專門用來產生優秀的員工和軍隊體系，這些人會盲目地聽從命令，等著被告知要做些什麼，也需要他人來教他如何運用自己的金錢。

就如蓋特先生最近跟我說的，「我們當初在設計教育體制時，並非要培育孩子們獨立思考的能力，也不是要支持我們當今人人生而自由的主張。事實上，我們目前的教育體系完全源自於普魯士的模式，其作用與上述內容相反——專門教小朋友要聽話照做。那些能幹而且順從的學生就會成為職員，並且專心為那些有錢人工作；或者成為犧牲自己性命的士兵，來保護那些有錢人的利益。」

你可以在約翰．蓋特的網站（johntaylorgatto.com）上找到更多有關的資訊。他仍然繼續堅持改造教育體系的使命。

現在，無論你是否相信，不在教育體系裡安排有關於金錢的課程是一項人為的陰謀，但是你絕對不能否認，在財務教育相關的領域中，我們當今的教育體系應該是嚴重地不及格。無論這是刻意造成與否，我們的教育體系缺乏傳授如何瞭解並且運用金錢的知識，實際上這也是造成目前許多民眾面臨財務困境的最大元兇。由於嚴重地缺乏財務教育，使得許多受過高等教育的人們依舊非常憂心當前的金融風暴。上百萬的群眾因為聽從金融界業務員的建議，因而完全賠光自己的退休金。當人們被強迫面對自己的財務現狀的時候，泰半也只能茫然以對。

【讀者評論】

羅勃特，我完全同意你所說的內容。在我退休之前，我在小學教了三十多年的書。我對教育體制充滿了挫折感，我認為我們無法幫助下一代獲得成功，因為我們一直在教他們一些對未來沒有幫助。古希臘人認為應該要教導人們如何思考，但我們現在反而在教導下一代如何聽命行事。

——Henri

出賣自由來換取金錢

如果人們不學習有關於金錢的事情，最後很可能會出賣自己的自由來換取薪資，尋找一份穩定的工作來賺取足夠支付帳單的收入。有些人一輩子都活在被革職的恐懼之中。這就是為什麼就算成千上萬的上班族受過良好教育，對他們而言，穩定的工作還是遠比他們的財務自由來得重要許多。舉例來說，當年我在海軍陸戰隊服役時，我知道有一些飛行同僚想要繼續待在軍中再服務二十年，目的不是為了捍衛自己的國家，而只是想要一輩子領取政府所發放的薪資。目前在學術領域當中，有許多老師以獲得工作上的保障為理想，而不是真的因為傳道授業而感到自豪。

由於學校體系缺乏財務教育的結果，使得數千萬自由的人民願意讓政府來統馭自己的生活。由於我們沒有足夠的財務ＩＱ來解決自己的財務問題，才會希望政府來幫我們做。在這樣的過程當中，我們放棄了自己的自由，並讓政府更能控制我們的生活以及我們的金錢。每當聯準會和美國財政部拿著**紓困金**來挽救某間銀行，這根本不是在幫助民眾，事實上是在保護有錢人的利益。所謂的紓困根本就是有錢人的社會福利，每次進行紓困時，我們就放棄了更多個人的財務自由，每個國民所要承擔的國債額度也愈來愈大。大有為的政府開始入主我們的銀行，並想藉著推行公共計畫（例如社會福利保障制度以及國民健保體系等）來解決民眾個人的財務問題，這根本就是一種社會主義。我相信社會主義不但會讓人民愈來愈軟弱，而且還會讓他們一蹶不振。上主日學的時候，我們被教導應該要教別人如何釣魚，而不是把魚拿給他們吃。對我而言，社會福利和紓困金等，在本質上就是給人們魚吃，而不是教他們如何釣魚來養活自己。

稅賦、債務、通貨膨脹，和退休金制度

誠如我在第一章所言，四種會讓人們在財務上不斷掙扎的影響力就是稅賦、債務、通貨膨脹，以及退休金制度。我也說過這四種影響力都跟聯準會和美國財政部有直接的關聯。我再強調一次，聯準會因為被授與權力可以印製鈔票並提高國家債務，所以稅賦、通貨膨脹，以及退休金等就必須面臨上漲的情況。換句話說，當人民的財務狀況因為稅賦、債務、通貨膨脹，以及退休金制度而不斷弱化後，政府的權力就更加地集中。當人民在財務上掙扎困頓時，他們就會更想要政府出面來解決自己的問題，這麼一來就不自覺地出賣了個人的自由，

來換取財務的救濟。

二〇〇九年時，美國人擁有自宅的百分比開始下滑，法拍屋的數量屢創新高，美國中產階級的家庭數目也不斷減少，僅剩的一些儲蓄存款也在日益萎縮當中。在此同時，每戶家庭所背負的債務卻是與日俱增，低收入戶的數量不斷上揚，超過六十五歲還繼續工作的人數也一直在增加當中。破產案件的數量持續創下新高，而且絕大部分美國人都沒有足夠的錢來宣布退休。

這不光是美國本身的現象而已，這次是全球性的個人財務危機，這些有錢人的陰謀影響著每個國家以及全球所有的人。

不論你是否相信陰謀論，事實證明當前世界面臨了人類史上最大的一次金融危機，而且人民都在冀望政府來挽救他們。不管你是否相信陰謀論，絕大多數的人從學校畢業時，幾乎沒有學到任何有關於金錢、稅賦、債務、通貨膨脹，以及退休金制度等的相關知識，而這些力量又是如何影響著我們的生活。

是誰拿走了我的錢？

請你花一點時間來檢視多數人的財務現狀。

現　況	有錢人以及窮人如何運用金錢
學　校	絕大多數的人在學校裡面學不到任何有關於金錢的知識；有錢人則是在家裡學習有關於金錢的知識。
工　作	絕大多數人都在為有錢人工作。
稅　賦	在政治圈裡面朋友的幫助之下，民眾所繳納的稅金就可以利用紓困金的方式流入這些有錢人的公司之中。根據目前的估計，你我所繳的每千美元稅金當中，只有不到 200 美元才會回饋到我們的身上。有錢人非常清楚要如何操控這個系統。他們擁有這些公司行號、賺更多的錢、然後比上班族繳納更低的稅賦。
國　債	當政府宣布上兆元的紓困案時，就代表了我們的後代子孫有好幾個世代，都必須償還這筆拿來挽救有錢人的紓困金。我們的孩子們將會背負更高稅率以及更嚴重的通貨膨脹，藉此清償這些紓困金。
房　屋	每個月的房貸都會匯到有錢人所開的銀行之中。如果你申請年利率 5%、100,000 美元的 30 年房貸，那麼光是利息你就得支付 93,000 美元。這還不包括手續費、佣金，以及其他服務費等。
退休金帳　戶	許多人為了自己的退休而投資股票、債券，以及共同資金。這些錢絕大部分都拿去投資有錢人所開的公司。如果你投資失利，那麼你就會賠錢；但是那些理財規劃師、證券營業員，或者是不動產經紀人等，仍然可以保留自己的佣金。
日常生活開支	請問到底是誰取走了我們日常所需的保險金、汽油錢、電話費、電費，以及其他生活必需品的錢？答案就是：有錢人。如果這些民生必需品的價格上漲，那麼到底是誰會獲得最大的好處呢？答案仍然是有錢人。

【讀者評論】

我有留意到，不同社會階級所受到的醫療待遇有著極大的不同。你要不就是非常富有（完全自付或者是由保險來理賠），不然就是要非常地窮（完全由政府來負擔）才能得到像樣的醫療照顧。我真的很好奇，不知道到底有多少中小企業老闆和創業家們能真正負擔得起「優良的」醫療品質，而不只是一種非常陽春的健保補貼而已。我相信絕大多數人之所以還要從事自己痛恨的工作，不敢冒險出來創業，就是因為他們極度害怕失去自己和家人的健康醫療保險。

——Bryan P

有關於金錢的最大謊言

我的窮爸爸是一個非常優秀的男人，他受過良好的教育、認真辛苦地工作、非常注意細節，同時也是一位公僕。但是只要一講到錢，他就會開始說謊。每當他談到有關於工作、教育和生活方面時，他經常會宣稱，「我對錢沒有興趣。」或者說，「我並不是為了錢而工作。」或者是說，「錢並不是那麼地重要。」每次我聽到他說這些話的時候，我就忍不住搖頭。對我而言，這些都是謊話。有一天我問他，「如果你對錢都不感到興趣，那麼你為什麼要接受別人的薪資？為什麼你經常說『他們付給我的薪水實在是太低了』？為什麼你一直期待老闆給你加薪？」他無言以對。

就像我的窮爸爸一樣，許多人只要談到有關錢的議題時就會渾身不對勁。許多人會開始說謊，或者完全否認金錢在自己生活中的重要性。就像許多人常說，「絕對不要跟別人討論有關於性、金錢、宗教，或者是政治的話題。」這些話題都非常具有爆炸性，也非常直接。這就是為什麼大部分的人都喜歡討論天氣、運動、電視節目，或是最近流行的飲食減肥方法等。這些都是非常膚淺的話題——在我們的生活當中其實可有可無，但是我們絕對不可能沒有錢。

很多人都接受這本書一開始所講的，「對金錢的渴望是萬惡之根。」但是他們並沒有理解到，光是這句話本身就在強調：金錢本身**並非**萬惡的根源。很多人都相信金錢有腐化人心的力量，事實上也是。許多人都相信如果小孩子學會了賺錢的本事，他們就不會想要繼續求學，而且這點的確也很有可能。但是想要生活就必須要有錢，而且賺錢也是日常生活的一部分。許多人大部分的清醒時間都投注在工作上，有些人甚至投入了一輩子，拚命為錢工作。許多的離婚案或者是破碎的家庭，都是因錢的爭執而引起。

持續讓人們對金錢保持無知才是邪惡的事，因為很多人會為了錢去做些極為邪惡的事情，例如從事自己不喜歡的工作、在自己不尊敬的人手底下工作、嫁（或娶）自己不愛的人、取走不屬於自己的東西等；而當他無法照顧自己時，他們就會期待別人——例如自己的家庭或者是政府——來照顧他們。

迂腐的思維

認為**錢不重要**完全是一種迂腐的思維。

【讀者評論】

西元前八五〇至九〇〇年的所羅門國王，是當代最聰明也是最有錢的人，在他的聖經傳道書第十章第十九節當中寫道，「設宴是為了歡笑，酒能使人快活，但金錢能使萬事應心！」

——drmlnichols

用非常簡單的方式來說，人類社會的演化經過四個階段。這四個階段是：

1. **採集狩獵階段：**在史前時代，錢一點都不重要。只要你擁有一根長矛、一些堅果、一些水果、一座山洞、一堆柴火等，你的需求就得到了滿足。那時候土地並不重要，因為人類到處游牧並且逐水草而居。人們以部落的方式群居，也沒有很明顯的階級制度，酋長本身的生活品質跟其他族人沒有什麼不同。於此階段，所有的人都處於同一個階級，因此錢並不重要。

2.農業耕種時代：一旦人類學會了如何種植農稼並畜養動物，土地就變得非常重要。那時候交易最主要的媒介是採用以物易物的方式。此時，金錢仍然不重要，因為就算你沒有錢，你仍然可以活下去。在這個階段，國王和皇后統治著大地；一般利用土地耕種或者飼養動物的平民百姓，則必須給控制土地的主人繳納稅金。我們現在所用的**不動產**（Real Estate）一詞，實際上來自於**皇室資產**（Royal Estate）一詞。這就是為什麼我們對於我們付房租的對象都稱為**地主**（landlord）。在這個階段，人類只有兩種階級：皇室以及平民百姓。

3.工業時代：我相信工業時代始於西元一五〇〇年左右，也就是哥倫布開始尋求通往亞洲的新航道，因而挑戰了地球是平的這派學說。事實上並非像現在大部分的教科書所云，哥倫布當時並不是在尋找新世界。他找尋的是全新的貿易航線，藉此開發諸如黃金、銅、橡膠、石油、木材、皮草、香料、工業用金屬、紡織品工業時代關鍵物資的貿易途徑。

這時候人們開始離開農莊、搬進城市，因此造成了一些全新的問題和商機。在工業時代，除了佃農繳納租稅給皇室，新的資本家也開始支付員工薪資。除了土地之外，這些新的資本家也開始擁有公司和企業。

公司這種結構，就是專門用來保護有錢人、投資者，以及他們所擁有的錢。舉例來說，在一艘船航向新大陸之前，有錢人們就會成立一家新公司。如果這艘船不幸沉沒而全員罹難，那麼有錢人對於這些人的死亡一點責任都沒有。這些有錢人損失的，只是他們的金錢罷了。

今天的狀況與此極為類似。如果一個CEO把一家公司搞垮了，並讓這家公司背負著鉅額的債務，同時給高階主管發放幾百幾千萬的薪水和紅利，竊取員工的退休基金等，那麼最後失去一切的人是員工，但是有錢人的財產損失與債務都會受到保障，就算他們犯了罪也一樣。

就算是在工業時代裡，金錢也沒有這麼重要。為什麼會這樣呢？這是因為員工跟雇主之間的準則就是提供工作機會以及一輩子的薪水，也就是穩定的工作和收入的保障。對許多跟我同樣年紀的人而言，也就是他們祖父的那一代，錢並不是那麼重要，因為他們擁有公司和政府的退休金，有別人提供的房子可以居住，以及自己銀行裡的存款。他們完全不需要考慮到如何投資自己的金錢。

這一切在一九七四年之後完全改觀，因為當年美國國會通過了「受僱人退休所得保障法」。這個法案開始衍生出我們所知道的四〇一（K）等，以及其他各式各樣的退休金制度。一九七四年起，錢開始變得非常重要，人們被迫開始學習如何投資金錢，要不然就會因貧窮而死，或者就得借助社會救濟金來過活，就如同我的父親在失去公職之後所面臨的下場。

4. 資訊時代：我們現在活在資訊時代之中，在這個時代裡，金錢非常重要。更精確來說，在資訊時代中，對於金錢的知識更是一切的關鍵。我們所面臨的問題是，當今教育體系仍然還停留在工業時代，而在這些學術界最聰明的腦袋裡面，他們還是認為金錢不重要。大部分的人都還在採行這個過去的、過時的、完全迂腐的金錢思維，可是金錢是那麼地重要。在今天的社會裡，錢是生命當中的重要關鍵之一。就今日而言，財務上的安全遠比工作的穩定還來得重要許多。

【讀者評論】

直到最近，我都還一直以為穩定的工作就等於財務上的安全；我從來沒有質疑過這個想法。現在我知道了。

——jamesbzc

財商教育

今天，擁有三種教育是極為重要的事情。這三種教育是：

1. **學術教育：**這包括了學習如何聽、說、讀、寫，以及解決基本的數學問題。在資訊時代裡，擁有能跟上資訊變化速度的能力，遠比昨天所學到的知識還來得更加重要。
2. **專業教育：**這樣的知識是專門拿來賺錢用的。舉例來說，一個上醫學院的學生想要成為一個醫生（或者你參加警校才能變成一位警察）。今天想要在財務上獲得成功，光是憑著專業的職技是不夠的。在資訊時代裡，專業的職業訓練是工作穩定的關鍵。
3. **財商教育：**想要獲得財務知識，那麼財商教育是不可或缺的一環。財務ＩＱ跟你個人賺了多少錢並沒有直接的關係，重點反而是賺了錢之後你能留下多少、你的錢到底有發揮多大的作用，以及這些錢可以供幾個世代來花用。在資訊時代裡，財務教育是財務安全的關鍵。

許多學校體系在學術以及專業技職教育方面都辦得不錯。但是在財務教育方面則是完全不及格。

為什麼在資訊時代裡，財商教育是這麼地重要？

身處於一個資訊爆炸的時代，到處充斥著資訊，無論是在網際網路、電視、收音機、雜誌、各種廣告信件、電腦、手機、學校、工作崗位、教堂、電子公佈欄等。想要消化這麼多的資訊必須要靠教育，這就是為什麼財商教育如此重要的原因。

今天，財務資訊不斷從各個管道向我們蜂擁而來，如果沒有良好的財商教育，人們很難將這麼多財務資訊加以處理，更遑論讓自己瞭解。舉例來說，當一個人說某支股票的本益比是「六」，或者這個不動產的投報率是「七」時，對你而言，這些回答代表了什麼樣的意義？或者你的理財專家對你說，股市每年平均上漲八％，那麼你聽到這個消息是怎麼想的？或許你會反問他，「這個資訊是真的嗎？每年八％的投資報酬率到底是好，還是很差勁？」如果缺乏適當的教育，你就無法彰顯資訊的威力。而本書正是致力於提升你的財務ＩＱ，教導你金錢的新法則，並瞭解這些新法則如何影響自己的一生。

新的金錢法則#一：知識就是金錢

今天，你不需要錢才能賺到錢，你只需要知識就足夠了。舉例來說，如果某支股票的股價是一百美元，在某些證券交易所裡面你可以放空這支股票。意思就是，你可以先賣出自己尚未擁有的股票。舉例來說，我向這個證券交易所借了一千張股價一百美元的某家股票，並在市場上賣出，那麼我的帳戶裡就會收到十萬美元。假設股票後來跌到了六十五美元，因此我再度連絡這個交易所，利用六萬五千美元買下一千股的股票，並把它拿去還清當時股價在一百美元時我所借出來的一千股。這時候我就能保留兩次交易的價差三萬五千美元，但這尚未扣除手續費、佣金以及匯款等成本。以上就是放空股票的精髓。我只需要靠著知識就能賺到這筆錢。首先，我必須要瞭解原來股票是可以放空的；其次，我必須要知道如何實際操作這個概念。我一樣會在自己的公司和不動產投資當中，採用類似的手法。

隨著這本書內容的發展，我會舉出一些類似這種可以無中生有變出錢來的辦法——完完全全就只是靠著知識而已。其中有許多範例，都是之前我個人親自做過的交易，而在這些交易當中，由於光憑著知識就能無中生有變出錢來，因此我的投資報酬率不但更高，在過程當中也背負著比投資共同基金更少的風險，而且最後幾乎用不著繳納什麼稅金。

在今天的資訊時代裡，光是因為資訊的好壞，就能讓人在一瞬間致富或者是淪為赤貧。就像你們大部分人已經知道的，全球許多人由於劣質的建議、不良的資訊，以及缺乏財商教育，因而損失了數兆美元。最可怕的是，那些提供差勁財務建議的人們，到今天還在推銷著同樣的不良資訊。聖經上有一句著名的話，「我的人民因為缺乏知識而凋零。」今天，許多人在財務上都不斷地凋零，因為他們一直遵循著舊的金錢法則：亦即努力儲蓄並還清自己的債務，或者他們仍然堅信投資擁有極高的風險等。但是唯有在缺乏財商教育、不具備投資經驗，以及擁有差勁的財務顧問時，投資才會面臨極高的風險。今天，你完全不用錢就可以賺到錢，當然你也有可能在瞬間失去自己畢生的積蓄。這就是為什麼我一直在強調知識就是金錢的緣故。

【讀者評論】

我會說你講的這段話是正確的，但是我也會強調，對這些知識採取行動更為重要。一個人如果知道如何放空股票，或者是打造一個網站或者任何事情，並不等同於他知道採取什麼樣的行動來為自己創造財富。

——ramasart

我會把這句格言倒過來說，但是這句格言的關鍵是，擁有正確的資訊遠比擁有錢來得重要許多。一個真正富有的人不需要害怕，因為他知道要運用哪些戰略，以及執行哪些戰術就可以重新掙回自己的財富。反過來說，一個現在擁有許多錢的人，也許活在恐懼之中，因為他不知道如何藉著新的技能來增加自己手頭上的財富——他無法運用新的資訊。

——dlsmith29

結論

我們的學校完全不教下一代有關於金錢的事情，這種現象實在糟糕至極。但在二〇〇九年的今天，許多富有的人都在和歐巴馬總統抗爭，希望從景氣刺激方案中撥出更多的經費用在改善教育之上。唯有時間才能證明歐巴馬總統的景氣刺激方案是否有效，但是無論如何，我的確相信，在教育上面投注更多的經費來發展一個健全的經濟、健全的國家，以及自由的世界，是極為關鍵的。

我是一個倡導教育的人。在亞洲的文化裡，最受人尊敬的職業就是老師；但在西方世界裡，老師是薪資最低廉的專業人士。我相信，如果能像我們口頭上所說的那麼重視教育，我們就會給付老師更高的薪資，並在不良社區裡面打造更安全、更優質的學校。在美國，小孩子所受到的教育品質，會取決於自家不動產價格的高低，在我看來這簡直是一種罪惡。換句話說，位於落後地區的學校由於稅收不足，因此它們的經費遠低於良好地區的學校。你還說有錢人沒有陰謀！

我同樣也相信：如果我們真的那麼重視教育的話，我們就會努力不讓人們成為財務上的文盲，因為我們必須接受「錢」是自己生命當中不可或缺的領域之一。因此，雖然許多「滿嘴教育經」的人士會嘲笑我的想法，但是我也會簡單地反詰他們，「你為什麼要堅持捍衛既有的教育體系？為什麼要捍衛這種專門把民眾訓練成工作職場上一個小齒輪的教育體系，而不是將他們塑造成擁有自由思想的公民？為什麼你要堅持捍衛這種刻意剝奪財務知識的教育體系，而不去培養出一群具備財務ＩＱ，能在資本主義下當個富有強壯的國民？」

無論你是否跟我一樣相信我們的教育體系裡面存在著所謂的陰謀，但事實上在今日，建立起一套包括完善財商教育、紮實的教育體系，是一件刻不容緩的事情。當我還是小孩子的時候，如果我的同學在學校成績表現不好，他們仍然可以在工廠裡面得到一份高薪的工作。隨著公司一間一間地關閉並移至海外，一個原本在學校表現不好的小朋友，這輩子大概也不會很好過。這就是為什麼當今世界上需要更好的學校、更安全的學校、薪資更豐厚的教職人員，以及更豐富的財商教育。

在資訊時代裡，我們承受著過多的資訊。教育讓我們有能力把這些大量的資訊轉化成有意義的事物，藉著這些意義就能改善我們原本的生活。請給我們權力來解決自己的財務問題，而不是讓大家每天引頸企盼政府來幫我們解決問題。停止所有紓困和私相授受的行為，遏止有錢人陰謀的時候已經到來，現在該是教育我們如何釣魚的時候了。

Rich Dad's
Conspiracy
of
The Rich
The 8 New Rules of Money

Chapter 3

不利於我們金錢的陰謀：銀行絕對不會破產
The Conspiracy Against Our Money: The Bank Never Goes Broke

銀行絕對不會「破產」。如果銀行的錢不夠用了，它只要在普通的紙頭上寫下任何需要的金額，就可隨意發行使用。

——摘自「大富翁」的規則

美金死亡之日

美金於一九七一年八月十五日正式宣告死亡。在未經國會的同意下，尼克森總統切斷了美金和黃金之間的連動，因此美金變成了像大富翁一樣的錢（美元）。之後就揭開了人類史上最蓬勃的一次經濟大繁榮。

二〇〇九年，隨著世界經濟的崩潰，全球各個中央銀行都遵循著大富翁對銀行所定下的規則，不斷地創憑空造出數以兆計的美元、日圓、披索、歐元、英鎊等。

問題在於，大富翁只是一種遊戲罷了。將大富翁的規則應用到現實生活當中，就如我們所知，必定會造成社會的毀滅。如同英國著名的經濟學家約翰・梅納德・凱因斯（John Maynard Keynes）曾經說過，「沒有任何手段能像使錢墮落（稀釋貨幣）如此不易察覺，且可靠地顛覆原有社會的基礎。這個過程涉及各種經濟定律中具有毀滅性、同時也是肉眼看不見的力量。當它們發揮作用時，一百萬人當中也不見得會有一個人能發現問題的所在。」今天我們的經濟為什麼會生病，是因為聯準會不斷運作的印鈔機一直在我們的貨幣體系中挹注可笑的紙鈔，它稀釋了我們原有的鈔票的價值，而且幾乎沒有人能找出真正的問題所在，完全就如同凱因斯多年之前所預警的一樣。

【讀者評論】

大富翁的錢……，約翰・高伯瑞（John K. Galbraith）曾經說過，「銀行創造錢的過程是如此地簡單，一般人的腦袋都會拒絕接受這項事實」這句名言。

——hellspark

我從來就不知道大富翁遊戲裡面有這麼一條規則！在現實生活中看到有人真的這麼做確實非常可怕。我所能想像的其他例子，還有銀行貸款以及信用卡。

——ajoyflower

不勞而獲的錢

人們之所以會忽視凱因斯的建言、尼克森總統於一九七一年所改變的法則，以及其他摧殘金錢本身價值的事情，是因為稀釋貨幣會讓人們感覺非常富裕。他們的信箱不斷收到銀行寄來的信用卡，因此購物成為全民運動。許多中產階級彷彿成了百萬富翁，因為他們的房屋價格好像變魔術般地大幅增加了。他們開始相信自己完全可以靠著投資股市的獲利，來作為退休生活的所需。大家開始把房屋拿去做二次貸款，充當全家出國的旅費。現在每個家庭不只擁有一輛車，幾乎都要擁有一台賓士、一輛廂型車，以及一部休旅車。現在所有孩子都可以上大學，代價是他們需要背負花上好幾年時間才償還得了的助學貸款。這些中產階級開始慶祝他們的富裕新生活，進出高檔餐廳、穿名牌服飾、開保時捷、住豪宅等，這一切都是舉債而來的。

人類史上最大的一次經濟繁榮已經進入尾聲。這次的問題在於，泡沫是由債務而產生，而非實質金錢過多的關係；是因為通貨膨脹，而非勞動生產的關係；是因為不斷借錢而產生，而非辛勤工作的關係。就很多方面來說，這次的繁榮完全是因為**不勞而獲的錢**而產生——因為這些錢本身**的確是**憑空創造出來的。就如同凱因斯所說，我們的錢確實是墮落了。雖然我們看起來非常富裕，但是我們原有的社會一直不斷地崩壞中。

一九七一年後，所有的中央銀行只要印製紙鈔，就可以無限制地創造出錢來。以當前的時代來看，銀行家們再也不需要紙張才能印製鈔票了。當你在閱讀本書時，上兆的美元、日圓、歐元、披索，和英鎊等都能直接憑空地以電子貨幣的方式創造出來。根據大富翁的規則，你和我都有破產的可能性，但是銀行是絕對不會破產的。無論如何，全球性的大富翁遊戲還是得持續進行才行。

親眼目睹這項改變

一九七二年，那時的我是海軍陸戰隊直昇機的駕駛員，並駐紮在越南海外的一艘航空母艦上。當時戰事進行得很不順利，我們很清楚己方一直在敗退，但是身為海軍陸戰隊的我們不可以思索這樣的事實。身為海軍陸戰隊的軍官，我的職責是要維護部下正面的心態，不但要讓他們把注意力集中在生存上，同時還要讓他們願意為了國家以及彼此付出自己寶貴的生命。我不能讓部下看見我自己內心的懷疑和恐懼，他們也一樣不讓我窺見他們的內心。

隨著戰事的逆轉，想要維持高昂的士氣變得愈加困難。我們也得知，我們在家鄉不斷地失去民心。每當我們看見那些抗議的學生燒掉徵兵通知和美國國旗時，不禁開始懷疑到底誰對誰錯。

當代許多流行的搖滾樂曲，宣導的都是反戰思維。其中有首歌的歌詞就寫著，「戰爭，到底有啥用處？完全沒有。」與其讓這些歌詞打擊我們，我和我的組員們反而在飛入戰場時大聲地唱著這首歌的歌詞。基於某種奇特的理由，這首歌的歌詞反而給了我們勇氣繼續進行任務，甚至讓我們得以面對最殘酷的現實，也就是死亡。

每次出任務的前一天晚上，我都會一個人走到航空母艦的船首坐著，讓迎面拂來的海風排解我的思慮和恐懼。我在祈禱時，並不期望活著回來，反倒是祈求，如果明天是我在地球上的最後一天，我希望有權利選擇自己面對的死亡方式。我不想要死得像一個懦夫一樣，我不要讓恐懼來左右我的生命。

這就是為什麼當我退役後，我並沒有去尋求工作上的安全，決定不讓對財務安全的恐懼來主宰自己的生命。我反而決定成為一個創業家，當我在第一筆生意失去一切的時候，我並沒有讓恐懼、挫折，以及自我懷疑來阻止自己從事必須完成的事情。我簡單地重拾自己，並再次動手打造屬於自己的事業，從創業的錯誤中不斷地學習經驗，這比上任何商業學校還來得彌足珍貴。我到現在還在這個現實的學校裡繼續深造。

最近幾年股票和不動產市場不斷上漲，當有一堆蠢人衝進去投資的時候，我並沒有讓貪婪掩蓋了自己的邏輯。今天在這次金融危機中，我跟其他人一樣都有相同的恐懼。但是，我不會讓恐懼阻撓我做自己該做的事情。眼中除了看到危機之外，我會竭盡所能想要在這次危機當中發掘絕佳的機會。這是我從越戰當中所學到的教訓，對我而言，這點是戰爭唯一帶來的好處。

其實越戰還有那麼一點好處，它讓我能就近坐在貴賓席上，觀賞人類歷史上最大的改變之一：也就是金錢法則的改變。

來自家鄉的一封信

在戰區，一天當中最重要的時光，就是發放信件的時候。來自家鄉的信件像寶貝一樣地受到重視，因為它是我們跟生命中最重要的人們之間唯一的聯繫。

有一天，我收到富爸爸寄來的一封信。我很少接到來自富爸爸的消息，因為他並不是我真正的父親，他是我好朋友的父親。打從九歲起，我的富爸爸就像我的第二個爸爸一樣，他同時也是我財務方面的良師益友。他一開始就用大寫字體寫著，「**金錢的法則已經改變了。**」信中他也建議我應該要開始閱讀《華爾街日報》，並且隨時留意黃金的價格。他解釋：尼克森總統於一九七一年取消了金本位制，並一再強調當時的黃金價格雖然被鎖定在每盎司三十五美元的價位，但是這種情形不會長久持續下去。一旦尼克森總統切斷了美元和黃金之間的關係，金價就會開始不斷地上漲。當我看到這封信的時候，每盎司的黃金價格已經在七十至八十美元的區間浮動。

當時的我根本不知道為什麼富爸爸會這麼地興奮。當我還是小孩子的時候，除了說「黃金是我們的貨幣基礎」這一點外，富爸爸幾乎未曾提到有關黃金的事情。這句話真正的意義以及重要性，當時還是小孩子的我根本沒有把它聽進去。但是，光是從我在越南所收到的這封信上的口氣來看，我知道富爸爸對於尼克森總統所做出的改變感到非常興奮。他所傳達的訊息簡單來說就是：隨著美元切斷了與黃金之間的關係，有錢人將可以利用一般人無法想像的方式來大玩金錢遊戲。他解釋，「當黃金相對於美元的價格有所起伏時，全球將會發生史無前例的經濟大繁榮與大蕭條。隨著金本位制的取消，我們的金融體系即將邁入一種非常不穩定的狀態。通貨膨脹即將大肆上漲。有錢人將會更有錢，而其他的人則會一貧如洗。」他在信中最後寫道，「現在的美元已經貨真價實地變成了像大富翁裡面的錢一樣，而大富翁的規則就是這個世界金錢運作的新法則。」

我當時仍然沒有完全聽懂他所表達的訊息。但隨著年紀和智慧的增長，我相信他想說的是：這是他可以發財致富的時機。這是他這輩子夢寐以求的機會，而且完全被他說對了。隨著經濟日益大繁榮，我的富爸爸變得非常有錢。而我的窮爸爸一直死守著穩定的工作，因而錯失了人類史上最大一次的經濟繁榮。

總算閱讀了規則

幾天之後，我到軍官休息室一趟，找到一副破舊不堪的大富翁遊戲，並且和其他幾位飛行員玩了一場。由於我已經玩過無數遍，因此根本懶得翻閱規則。但隨著遊戲的進行，我想起富爸爸跟我說這個世界金錢的新規則，就如同大富翁遊戲裡面所制定的一樣。因此我隨手翻著大富翁遊戲規則，找到了富爸爸所指的那一條規則。上面寫著：

> 銀行絕對不會「破產」。如果銀行的錢不夠用了，它只要在普通的紙頭上寫下任何需要的金額，就可隨意發行使用。

今天，感謝富爸爸當年簡單的警告，我很清楚地瞭解為什麼我們現在會面臨巨大的全球性金融危機。對那些有錢有權勢的人們而言，這項規則的改變表示他們可以在普通的紙頭上印製自己的鈔票。我們的錢完全被他們玷污了。

在一九七一年之前，我們的錢之所以被稱為美金，是因為它完全由黃金來作為保證。今天，美元像是一種有毒資產，使得全球的民眾和各種事業體都產生了各種疾病。這就好像是喝下了被污染的水，還一直懷疑自己的身體為什麼會感覺到不舒服。由於金錢法則的改變，藉著貨幣系統本身，有錢人就可以合法地竊取我們的財富。

啟動現實生活的教育

一九七二年，我聽從富爸爸的建議，虔誠地閱讀《華爾街日報》，並且留意有關黃金的文章，自此開始了對黃金，以及它跟錢有著什麼樣關係的教育，閱讀所有能到手的相關文章。但是我不光是靠閱讀就學到了這些重要的教訓，在我的現實生活中到處充斥著實際的範例。

有一天，我從航空母艦起飛到南越峴港外圍的一個小村莊。由於距離規定返艦的時間還有幾個小時，座艙長和我便漫步走到村莊裡頭。他想買芒果和木瓜，也就是我們在航空母艦上吃不到的熱帶水果。

在挑選了一些水果之後，座艙長把手伸到口袋裡，取出了一疊南越的紙鈔「銀盾」（Piaster，法國殖民銀行所發行的「元」，越南人稱為dong）。「NO！NO！NO！」賣水果的婦人一邊說，一邊搖著手。她讓我們瞭解她不接受「P」，也就是這種鈔票的俗稱。於是，我的座艙長掏出一張五十美元的紙鈔，她非常不情不願地收下，充滿懷疑地檢視這張紙鈔時，還不斷地低聲咒罵。最後她說，「好吧，你等一下。」然後就跑到另外一個攤位去，做了一番交易，接著跑回來，並把那一籃水果交給座艙長。

我問座艙長，「剛剛是怎麼一回事？」

「她準備要逃命了，」他回答，「她準備要離開越南了。」

「你怎麼知道？」我問。

「她對於自己拿到的錢非常挑剔，」他回答說，「她知道自己國家的錢，也就是銀盾，已經毫無價值了。任何在南越境外的人都不會願意接受這種紙幣。為什麼會有人想要一個即將滅亡的國家的鈔票呢？她同時也知道隨著金價的上揚，美元也一直在貶值。這就是為什麼她會跑到別的攤位，並把我給她的鈔票換成黃金。」

回到直升機的時候，我對座艙長說，「我注意到她找錢的時候，給你的是銀盾。」「我也注意到了。」座艙長臉上帶著微笑說，「我有一袋水果以及滿口袋的『P』，而她手上握的卻是黃金。她或許只是個水果販子，但是有關於金錢這回事，她可是一點也不笨。」

三個禮拜後，我跟座艙長往北飛，尋找一個古代的金礦，想要乘機買些黃金。我以為在深入敵境之後，就能買到比較便宜的黃金。在冒著自己和同僚的生命危險時，我發現無論到世界的任何一個角落，黃金的價格永遠都是一樣的。這完全開啟了我在現實生活中對金錢的新規則，以及大富翁的紙鈔與黃金之間差異的教育。

大眾的顧慮

二〇〇九年，隨著經濟的惡化，民眾就會開始動盪不安。就連現在，人們也開始體會到有些事情就是不對勁，但是問題在於他們搞不清楚**真正的癥結**在哪裡。再一次強調，就如凱因斯所言，「（稀釋貨幣）這個過程涉及各種經濟定律當中具有毀滅性、同時也是肉眼看不見的力量。當它們發揮作用時，一百萬人當中也不見得會有一個人能看出問題的所在。」

今天，人們總是做著他們被唆使要去做的事情。他們會去上學、辛苦工作、支付帳單、儲蓄金錢，並把錢投在共同基金之中，然後期待所有的事情會照著軌道走。這就是為什麼每位男女都在拚命喊說需要獲得政府的紓困，但卻只有極少數的人真正理解到，問題的根源就是在於我們所使用的金錢本身，意即我們每日為它辛苦工作，並且死死抓住不肯放手的東西。很少人知道，那些控制著我們貨幣供給體系的人們，希望我們對這種有毒資產的需求愈多愈好。當我們需要更多錢的時候，他們就可以印製更多的鈔票。當我們愈來愈需要錢的時候，我們就會變得愈來愈軟弱。當我們愈是需要錢的時候，就會愈來愈傾向於社會主義。與其教導人們如何自己釣魚，政府乾脆直接把魚**拿給**民眾，因此民眾就決定依賴政府來解決自己在金錢方面的問題。

千萬別指望它

諷刺的是，就算聯準會和美國財政部就是問題的根源，全球仍然都在仰望它們來解決我們現在有關金錢方面的問題。就如前文所提及，聯準會並不屬於聯邦政府，更不是美國的機構。擁有聯準會的是全世界最富有的一群人。聯準會就是一種銀行的聯合壟斷機制（卡特爾），就像石油輸出國家（OPEC）所形成的卡特爾一樣。很少人知道聯準會根本不具有任何儲備金，因為它裡面根本沒有任何錢，也不需要一個巨大的保險庫來儲放金錢，如果銀行可以採用跟大富翁一樣的規則時，它們哪裡還需要貯放錢呢？聯準會銀行根本不是一間銀行，它跟我們現在所使用的錢一樣，都只是一種虛幻的概念罷了。

有些人說聯準會的成立是一種違憲的行為。他們認為聯準會的成立重傷了全球的經濟，而事實的確如此。另外又有一批人說，聯準會系統是當今地球上最美好的發明之一，他們辯稱，聯準替這個世界帶來了無法想像的鉅額財富，而它的確也這麼做了。

那些人質疑成立聯準會的動機，現在對我們來說並沒有什麼好處。現實就是，世界金融的遊戲規則完全是由聯準會來制定的。與其問歐巴馬總統到底要如何挽救這次的金融危機，反而應該要問自己，「我現在應該怎麼辦？」與其關注幾兆美元的景氣刺激方案是否會產生效果，反而應該要問自己，「刺激景氣的這些錢是從哪裡來的？這些錢目前儲放在那一間銀行的保險庫之中？」這才是比較聰明的問題。

簡單來說，全世界各個中央銀行只有兩種辦法可以採行。這兩種辦法就是：

1. **憑空創造出錢，完全跟大富翁遊戲的規則一樣**。這就是它們現在的做法，而且都是以數兆美元計。
2. **出借它們自己本身所沒有的錢**。當你從銀行借貸時，銀行的保險庫裡面並不需要擁有對等數量的金額。

零和遊戲

歷史上，每當政府發行自己的錢，也就是通貨時，這些錢終究會回歸到它真正的價值：也就是「零」。這是因為紙鈔本身就是一種零和遊戲。那麼美元、日圓、披索、英鎊、歐元等是否會發生同樣的結果？歷史是否會再次重演？

我現在幾乎可以聽到許多驕傲、愛國的美國人說，「這種事情絕對不會發生在美國身上。我們的錢不可能會貶到零。」很不幸地，這種事情早就發生過了，而且還不止一次。在美國獨立戰爭的當時，美國政府發行了一種稱為「大陸幣」（continental）的貨幣。當政府發行了過多的大陸幣之後，這些鈔票就變成了一種笑話，因此才有後來的這一句俗諺，「連一個大陸幣都不值」（not worth a continental，意即「一文不值」），這件事情同樣發生在美國南北戰爭時，南方邦聯所發行的鈔票上。每當我需要提醒自己「所有的鈔票都會成零」的時候，我只需要回想起越南那位販賣水果的女士，以及她對銀盾厭惡不屑的表情就夠了。那才發生不久，我說的並非古早時代的歷史。

今天，全球的經濟都是用像大富翁一樣的錢在運作。但是萬一派對結束了怎麼辦？紓困真的能挽救我們嗎？更諷刺的是：每次政府進行紓困時，我們的國債就會愈來愈龐大，因此我們就必須繳納更多的稅金，有錢人會愈來愈有錢，而且我們鈔票的價值也愈來愈趨近於零。每當我們的政府印製更多的鈔票時，我們手上鈔票的價值就會愈來愈薄。因此我們需要更加辛苦的工作，但是（實質）所得愈來愈少，使得我們的存款也會愈變愈不值錢。

我並不是在打包票宣稱，我們現在所用的像大富翁一樣的錢必定會貶到零。我也沒有保證它一定不會變成零。但是，萬一歷史再次重演，假設美元真的貶到了零，那麼這場大混亂將會引起全球的巨大變動。這將會成為人類史上最大的一次財富重分配。有錢人會變得更有錢，而貧民一定會變得更貧窮。至於中產階級，則會完全被消滅殆盡。

現代啟示錄

隨著金融危機日益嚴重，就愈來愈難以維持「金錢擁有新法則」的這項祕密。這次危機正將我們引導到一個金融界的現代啟示錄。

對於許多有著虔誠信仰的人們來說，**啟示錄**（apocalypse）這個名詞通常代表著世界末日的意思，但是我在這裡所講的啟示錄並非此意。這個名詞其實源自希臘，原義是「揭開面紗」。一般在「揭發絕大多數人類所看不見的事物」時所採用。簡單來說，啟示錄就是「揭發祕密」的意思。

如果你看過《富爸爸，窮爸爸》這本書，那麼你可能還記得這本書的副標題，也就是，「有錢人會傳給小孩一般中產與貧窮家庭所不知道的事情」。對許多人來說，閱讀這本書就是一種啟示錄，將面紗揭開來，拉扯出絕大多數人類所看不見的事物。當《富爸爸，窮爸爸》一書在一九九七年首次發行時，它引發了許多的反對聲浪，因為書中寫道，「你所擁有的房子並不算是一種資產。」幾年之後，隨著次級房貸危機的爆發，數以百萬計的人們失去了自己的房子，而且全球許多人在次級房貸以及其他人有毒資產上，損失了數兆美元的投資，有一部分原因是因為銀行都在憑空創造出墮落的錢（稀釋貨幣）。《富爸爸，窮爸爸》並不像一般人所想像的，是一個有關不動產的書籍。它寫的是財務知識，如同傳家之寶一樣珍貴的知識。

舉債才是當今的主流

以過度簡單的方式來說，在一九七一年之後，所有的錢都變成了債務。為了讓經濟擴張，你和我就必須開始舉債。這就是為什麼信箱可以收到信用卡，以及為什麼近幾年來，一些信用不佳的人們一樣可以取得房屋貸款。

技術上來說，在你口袋裡的錢並不是真正的金錢。它只是一種借據罷了。我們所用的錢，本身就是一種債務。當前金融危機之所以如此嚴重，就是因為大富翁裡面有關於銀行的規則，允許各大銀行以及華爾街將各種債務重新包裝，並以資產的名義販售到世界其他地方。根據《時代》（*Time*）雜誌的報導，從二〇〇〇年至二〇〇七年之間，美國出口的最大宗就是各種債務。這些在銀行和投資領域當中最聰明、最靈光的人們所做出來的事情，跟一個窮光蛋拿著二胎房貸來償還信用卡債務的方式如出一轍。

如果身為人民的我們，清楚地知道自己的錢已經墮落了，變成了一種像大富翁遊戲般的錢，那麼我們的金融體系或許不會像現在那樣亂得一場糊塗。如果人們擁有足夠的財務教育，那麼一百萬人當中，必定會有不少人可以看得出我們金融問題的癥結所在。如果人們能獲得更高的財商教育，那他們就不會盲目地相信自己的房屋就是一種資產，不會相信儲蓄是一種聰明的做法，不會相信多元化的投資可以規避風險，也不會相信長期投資於共同基金上是一種聰明的辦法。但是正因為我們缺乏財務方面的教育，因此這些具有毀滅性的貨幣政策就可以持續發揮它的影響力。你和我繼續被蒙在鼓裡才符合他們的最大利益。這就是為什麼有錢人必需先控制我們的教育體系，然後才能讓債務流竄於全世界。這就是為什麼我們的學校從來不曾教我們任何有關於金錢的事情。

【讀者評論】

看到以上的內容之後，我想起了亨利・福特（Henry Ford）對於一九三〇年代經濟大蕭條的看法，我在此重申他所說過的話：我擔心這次的經濟大蕭條為期過短，因為我們的同胞們並沒有足夠的時間汲取教訓。

——kuujuarapik

新的金錢法則#二：學會如何運用債務

許多人都會教導別人，債務是一件不好、甚至是邪惡的事情。他們倡導，將債務還清並遠離債務是一件明智的做法。某種程度上來說他們是對的，這世上的確存在著好的債務與壞的債務兩者。將壞的債務還清的確是一種明智的做法，甚至打從一開始就不要背負壞的債務。簡單來說，壞的債務會從你的口袋中把錢拿走，而好的債務則會把錢放到自己口袋之中。信用卡的卡債是屬於壞的債務，因為人們利用這些信用卡來購買一些不斷會折耗的物品，例如超大尺寸螢幕的電視機等。但是投資於一個可以收到租金的不動產時，就算自己背負了貸款，只要這個資產所創造出來的現金流不但能償付每個月的貸款，還有多餘的錢可以放到自己口袋裡的話，那麼這就算是一種好的債務。

【讀者評論】

以上就是致富的關鍵，絕對是關鍵！我個人在此並非假裝自己是偉大的生意人。我擁有一家診所，而且我是一位執業的專家。我大部分從事的是S象限的工作，但是我在收入和知識方面一直逐漸增加B象限的部分。我根據自身的經驗學到，一個儀器如何可以變成一個非常具有價值的資產，就算它是透過舉債獲得也是一樣。

——grgluck

那些認為負債是邪惡的人們，並不瞭解債務對美國的經濟來說非常關鍵。這種現象是好是壞見仁見智，但不可辯駁的是：一旦沒有債務，我們的整個經濟就會崩潰。這就是為什麼我們的政府史無前例地在拚命擴大**赤字開支**的原因。我們政府最大的恐懼莫過於發生通貨緊縮，而抑制通貨緊縮唯一的方法就是創造出通貨膨脹。而政府創造通貨膨脹的唯一方式就是拚命舉債。

我知道歐巴馬總統答應我們要做出改變，並帶給我們希望。但是根據目前主事的財政部長蓋特納，以及目前國家經濟委員會的委員長賴瑞．桑瑪斯（前財政部長），也就是在柯林頓執政時期讓這次金融危機加速發生的始作俑者，只要你我不繼續擴大舉債，那麼絕不會發生什麼改變。一旦你我停止借錢（舉債），而且銀行也不再放貸，那麼整個金融體系很可能就會崩潰，並且很可能伴隨經濟蕭條的情形。

資金的流動性如果持續停滯，就很可能會發生經濟大蕭條，這是因為目前的經濟完全仰賴著你我不斷地舉債借錢，而不是努力從事生產來維持。小布希總統於二〇〇三年曾說，「對我們國家來說，每個人都能擁有自己的房屋是件非常有利的事情。」很明顯地，他是在鼓勵全國民眾擁有自己的房屋，因為他想要更多的人舉債來藉此挽救美國的經濟。或許你今天也注意到了，當銀行查封不動產時，他們根本不想要那棟房子。我們的房子並不是一種資產，你「本人」才是資產，換句話說，能償還貸款以及多出來的利息的你，才算是一種資產。

當然，完全依賴債務這把雙刃劍來活著，意謂著你很可能也會死在這把劍之下。當成山成堆的信用卡債務以及房貸債務在二〇〇七年到達頂峰時，美國以及全世界都已經無法再吸收任何形式的債務。現在數以百萬計的人們開始親自體會到，為什麼我在一九九七年出版的《富爸爸，窮爸爸》一書中會說，「你所擁有的房子並不是一項資產。」

「金」內互信（In Gold We Trust）

「主內互信」（**In God We Trust**）這些字眼於一九五七年加印在美元的鈔票上。一九七一年更是切斷了美元與黃金之間的關係。根據最近刊登於《虛榮樂園》（*Vanity Fair*）雜誌的一篇文章，美元的實質購買力已經跌掉了八七%。誠如前文所言，所有的通貨，也就是政府所發行類似大富翁一樣的錢，最後都回歸到它們真正的價值——也就是零。一九七〇年時，一千美元可以購買大約二十八盎司的黃金。但是到了二〇〇九年三月、當金價在九百美元附近時，出售這二十八盎司黃金便可以得到將近二萬五千美元的現金，而且這還是經歷過史上最嚴重股災之後的情形。

凱因斯曾經在一九二四年警告過我們金錢墮落的危機，但他也把黃金視為一種「野蠻的陋習」。很不幸地，當時的他無法想像現在的聯準會和政府，在一九七一年金錢法則被改變之後，竟然膽敢讓我們的通貨墮落到這個地步。

一九五二年，每戶平均舉債額度都沒有超過全家總收入的四〇%。換句話說，如果你的稅後盈餘是一千美元，那麼你只會擁有四百美元的債務。但是到了二〇〇七年時，這個比例已經高達一三三%。由於薪資並沒有上漲，因此人們完全靠著信用卡以及二胎房貸來維持生活。今天，美國人在消費上的舉債額度遠遠超過了兩兆五千六百億美元之譜。

就連我們最優秀、最聰明的銀行家們，也同樣被這種花招騙倒了。一九八〇年代銀行的負債，大概占美國全體國內生產毛額（GDP）的二一%。到了二〇〇七年時，這個比例已經上升至一一六%。

二〇〇四年美國證券交易委員（SEC）把儲備比率降至十二分之一，也就等於允許美國前五大銀行可以任意發行各自所需要的金錢，藉此想要挽救美國當時的經濟。十二分之一的儲備比率表示：每當銀行收到一塊錢的存款，就可以借出十二美元的貸款。把前五大銀行的儲備比率降到十二分之一，這些銀行就可以隨意印製自己想要的錢。再次強調，就如同大富翁裡的規則一樣：

銀行絕對不會「破產」。如果銀行的錢不夠用了，它只要在普通的紙頭上寫下任何需要的金額，就可隨意發行使用。

很不幸地，讓大銀行任意印製龐大金錢的方式並沒有挽救我們的經濟。結果只讓問題變得更加嚴重而已。

新的金錢法則#三：學會如何控制現金流

如果你想要獲得財務上的安全，甚至想要發財致富，你就必須學會如何控制你個人的現金流；同時也要隨時關注全球就業市場、人口，以及金錢的流向。

會跑的錢

我在本章稍早之前提到一個有關於越南水果販子的故事，是想要強調在面臨金融危機時，金錢和「**逃跑**」之間的關係。二〇〇九年三月二日，道瓊指數跌了二九九點，並以六七六三點作收，與之前二〇〇七年十月九日所創下的一四一六四點比較相差甚遠。簡單地說，這就表示金錢正從股市當中不斷地**逃跑**，就如那位水果販子也準備要逃命，因此才會把她的銀盾和美元通通換成黃金。若採我富爸爸所講的語言，在二〇〇九年的時候，金錢一直不斷地**流出**我們的股市。問題是，這些錢到要流向何方？

從商創業以及投資時，最重要的三個字就是**現金流**。這就是為什麼我所發明的遊戲，其名稱就叫作**現金流**。富爸爸教我最重要的能力之一，就是要我控制**自己**的現金流，同時還要盯著**全球**的現金流。他教我藉著觀察下面三項指標，就可以觀察到全球的現金流。

1. **就業市場**：多年來就業機會一直流往國外。今日，隨著通用汽車公司的衰敗，底特律的就業機會也跟著減少。這代表該地的經濟非常低迷。
2. **人口**：就像那位準備逃跑的越南女人一樣，現在的人們也會到處流竄。他們會朝向擁有就業機會的地方移動。我喜歡投資在人們移入的國家或地區，而不是他們流出的地區。
3. **金錢**：那位越南女士想要的是全球通用的錢。這就是為什麼她把銀盾和美元通通換成了黃金。今天也發生了同樣的狀況，股市之所以會崩跌，是因為錢一直從股票中流出，並流向定存、壓在床墊下、債券，以及黃金之中。

債務、金錢，與現金流

學習如何運用債務是一個人所能學到的最重要技巧之一。箇中體會就是，自己的債務只能跟自己的現金流相符合。如果換我來執掌教育體系，我就會教導學生「好的債務」與「壞的債務」之間的差異，以及如何利用好的債務，使得現金流流進自己的銀行帳戶之中，而不是拚命讓錢流出自己的戶頭。想要善用良好的債務，需要相當的財務ＩＱ才能成功。既然我們現在所用的錢都是一種債務，那麼教導人們如何妥善運用債務，確實可以重振我們的經濟。

在《富爸爸財務ＩＱ》一書中，我詳細地解釋了我是怎樣利用債務來進行低風險以及高報酬的投資。就算經濟在今天崩潰，我那些用債務取得的投資案仍然會擁有正向的現金流。我們目前所有的投資案表現都還不錯，其中有個原因在於，我和合夥人所購買的公寓住宅都是位於具有就業機會的地區——也就是人口和錢會不斷地流入之處。簡單來說，如果沒有足夠的就業機會，不動產就不會具有什麼樣的價值；因為就業機會就能吸引人口的流入，當人口增加時，就會有大量的現金在流動。

【讀者評論】

令人驚訝不已的是，我在唸ＭＢＡ時所學的高等會計和理財課程當中，完全沒有講到任何有關於現金流的知識。難道你不認為應該要教導這方面的知識嗎？我學會了如何看懂帳目數字，並且要如何整理以便日後追蹤與管理。但是他們對於現金流在創造或累積財富時的重要性，卻是隻字不提。

——drmbear

希望與教育

與其寄望歐巴馬總統來挽救世界，我相信聰明地運用自己的金錢是一種更有智慧的做法。既然新的金錢法則中，第一條就是**知識就是金錢**，那麼你對於金錢的認知就必須包括學習如何運用債務，以及如何控制你個人的現金流，同時也要留意全球就業機會、人口，以及金錢的流向。

我發明了一個叫作**現金流**的紙盤遊戲，來教導人們如何控制自己的現金流，並且如何利用舉債等技巧，來讓金錢流入（而非流出）自己的帳戶之中。很多人把**現金流**這個遊戲視為施打腎上腺素的大富翁。這個遊戲總共有三個階段：

階段一：現金流兒童版，適合五歲至十二歲的孩童。此並非採用閱讀和數字表示的方式，而是利用各種顏色和圖案來教導孩子們有關於金錢和現金流的基本觀念，以及如何聰明地運用兩者。

階段二：現金流一〇一，投資的基礎。這個遊戲專門教導人們資產與負債兩者之間的差異，並且如何聰明地運用債務。它同時綜合了會計原理與投資原理兩者。

階段三：現金流二〇二，投資的技術。這個遊戲教人們在多頭和空頭兩種市場當中投資獲利的方法。如你所知，當股市崩盤時，數以百萬計的人們損失了上兆美元的財富。現金流二〇二會教你如何在多頭市場以及在空頭市場當中獲利的技巧。

如果想要進一步瞭解以上的機款遊戲，可以造訪富爸爸網站（www.richdad.com）。全球有數以千計經過正式認證的官方現金流俱樂部，以及非官方的現金流俱樂部兩種，在這些俱樂部中，你可以免費（有時候要付點場地費）來學習如何玩這些遊戲。

官方的現金流俱樂部都藉著網路線上的方式與富爸爸公司註冊登記。他們也會提供十種經過標準化設計，可以用來提升你自己財務ＩＱ的教材，並且要求你遵守富爸爸公司的規章。如果你居住的地方沒有現金流俱樂部，或許你也可以率先創立屬於自己的俱樂部，因為教別人就是一種最佳的學習方式。

結論

最後，請務必永遠記住：銀行絕對不會破產，但是你和我可就沒有這麼幸運。但是有個好消息！由於銀行可以憑空製造屬於自己的金錢，因此你和我同樣也可以這麼做。在後面幾章，我會讓你知道我個人是怎樣藉由自己的財務ＩＱ、利用債務、同時控制現金流等方式，而合法地製造屬於我自己的金錢。

Rich Dad's

Conspiracy of The Rich

The 8 New Rules of Money

Chapter 4

不利於我們財富的陰謀

The Conspiracy Against Our Wealth

你準備好要迎接即將來臨的大蕭條了嗎？

Q：經濟大蕭條總共持續了多少年？

A：1. 二十五年
2. 四年
3. 十六年
4. 七年

這個問題的答案完全取決於你所採用的衡量指標。如果你以股票市場為衡量指標，那麼經濟大蕭條總共持續了二十五年。在一九二九年九月時，道瓊創下歷史新高的三八一點。在一九三二年七月八日時，股市已經足足跌掉了百分之八十九。在那一天，紐約證交所的成交量萎縮到只剩下一百萬股左右，而股市再度下跌四一點。那是空頭市場中的最低點，從那時開始，股市就牛氣沖天地開始大漲——就算當時正逢經濟大蕭條也一樣。即便如此，在這種多頭的氣勢下，也足足花費了二十五年，也就是從一九二九年至一九五四年，道瓊在才能再次超越原本的高點（三八一點）。

在不久之前，我們再次見證道瓊創下了歷史新高。而二〇〇七年十月的時候，道瓊上漲至一四一六四點。一年多之後，道瓊已經整整跌掉了原來的一半。如果一九二九年至一九五四年有任何參考價值，那麼道瓊就可能要等到二〇三二年才有辦法再次突破一四一六四的高點。

二〇〇九年三月十日，道瓊在一天之內上漲三七九點，到達六九二六點——也就是一天之內的漲勢相當於經濟大蕭條之後一九三二年至一九五四年的漲幅。就算上週才剛宣布美國二月份再度減少了六十五萬個工作機會，華爾街還是大肆慶祝了一番。

在我寫這一段的時候，許多人們都說，「最壞的時間已經過了。我們已經看到了底部。」聯準會主席柏南奇說，他希望能在二〇〇九年的秋天就結束這次的經濟衰退。但是三月十日股市大漲的原因，是根據花旗集團「內部人士」所洩漏出來的消息：花旗集團在兩個月以來，帳面首次看到獲利——就算它之後的帳面上仍然擁有幾十億美元的有毒資產。我真的很懷疑這些人到底在嗑什麼樣的藥。

就算在市場充斥著樂觀的預期之下，經濟大蕭條這把死神的鐮刀仍然威脅著全球的金融界。我個人對於目前美國以及全球經濟的表現，並沒有感到特別樂觀。請不要誤會我的意思：我絕對不是在期待經濟大蕭條的發生，絕對不是這樣。任何心智正常的人，都不應該想要再次經歷那種經濟大蕭條的時代。但是萬一這次的經濟衰退不幸演變成一次經濟大蕭條，那麼從現在開始為此著手準備，應該是一件明智的做法。因為並非所有的經濟大蕭條都一樣，也不表示你在大蕭條期間就得過得很悲慘。

有錢人和窮人在經濟大蕭條的體驗

我的富爸爸和窮爸爸在上次經濟大蕭條一開始時，都剛好在就讀小學。這樣子的生活體驗，永久地改變了他們兩個人的生命。其中一位爸爸利用他從經濟大蕭條中所學到的經驗，變得非常富有。另外一位則是一直很貧窮，並且在這輩子對金錢都非常壓抑。

窮人的經濟大蕭條

我窮爸爸的父親，也就是我的祖父，在經濟大蕭條時代失去一切。他失去了自己的事業，以及位於夏威夷茂伊島海灘邊價值不斐的不動產。我的祖父是位創業家，因此他並沒有穩定的薪水可以養活自己的家人。當我祖父的事業失敗後，全家人失去了一切。就父親而言，經濟大蕭條是一次非常慘痛的人生經驗。

在經濟大蕭條時代拮据的生活，使得我的窮爸爸一直抱持著工作要穩定、要認真儲蓄、要買自己的房子、絕不借錢，以及要爭取政府退休金等的觀念。他不想成為一位創業家，他想要一個政府提供的鐵飯碗；他完全不相信投資這回事，因為他親眼目睹我的祖父在股市和不動產市場當中賠上一切，我的父親一輩子都秉持著這類價值觀。對我的窮爸爸而言，安全遠比富有還來得重要許多。他對於經濟大蕭條時代的記憶，一輩子都緊緊地跟隨著他。

【讀者評論】

我的祖母在經濟大蕭條時，已經是一位成年人。她習慣重複使用所有的物品，就連廚房紙巾也一樣。她把它們當成抹布一樣地加以清洗，一再重複使用，直到它們已經破爛不堪，碎裂成無數碎片為止。每當家人難得出外用餐時，她也會把所有的麵包和奶油通通塞進皮包裡，並開心地說這些就拿來當我們明天的早餐！

——Rromatowski

有錢人的經濟大蕭條

我的富爸爸那一家人在經濟大蕭條之前就已經遭遇困難了。富爸爸的父親多年來受到疾病纏身，並在經濟大蕭條來臨的時候就不幸去世了。在很年輕的時候，我的富爸爸就被迫成為一家之主，變成全家唯一的經濟來源。一位沒有什麼教育背景的年輕人很難有什麼像樣的工作機會，因此經濟大蕭條迫使我的富爸爸在青少年時期就得成為一位創業家。他接管了家族經營的商店，並不斷地擴大他的事業。

就算他們的生活很困頓，但是我的富爸爸從來不曾期望政府來幫忙。他並沒有申請社會福利補助。經濟大蕭條促使我的富爸爸迅速地成長，並且學會如何在財務方面獲得良好的表現。他從經濟大蕭條中所學到的事物，最後讓他變成了一個非常富有的人。

社會主義與資本主義

我的窮爸爸長大後變成了一位**社會主義者**。就算他在學校裡表現傑出，但是缺乏在社會上生存的能力，他強烈地相信政府應該要照顧人民一輩子。

我的富爸爸長大之後變成了一位**資本主義者**。他並沒有完成學業，但是他的確培養了卓越的生存能力。他相信應該要打造一些擁有穩定收入的事業，來養活自己和所有員工的家庭。他相信人們應該要學習如何照顧自己，身為一位資本主義者，他相信應該要教別人如何釣魚。

社會主義當道

在上次經濟大蕭條後，社會主義就在美國大行其道。政府頒布了大量的社會福利政策，它並非教導人民自己釣魚的本事，而是直接拿魚給人民吃，連有錢人也都有份。如果美國真是一個資本主義的社會，那麼我們就會讓經濟下滑，絕對不會一直利用紓困金的方式來美化實際的狀況。空頭市場、市場崩跌，以及經濟蕭條等，都是經濟按下重置按鈕的一種方式。

經濟衰退與經濟蕭條，都是在修正經濟蓬勃發展時所發生的一些錯誤，甚至是犯罪的行為。

我們並非按下重置按鈕，而是將數以兆計的美元輸送給那些無能、詐欺的、已落伍的傢伙。空頭市場存在的目的，就是要清除這些從多頭市場當中衍生出來的運作瑕疵、詐欺騙局，以及過時無效的狀況。與其讓空頭市場發揮它正常的作用，我們默許政府給予銀行（也就是將不誠實的債務派送到全球各地的元兇）十幾億美元的紓困金額，而不是把他們都關到監牢裡面去。在經濟繁榮時變成既龐大又懶惰，以及無法在經濟衰退時維持競爭力的公司（例如通用汽車公司），我們都會伸出援手，以免於走上破產一途。那些原本應該讓公司不斷成長與獲利、現在卻在開除成千上萬員工的高階主管們，仍然享受著豐厚的現金獎勵以及各種優渥的條件，但是公司在縮編之後的股價持續下跌，並且讓投資者損失慘重。

這**絕對不是**資本主義。今天政府進行紓困根本就是為了有錢人所設的一種社會主義。從很多方面來看，這比馬克思主義和共產主義都還來得更加嚴重，因為在這兩種社會體制下，至少還會假裝「一切都是為了人民」的樣子。這兩種主義至少還會倡導要拿有錢的人的錢來幫助窮人的觀念，就算他們從來不會採取實際的行動。但是我們的紓困金，其實就藉著稅收的名義把窮人身上的錢拿去貼補有錢人的損失。我在這裡並不是在指責歐巴馬總統，這種掠奪的行為早已經行之有年了。利用政府來掠奪中產階級和窮人們的財富，並把這些財富交給有錢人早已成為一種慣例。今天，我們向那些認真從事生產的人們課稅，同時還獎勵那些懶惰、有罪，以及無能的人們。

歷史重演

據說每七十五年就會發生一次經濟大蕭條。如果這是真的，那麼這次的經濟大蕭條應該在二〇〇五年起就已經開始了。經濟大蕭條發生的時間之所以這麼難預測，是因為目前並沒有對**經濟大蕭條**做出很明確的定義，經濟學家們只對**經濟衰退**有著很明確的定義。

我們尚未進入經濟大蕭條的另外一個理由，是因為聯準會和美國政府為了維持經濟不墜而一直在操控著通貨的供給量。他們到現在還是在這麼做。如果他們把事情做對了，就有機會挽救當前的經濟。如果他們不幸失敗了，那麼很可能會發生經濟大蕭條的情形。

更好的定義

直到二〇〇八年，也就是整整一年之後，經濟學家們才正式宣稱我們已經邁入一次經濟衰退之中。在這一整年當中，雷曼兄弟宣布倒閉、股市大崩盤、大銀行收受了幾十億美元的紓困金、汽車工業宣布破產、許多民眾失去了自己的房屋和工作、加州政府因為沒有足夠的錢而準備發放借據和兌換券。就算有這麼多財經方面的壞消息，這些經濟學家們也整整耗了一年才搞清楚我們早已邁入了所謂的經濟衰退之中。我不曉得他們還要花多久的時間才會告訴我們經濟大蕭條已經開始了。很明顯地，我們需要對**經濟衰退**和**經濟蕭條**有更清楚的定義才行，或者需要一些更優秀的經濟學家才是！我個人對**經濟蕭條**和**經濟衰退**有著蠻簡單的定義。利用我們經常聽到的一句俗諺，「**如果你的鄰居失去工作，那麼我們面臨的是經濟衰退；**

如果是自己失去了工作，那麼就叫作經濟大蕭條。」

二〇〇八年期間，超過兩百萬個美國人失去了他們的工作。在二〇〇九年二月一個月之內，全國整整減少了六十五萬一千多個工作機會。

經濟大蕭條從未正式結束

如果退一步來回顧這七十五年，你可以說上一次的經濟大蕭條從來就沒有正式結束過。我們當前許多經濟方面的問題，都是源自上一次經濟大蕭條時期一直沒有被解決的問題。這些問題很單純地就拖延到我們這一個世代來解決。舉例來說，社會福利保障制度（Social Security）於一九三三年成立，但是當七千五百萬多位嬰兒潮世代的人們開始於二〇〇八年退休之際，政府的支出就呈現爆炸性的成長。一個在當年為了因應經濟大蕭條所提出來的解決方案，到現在已經變成了一個龐大的問題。社會福利政策下也同時衍生出醫療補助（Medicaid）與健保制度（Medicare），而這些兩者面臨的財務困境，至少是社會福利的五倍之譜。聯邦住宅部門（Federal Housing Administration）也創造出房利美（Fannie Mae）和房地美（Freddie Mac）這兩個目前引發一連串次級房貸危機的機構。換句話說，如果我們回顧這七十五年來的狀況，上次的經濟大蕭條事件從來就沒有正式結束過；這些社會主義式的解決方案只是延緩了事情發生的時間，使得今日我們還得面臨愈來愈昂貴的代價。

改善方案仍是鬧劇一場？

以下是上一次經濟大蕭條時政府所推出的一些解決方案。

1. **美社會福利保障制度、醫療補助，與健保制度**：今天這些機構目前擁有六十五兆美元以上的財務問題，而且還不斷地惡化當中。
2. **存款保險公司（FDIC）**：這個機構與其說是保障存戶的利益，反而更是在保障銀行。由於所有的存款都受到了保障，因此聯邦存款保險公司這種制度就會獎勵那些願意冒著更大風險的銀行，同時懲罰行事比較謹慎的銀行，甚至還會遮蓋掉一些銀行的詐欺行為。存款保險制度會給存戶一種虛假的安全感，但事實上他們的存款面臨了比之前更大的風險。聯邦存款保險公司也是造成這次銀行危機以及信貸危機的禍首之一。下一章會有更加詳細的說明。
3. **聯邦住宅部門（FHA）**：這個機構導致了由政治家們來控制美國房市的結果，同時也創造出最近次級房貸危機的罪魁禍首——**房利美**和**房地美**這兩個由政府出資的機構，並為此花費了國民幾十億美元的納稅錢。今天房利美所面臨的財務危機，遠比AIG集團還來得嚴重。
4. **失業保障**：失業保障計畫於一九三五年成立。傳統的規定則是國民失業後可以收到二十六週的補助救濟金。萬一發生非常嚴重的情勢，那麼聯邦政府可以視情況延長每個人接受救濟的期限。二〇〇八年七月，隨著失業率的攀升，國會將救濟期限再延長十三個禮拜。
5. **布列敦森林協議**：一九四四年，第二次世界大戰即將結束之前，一群國際銀行家在美國新罕布夏州的布列敦森林一處度假中心，舉行了一場聯合國貨幣與財經會議。這次會議的結果，產生了所謂的國際貨幣基金組織（IMF），以及世界銀行（World Bank）兩個機構。雖然這兩個機構的成立在大眾的眼中是件好事，但事實上它他們造成了極大的危害——其中最嚴重的是，它們把法定通貨系統蔓延到全世界。

當美元於一九七一年和黃金脫鉤之後，國際貨幣基金組織和世界銀行就開始要求全世界其他國家的央行也要同時放棄金本位制，要不然就會被摒除在它們的「俱樂部」之外。今天我們面臨全球性的經濟危機，就是因為全球的經濟體系都是以這種大富翁的錢在進行運作。

【羅勃特隨記】

一九四四年，全球都遵從了美元本位的協議，亦即將美國的美元視為全球儲備用的貨幣。這個意思就是說全球貿易必須以美元來進行，就如同美國公民被規定一定得用美元來繳稅一般。美國現在會變成一個這麼富有的國家，是因為可以利用自己印來的美元——一種被合法化的假鈔，來償還債務或者進行國際之間的貿易。如果其他的國家，例如阿根廷或者是中國等，也能夠將自己的貨幣當成全球儲備用的貨幣來使用的話，那麼他們一樣也會變得極為富有。目前這種形勢最大的潛在危機在於，當美元失去了信用，那麼像中國這些國家就可能會傾向於設立一個全新的儲備貨幣。一旦發生了這種事情，美國就玩完了。我們再也沒有辦法靠著這些假鈔繼續原來的生活方式。

6. 就業輔導計畫（Unemployment Insurance）：在上次經濟大蕭條的期間，政府成立了所謂的就業輔導計畫。其中一個是民間保育機構（Civilian Conservation Corps，簡稱 CCC）。這個政府機構會給失業者薪資，來進行政府所推行的各種環境保育計畫。在同一個期間也成立了工作進展部門（Works Progress Administration，簡稱 WPA）。這個政府機構會支付薪水，給那些從事民間建設（例如橋樑等）工程，以及許許多多其他有關藝術、話劇、媒體，和文化等計畫的人民。這個機構一度是美國聘雇員工數量最多的機構。

二〇〇九年，全球各國的政府已經開始再次贊助這些就業輔導計畫。政府之所以會贊助這些就業計畫，最主要是為了填飽民眾的肚子。根據歷史經驗，如果民眾開始挨餓，他們就會開始責怪自己的政府。政府官員最大的恐懼就是發生政治暴動，因為暴動很可能會演變成所謂的革命。

上次的經濟大蕭條從來就沒有結束過。這些問題只是被往後拖延了而已。而今天，它們已經變成了比原先還要巨大、更昂貴、而且更加危險的問題。

兩種不同的經濟大蕭條

人類歷史中有兩種不同的經濟大蕭條：

1. 因為通貨緊縮而產生的經濟大蕭條。

2. 因為通貨膨脹而產生的經濟大蕭條。

美國上一次的經濟大蕭條，是因為通貨緊縮而引起的。相反地，德國上次的經濟大蕭條是因為通貨膨脹而產生。

一樣的蕭條，只是錢大不相同

美國因為**通貨緊縮**而引起經濟大蕭條的理由之一，是因為美元當時在技術上來說，仍然擁有一些真正的價值。那時候的美元是採用黃金和白銀來作為擔保，也就是所謂的「**收據式金錢**」。收據式金錢基本上就是一張兌換憑據，可以用來兌換那些「理應」儲放於美國財政部保險庫裡面的黃金或白銀。

在一九二九年股市大崩跌之後，恐懼就開始逐漸蔓延，因此美國人民開始緊抓著美元不放、經濟開始緊縮、各種公司行號關門大吉、人們失去工作等，因此引發了經濟大蕭條。政府當時並沒有藉著印製大量的鈔票來解決問題，因為這麼做在技術上是非法的——但是政府的確有扭曲一些法規。當年那些偏好儲蓄的人們成為最後的贏家，因為那時候真正的金錢不但非常稀少，而且還實際上擁有真正的價值。因此**通貨緊縮**的發生造成了經濟大蕭條。

德國因為**通貨膨脹**而引起經濟大蕭條的原因，是因為德國所用的錢不再是真正的金錢。它只是一種像大富翁所用的紙幣一般，亦即政府所發行的借據，是一種憑空創造出來的**法定通貨**。

既然德國馬克只是一種像大富翁一般的貨幣——只是印了一些墨水的一張紙頭而已，完全不具有任何擔保價值——德國政府因此可以一直讓印鈔機運作。這是德國政府解決金融問題的方式。偏好儲蓄的人變成了最大的輸家，因為隨著鈔票愈印愈多，他們儲蓄存款的價值就愈變愈小。**通貨膨脹**的發生因此導致了經濟大蕭條。

有個非常著名的故事：有位女士推著一輛裝滿德國馬克的手推車去買一條吐司，當她走出麵包店準備拿錢的時候，她發現自己的手推車被偷走了，但小偷卻把馬克留了下來。這個具有戲劇性的故事告訴了我們惡性通膨發生之後的嚴重後果。

為下次的經濟大蕭條做準備

所以問題就是：如果經濟大蕭條即將來臨，你認為這次會是**美國式的經濟大蕭條**，還是**德國式的經濟大蕭條**？在即將面臨的經濟大蕭條中，是「現金為王」還是「現金為亡」？

為美國式的大蕭條做準備

許多人都在為一個美國式的經濟大蕭條做準備。這些人們因為擁抱著大量的存款、每個月可以領到公司給他的退休金支票（或者是社會福利的支票）、清償債務、節約開支、過著更簡樸的生活的方式等，讓自己獲得相當的安全感。

雖然這些人對於美國式的經濟大蕭條有著萬全的準備，但是萬一發生了德國式的經濟大蕭條，他們就會變得一貧如洗。許多基金管理人覺得自己的決定是對的，因為他們很早就從股市退場，現在也握著滿手的現金。但是萬一發生了德國式的經濟大蕭條怎麼辦？現金還會為王嗎？屆時他們還能算是做了聰明的抉擇嗎？

為德國式的大蕭條做準備

極少數的人們正在為德國式的經濟大蕭條做準備。這些人不斷地蒐集金幣和銀幣、少量的現金，以及那些會隨著通貨膨脹而升值的投資商品。這些商品可能是石油、食物、黃金和白銀的礦業股票，以及獲得政府補助的住宅。

【讀者評論】

我住在底特律，下一次的經濟大蕭條早就來臨了。這次不能算是美國式或德國式的經濟大蕭條，但是的確正在消滅所有的中產階級以及他們的生活方式。

——cindyri

地平線上浮現的是什麼？

我個人所看到的是，即將來臨的是德國式的經濟大蕭條——而不是美國式的經濟大蕭條。我會這麼說的幾項理由列舉如下。

1. **華伯格效應：**美國聯準會的創始人之一就是保羅．華伯格（Paul Warburg），他代表了來自歐洲的羅斯柴爾德（Rothschild）和華伯格家族。他也是華伯格公司（M. M. Warburg）的委員之一，該公司在德國和尼德蘭（俗稱荷蘭）等國擁有許多的辦事處。他的弟弟麥斯．華伯格（Max Warburg）在二次世界大戰前是德國沙皇的財經顧問，同時身兼德國馬克銀行的總監。兩位華伯格兄弟都非常排斥黃金，他們辯稱為了滿足商業上的需求，擁有一個能隨時進行擴張或者是縮減、具有彈性的貨幣供給系統是很重要的，他們推崇的是法定通貨制度。想當然爾，這麼做必定會導致通貨膨脹，也就是一種專門對中產階級和偏好儲蓄的人民所課徵的一種隱含稅率。華伯格兄弟的貨幣理論，實際上在德國產生了毀滅性的結果。身為猶太人的麥斯，於一九三八年逃離德國，但是惡性通貨膨脹早就已經開始爆發了。這兩位兄弟的貨幣理論目前正在美國上演，因為聯準會每天在金融體系當中挹注上兆的通貨。還有一點非常重要：在一九一三年之前美國根本沒有所謂的所得稅。當時之所以會開始課徵所得稅，是為了要讓政府擁有足夠的現金來支付政府虧欠聯準會的利息。因此從本質上來看，聯準會就是我們為什麼會有通貨膨脹的隱形殺手，以及所得稅兩者的罪魁禍首，因為這兩件事情會把錢從我們的口袋轉移到那些有錢人的口袋之中。

2. **印鈔還債：**一九二九年股票過度融資是後來造成股市大崩盤的原因。二〇〇七年不動產市場崩跌的原因也是因為過度使用貸款（融資）的關係。這兩者之間的差異是，就如前文提及，美國政府在一九二九年代無法利用大量印鈔票的方式來擺脫通貨緊縮，因為當時的美元和黃金有連動的關係。反觀今天，美元是一個自由浮動的通貨，除了他人的信賴感和美國政府的信用之外，完全不具有任何擔保的價值。現在的美國政府既然已經可以無限制地印鈔票，請問你認為它會怎麼做？

3. 愚人的假黃金： 羅斯福總統於一九三三年要求美國公民將他們的黃金繳交出來，並向政府領取每盎司二十・二二美元的紙幣。接著他就將黃金的兌換價格提升至每盎司三十五美元的水準。換句話說，對於每個上繳價值二十・二二美元的黃金，民眾被剝削了大概將近十五美元左右，也就是掠奪了民眾五八%的財富。如果有人被發現擁有金幣，那麼當時的刑罰是一萬美元的罰金以及十年的監禁。這麼做的主要原因，就是要讓一般大眾開始習慣用紙鈔進行交易，並讓紙鈔成為全球唯一的貨幣形式。另外一個理由，就是美國政府已經印製了過多的空頭紙鈔，國庫沒有足夠的黃金來為這些鈔票提供擔保。換句話說，美國政府其實早就已經破產了。

一九七五年，福特總統讓美國人民可以再次擁有實體黃金，但這也是在尼克森總統取消美元金本位制之後才發生的事情。當政府可以憑空隨意印製紙鈔時，誰還管人民能不能擁有黃金呢？今天，絕大多數的民眾都習慣使用紙鈔。許多美國人民根本不知道哪裡才買得到金銀幣，遑論他們還需要購買這些東西的理由。他們只能眼看著就業機會逐漸消失、自己的房屋價值不斷下跌、自己的退休金隨著股市下跌而不斷萎縮。很多人都絕望地希望能獲得政府的紓困救濟金，也就表示他們無意識中都是在選擇要發生惡性通膨，而非通貨緊縮的後果。

4. 手推車的紙鈔充斥全球： 就如前文，一九四四年布列敦森林協議創造出世界銀行以及國際貨幣基金組織，這兩個機構只是聯準會以及歐洲各大銀行的延伸罷了。國際貨幣基金組織和世界銀行要求全世界的銀行把所擁有的金錢轉變成法定通貨，一種完全不採用黃金與白銀作為擔保的紙幣，就如同第二次世界大戰時德國的貨幣一樣。換句話說，美國、國際貨幣基金組織，以及世界銀行等，開始把德國式的貨幣體系，亦即用手推車裝的錢遍及全世界。

直到一九七一年，國際貨幣基金組織所使用最主要的貨幣就是美元。既然三十五美元可以兌換成一盎司的黃金，那麼全球所能印製的鈔票是有上限的。為了成為全世界的中央銀行，國際貨幣基金組織需要具備無限制發行通貨的能力才行。因此一九七一年八月十五日，尼克森總統簽署一項行政命令，宣布美元再也不能兌換成黃金了。從一九七一年起，遍布全球的美元就變成了像大富翁遊戲裡面的錢一樣。

用手推車裝的紙鈔充斥全球

今天，全球主要的貨幣，基本上來說都是像大富翁遊戲裡面的紙鈔一樣——用手推車來裝的錢。因此我們必須再次地問自己：下次的經濟大蕭條會是**美國式的通貨緊縮大蕭條**，還是**德國式的惡性通膨大蕭條**？現金為王還是現金為亡？喜歡儲蓄的人會變成贏家還是輸家？仰賴退休金的人們會贏還是輸？物價會開始下跌還是不斷地上漲？

【羅勃特隨記】

聯準會和美國財政部一直想要阻止通貨緊縮的發生。發生通貨緊縮遠比通貨膨脹還來得嚴重，而且更加難以遏止。這就是為什麼我們到處都看得到各種紓困以及景氣刺激的方案。如果這些策略奏效，那麼我們會回歸到一個不斷發生通貨膨脹的經濟。但是萬一，真的是萬一，如果這些景氣刺激方案都沒有奏效，那麼印製這麼巨量的鈔票，很可能會引發惡性通貨膨脹。如果真的發生了惡性通膨，那麼幾乎就會變得跟通貨緊縮一樣嚴重。辛巴威就發生了這樣的情形，根據報導，需要十幾億的辛巴威幣才能買到三顆雞蛋。如果這種令人不敢想像的惡性通膨在美國發生，那麼這就等於美元的死亡。如果這件事情真的發生了，那麼全球的經濟必定會崩潰，這是我們領導階層最害怕的一件事情。

為將來的經濟大蕭條做準備的第一步，就是要先瞭解以往的歷史、檢討所有的事實與證據、掌握趨勢的演變，並自行做出判斷。接著你得決定要遵從我窮爸爸，還是富爸爸在經濟大蕭條時期所採用的辦法。今天，隨著經濟日益惡化，我一直在提醒自己，雖然都受到同一個經濟大蕭條的影響，但是我的富爸爸後來變得愈來愈富有，而我的窮爸爸則是一直窮困潦倒。

【讀者評論】
目前仍然是現金為王，因為全球其他的貨幣仍然跟美元有連動關係。隨著聯準會持續印鈔票的狀況下，身為各國儲備貨幣的美元會愈來愈不受到歡迎。這個時候其他的國家就會開始切斷自己貨幣與美元之間的連動，並以更穩定的事物（例如黃金）來作為擔保。這時候我們才會真正體驗到什麼叫作惡性的通貨膨脹。

——deborahclark

出口國債

或許根本不會發生所謂的經濟大蕭條。或者歐巴馬總統有能力讓全世界團結起來，因此全球的政府就可以繼續憑空印製大量的紙鈔。或者全球其他國家會持續接受美國最大的出口大宗——也就是美國的國債，作為支付這些國家的商品與服務的代價。只要全球繼續把美國的國債、長期公債，以及短期公債等當成錢來看，那麼目前的情形就會持續下去。但是萬一全球不再願意接受美元，那麼音樂就即將要停止了，屆時所發生的經濟大蕭條，會遠比上一次美國所體驗的經濟大蕭條嚴重許多。

二〇〇九年三月十八日星期三，聯準會宣布要在全球貨幣體系當中再度挹注一・二兆美元。這個新聞是不是再告訴你應該繫好安全帶，隨時準備迎接世界經濟的崩潰？這個新聞就是在告訴我們，聯準會真的是在憑空印製大量的紙鈔，就如同上一次經濟大蕭條時德國政府的做法一樣。在正常的經濟環境之下，美國財政部所釋出的公債，是讓例如中國、日本、英國，以及私人投資家來購買的。**但是，一旦聯準會本身開始買進美國的公債時，就表示美國真的是在無限制地憑空印鈔票**。這也就告訴了我們，目前的經濟仍然在不斷下跌，就如同破了一個大洞的熱氣球。

就如你們所知，聯準會主席柏南奇是一個記取上次經濟大蕭條教訓的人。他經常說他會藉著大量發行通貨的方式來維持經濟不墜。他也曾經說過，他甚至會從直昇機拚命灑錢來挽救經濟，因而獲得了「直升機柏南奇」的外號。二〇〇九年三月十八日聯準會的這個動作，就證實了他的意圖——不論付出多麼大的代價都要創造出通貨膨脹。如果他不小心做過了頭並讓貨幣的供給膨脹太快，那麼我們就會看到一個德國式的經濟大蕭條。

新的金錢法則#四：為最壞的打算做準備，所以生活只會愈來愈好

當我在上主日學時，曾經聽說一則有關於埃及法老王的故事。某天，法老王夢見七隻肥牛被七隻瘦牛吃掉。他內心一直非常不安，並且開始到處找人來幫他解說這個夢。最後他終於遇到了一個年輕的奴隸，這個小男生告訴他，這個夢的意思是說我們的國家將會有七年的

豐收，之後緊接而來的是七年饑荒。這位法老王立即開始為這七年的飢荒做準備，因此開啟埃及的全盛時代，變成了一個非常強大的國家，並讓他們的子民獲得溫飽。

當我在一九八三年閱讀了富勒博士《強取豪奪的巨人》這本書之後，我就開始著手為今天的金融危機做準備。現在我太太和我、我的公司，以及我所有的投資，都持續不斷地有所斬獲，這是因為我們一直為最壞的情形做準備。這就是為什麼新的金錢法則第四條是：**為最壞的打算做準備，所以生活只會愈來愈好**。稍後會有更深入的探討。

愈活愈好

我這一代，也就是戰後嬰兒潮世代，和他們的孩子只經歷過人類歷史上最大的一次經濟繁榮的盛況。這些戰後嬰兒潮世代並沒有體驗過什麼叫作經濟大蕭條，他們這一輩子大半的時光只知道過著美好的生活。這些戰後嬰兒潮世代非常幸運，打從經濟大繁榮的起步就出生，隨著全世界的錢在一九七一年變成了像大富翁的紙鈔開始，這個經濟大繁榮就啟動了。我這一代有很多人都賺到了一大堆需要用很多手推車才能裝滿的鈔票。可是在二〇〇七年經濟崩跌之後，我這一代有很多人都賠光了這些手推車裡的鈔票。但是比失去這些金錢更嚴重的是，他們可能已經沒有時間再做準備了。

我很怕我這一代以及他們的孩子，沒有為即將來臨的經濟衰退和經濟大蕭條進行準備。如果一個人只知道**不斷擴張的經濟**，那麼他可能沒辦法為**通貨緊縮**，或者是**通貨膨脹**的經濟做準備。

邀請那些曾經歷過上一次經濟大蕭條的人們，一起共進午餐應該是一個很好的功課，我曾經和經歷過德國式與美國式經濟大蕭條的人們共進午餐。用這種方式來著手準備下次經濟大蕭條，應該是個不錯的開始。那麼你在做什麼樣的準備呢？

【讀者評論】

首先，我相信很快就會發生這種情況，我也相信絕大多數的人會在毫無準備的狀況下受到衝擊，因為他們跟我一樣，一直活在經濟無限擴張的年代之中。我個人認為一定要靠著硬資產，才能熬過這次的經濟大蕭條。最理想的狀況是，從自己的硬資產當中獲得足夠的現金流，來購買實體的黃金與白銀，藉此來彌補當美元完全變到零之後所減少的現金流，或者是自己金錢貶值的損失。

——dkosters

Chapter 5

不利於我們財務ＩＱ的陰謀

The Conspiracy Against Our Financial Intelligence

搶銀行最佳的方式

Q：請問銀行家和銀行大盜兩者之間有什麼差別？

A：銀行大盜是從外面搶銀行；銀行家則是從銀行裡面搶銀行。

Q：搶銀行最好的方式是什麼？

A：搶銀行前最好的方法就是自己開一間銀行。

——威廉．克勞佛（William Crawford），加州儲貸局局長

人都是聰明的

就和人類一樣，金錢也會不斷地進化。為什麼現在會有這麼多人面臨財務上的危機，這

是因為我們使用的金錢進化了，可是一般大眾並沒有跟著一起進步。我們之所以沒有跟著金錢一起進步，其中有個原因是我們財務ＩＱ受到了陰謀的干涉。我們的進化過程被止住了。

只要講到錢，絕大部分的人都不笨。就連十歲的小孩子也知道一張五元鈔票和一張五十元鈔票之間的差別。如果有機會讓他從這兩張種鈔票當中選一張，一般的小孩子一定會選擇那張五十元的鈔票。

為了要弱化我們的財務智慧，我們的財務ＩＱ必須刻意鈍化。藉由複雜而且令人頭昏腦脹的貨幣創造體系，以及當今的銀行體系就達到了這樣的效果。從很多方面來探討，現代的貨幣體系對一位具有邏輯思考能力的人來看，一點道理也沒有。舉例來說，這個體系怎麼可能憑空創造出幾兆美元的資金？

【讀者評論】

曾經有多少次別人告訴你說，「請在這裡、這裡，以及這裡簽名」，但事實上你尚未仔細看清楚，也沒有要求對方仔細解釋說你正在簽署是什麼樣的一種文件？這樣子的做法美其名是為了增加服務客戶的效率，但根本上來說，這種做法大部份都是在避免客戶太精明的一種過程。

——dafirebreather

有關財務的神話

當我還是小孩子的時候，我也曾經相信過童話故事；但是當我到七、八歲的時候，我就已經知道這些童話故事只是拿來騙小孩子用的。因此當美國總統要我們對未來抱著**希望**，但聯準會同時又在憑空創造幾兆美元的鈔票時，我不禁開始懷疑這些領袖們，是不是以為全球人民都還是相信有隻鵝會生金蛋的童話故事。很明顯地，我們的領袖不知道從哪裡找到了一隻可以生金蛋的鵝，所以才有辦法憑空創造出無限的財富。希望我們的國家不會跟伊索預言裡那隻會生金蛋的鵝有一樣的下場。

魔術表演

當我還是小孩子的時候，我也相信魔術這種東西。到最後我知道所謂的魔法並不存在，只是一些技巧、一些把戲而已。很不幸地，我們現在創造錢的方法也是一樣，完全都是一種把戲而已。它只能算是一場魔術表演，美國財政部以長期公債的方式發行了所謂的國債，接著聯準會憑著這張公債發出一張魔法般的支票，而這張支票就被存入一般商業銀行的總行當中，接著再開立新的支票送到各地區的分行，最後這些銀行會再開支票存到一些小銀行之中。

這還不是金錢把戲的全部。真正的魔法在於，每間銀行都可以生出錢來（增加通貨的供給）。銀行每收到一塊錢，它就可以遵照**部分儲備制度**這種把戲來生出更多的錢，這一點會在本章稍後有進一步的說明。每一家銀行都可以玩這一套把戲。一間銀行只要能找到迫切需要金錢（像你和我）、願意用自己一輩子的生命作為抵押，並簽下賣身契的人。然後，再把這種由魔法產生的錢借出來就可以了——當你的需要愈是迫切，利息就會愈加昂貴。

任何一間銀行，無論是大是小，通通都被授與創造金錢的權力。你不需要戴上面罩才能去搶銀行，現在你只需要擁有一間銀行就可以了。

今天，一般人很難搞懂錢是怎麼一回事。如果你是一位誠實、辛苦工作的百姓，對你而言，現在銀行是怎麼產生這些魔法般的錢，可是一點道理也沒有。藉著一般誠實的大眾根本搞不清楚的貨幣體制，有錢人就可以進行刻意壓抑我們財務ＩＱ的陰謀。擁有一間銀行不但有權力可以自己創造金錢——它同時也可以竊取別人的財富，而且這種行為完全是合法的。

我並不是在說銀行家都是一些罪犯。許多銀行家都是很誠實的人，他們根本搞不清楚這種竊盜的手法是怎麼達成的。許多銀行家也都不清楚他們是怎麼不自覺地在竊取客戶們的財富。銀行家跟那些會問你，「有什麼可以為您效勞的嗎？」的理財專家或者是不動產經紀人沒有什麼兩樣。絕大多數的銀行家只是簡單地在賺錢養家餬口，就跟我們一般的老百姓沒有什麼兩樣。是我們現在**創造金錢的體系**在竊取我們的財富。這套體系同時也會讓一些極少數的人非常富有。

金錢的演化

隨著人類社會日益複雜，金錢也跟著演化，因為社會需要更成熟的方式來進行各種交易。

接下來的幾段內容，將以非常簡單的方式來描述金錢的各種演化階段，也就是金錢是如何從真的錢逐漸演變成魔法般的假錢。

1. **以物易物的階段**：人類最早的貨幣系統就是「以物易物」，單純地拿著一種產品或服務，去交換另外一種產品或服務。舉例來說，如果有位養雞的農夫需要一雙鞋子，那麼這位農夫就會拿著一些雞去換成鞋子。很明顯地，以物易物時，交易的過程非常地緩慢、乏味，而且曠日廢時，想要衡量它們彼此的相對價值也絕非易事。舉例來說，如果這位鞋匠不想要雞怎麼辦？就算他想要雞，那麼一雙鞋子應該要換成幾隻雞呢？因此必須發展一套更迅速、更有效率的交易模式，所以金錢就開始演化了。

順便一提，如果我們當前的經濟狀況持續惡化，而且民眾手頭愈來愈緊的時候，你就會開始看見以物易物的情形與日俱增。以物易物這種交易模式有個好處，就是說政府很不容易在這種交易模式中課稅，國稅局是不收受雞隻的。

2. **原物料的階段**：為了加速交易的進行，不同群體的人們開始同意使用一些能**代表價值**的有形實體。貝殼是人類在商業交易中最早被採用的一種金錢。其他諸如石頭、各種顏色的寶石、珠寶、牛隻、羊隻、黃金，與白銀。與其拿雞隻來換鞋子，這位養雞戶可以簡單地給這位鞋匠六顆有顏色的珠寶來買一雙鞋子。因此利用原物料來進行買賣，加速了交易的過程。這時候在同一個時間內可以進行更頻繁的交易。

今天，黃金和白銀在國際貿易上，仍然是被接受的原物料金錢之一。這是我在越戰時所學到的經驗，紙鈔的接受度僅僅限於**一國之內**，但是黃金的接受度是**國際性**的，就算是在敵人的陣營中也一樣會被接受。

3. **收據式金錢**：為了確保自己所擁有的貴重金屬和寶石的安全，有錢人會將他們的黃金、白銀，以及寶石等，統統交給那些他們信任而且擁有保險庫的人來保管。這個人就會給有錢人一張收據，證明他在保險庫裡面儲放多少貴重金屬和寶石，這就是銀行的誕生。收據式的金錢就是最早的一種**衍生性金融商品**。再次解釋，**衍生性**這個名詞的意思就是「從別的東西衍生出來的」，就如同橘子汁是從橘子衍生出來的，以及雞蛋是從雞隻衍生出來的道理。隨著金錢從一個有形的實質原物料，演化成一種從本身價值衍生出來的收據，這時候生意往來的速度就加快了許多。

古時候，當一位商人必須從一個市集橫跨沙漠到另外的市集時，會因為害怕搶劫因而不敢在身上攜帶真正的黃金和白銀。取而代之的是，在身上帶著他貯放在保險庫中的黃金、白銀，或者寶石等的收據。這個收據就是他儲放在保險庫裡面那些有價物品的衍生性金融商品。如果他在遙遠國度購買了一些貨物，他就會拿著這張收據去支付這些貨物的成本，而這個收據就是一個具有價值事物的衍生性金融商品。

此時賣方就會拿著這張收據並存放到自己的銀行裡面。與其將實質的黃金、白銀，和寶石從沙漠的一端運到賣方的銀行之中，這兩家位於不同城市的銀行，就會利用近期所有買方和賣方的各種欠款與收據，一起進行沖銷結帳。這就是今日銀行和貨幣體系的誕生。金錢又再演化了一次，所以商業交易的速度又更加快了許多。今日這些所謂的收據式金錢包括了支票、銀行匯票、電匯，以及結帳卡等。銀行這個事業的精髓，羅斯柴爾德第三代族長說得好，「就是經營金錢的流動，從金錢所在位置的A點，移動到需要金錢的B點。」

4. 收據式金錢的部分儲備制度：隨著貿易的繁榮興盛，銀行家的保險庫裡很快地充滿了各種黃金、白銀，以及寶石等貴重物品。銀行家們很快地發現他們的客戶根本很少動用這些黃金、白銀，以及寶石本身。在進行交易的時候，採用收據遠遠方便許多。這些收據不但輕盈、安全，而且也很便於攜帶。為了賺更多的錢，銀行們開始從保管財富演化成借出財富的機制。當有人找上銀行想要借錢時，這家銀行簡單地開出另外一張收據並加上利息貸給他。換句話說，銀行家們開始理解到它們不需要用自己的錢就可以賺到錢了，所以他們就真的開始印製屬於自己的鈔票。

在金融領域當中，**實物**（in kind）從德國 kinder 這個字演變而來，為**幼子**的意思。所以幼稚園（kindergarten）這個字真的是從「小孩子的花園」演變而來的。因此金融界使用「實物」（in kind）這個字眼，是當借貸的人利用牛隻等當成擔保品（或者是抵押品）來向銀行借錢的時候。如果借方拿來擔保的牛隻在抵押期間生出了小牛的話，那麼按照契約的規定，這隻剛出生的小牛要歸銀行所有。這個就是支付利息的開始，按照銀行家們的術語，也就叫作**支付實物**（**payments in kind**，或「到期票據」）。

自從銀行家可以從利息（也就是支付實物或到期票據等）上賺到錢，不用多久他們就開始出借更多的錢，遠比自己在保險庫裡面所儲放還要多上許多，此時銀行家就開始變戲法了。舉例來說，或許銀行家在保險庫裡面只有一千元的黃金、白銀和寶石，但是他們卻發行了兩千元的收據，因此在市面上流通的這些收據一共也只能兌換保險庫裡面價值一千元的擔保品。在上述的範例中，他們創造出所謂五〇%的部分儲備制度——亦即對應在保險庫裡面每一塊錢的黃金、白銀，和寶石，在外面就有兩元的收據在流通。也就是說在保險庫裡面所貯放的金錢，只是在外流通收據總和的一部分而已。技術上來說，這些銀行家可以從實際上根本不存在的錢上頭收取利息。如果你和我跟著有樣學樣，那麼一定會被當成詐欺犯或者是背信偽造，但是銀行可以這麼做，而且完全合法。

隨著愈來愈多的收據金錢在市面上流通，人們就開始感覺到比原先還要富有許多。這種一直不斷地擴充貨幣供給的現象，只要大眾不需要同時領出自己在保險庫裡所儲放的黃金、白銀和寶石等，就不會產生什麼樣的問題。以現代經濟學家的術語來說就是，「經濟的擴張，是因為貨幣供給額度不斷地在擴張。」

在成立中央銀行體系之前（例如聯準會），許多中小銀行都在發行屬於自己的鈔票。其中有些銀行由於過於貪心而破產，這是因為他們發行了太多的部分儲備收據式的錢，遠遠比他們保險庫裡面儲存的黃金、白銀，和寶石多出太多，以致於無法因應大量提款之所需。

這就是中央銀行（諸如英國銀行和聯準會等）會成立的理由，它們只打算發行一種形式的錢——也就是它們自己的錢——並且想要完全主導整個銀行體系的部分儲備制度。

就算我們的建國元老們（有在憲法上具名的那些人）曾極力反對中央銀行體制，但是在威爾遜總統和國會的祝福下，聯準會仍然於一九一三年獲准成立，開啟了這些超級有錢人與美國財政部唇齒相依的合作關係。現在全美國的錢都受到這種合作關係的管轄，任何一家銀行都不准發行屬於自己的貨幣，這就是為什麼一世紀之前羅斯柴爾德所說的話是這麼具有前瞻性，「如果將一個國家的貨幣供應系統交給我管，我才不在乎是誰在制定法律。」

今天歐巴馬總統和美國國會一直想要藉著強制立法的方式來解決當前金融危機。但是如同當年的羅斯柴爾德一樣，那些真正的有錢人才不在乎他們所制定的規則，那些控制著全球中央銀行的聯合壟斷（卡特爾），他們只在乎總統和國會到底打算在岌岌可危的經濟體系中挹注多少的紓困金和刺激景氣用的款項。這些聯合壟斷想要得到的是，這些魔術般變出來的紓困金和刺激景氣用款項所衍生出來的**利息**收入。

二○○九年的今天，隨著總統和國會進行八千億美元紓困金的討論，政府成立了一系列的新機構來負責挹注這些紓困金到原來的經濟體系之中。這些機構大部分都不為人所知，而且擁有一些奇怪的稱謂，例如：交易商信用融資機制（Primary Dealer Credit Facility）、商業票據融資機制（Commercial Paper Funding Facility）等。我們在一般媒體上根本聽不到這些機構。但是藉著這些新成立的機構，聯準會至少出借了三兆美元的款項，以及花費五兆七千億美元來擔保一些私人的投資。

所以誰的權力比較大？聯準會的主席柏南奇，還是歐巴馬總統？

【讀者評論】

這的確是一個發人省思的問題。當我對於這個議題瞭解更多後，我的結論是聯準會並非只是一個政府用來控制貨幣用的社福機構。同時讓我關切的並非是哪一方擁有更大的權力，而是兩者聯手擁有遠高於人民的權利。

——rdeken

這是銀行家跨世代搶劫銀行的行為。無論個人是否相信所謂的陰謀論，但事實上就是有數以兆計的美元如魔法般變了出來（外加利息），而且完全得由我們和未來幾個世代的子孫來償還。我們因為今日的錯誤，必須犧牲子孫的未來。

5. **法定貨幣：**當尼克森總統於一九七一年取消美元與黃金的連動時，美國不再需要任何黃金、白銀、寶石，以及值錢的事物，就能創造出錢來。技術上來說，一九七一年之前的美元是**黃金的衍生物**（美金）。在一九七一年之後，美元就變成了**國債的衍生性金融商品**。當時切斷美元與黃金之間的連動根本就是一種超乎想像的邪惡搶劫行為。法定通貨完全靠著對政府的信任感以及政府本身的信用來作為擔保。如果有任何團體或個人膽敢挑戰政府和中央銀行壟斷金錢的權力，政府就能依詐欺或背信偽造的罪名將這些民眾判刑監禁。法定通貨的意思就是與政府往來的金錢（例如繳稅等），都必須採用該國法律所規定的貨幣形式來支付。我再度重申，你是不能用雞隻來繳稅的。

削硬幣

在金錢還是一種原物料時（尤其是金幣與銀幣），如果被人欺騙了你很容易就能發現。在羅馬帝國早期的時候，一些騙子就會藉著切削硬幣的方式來欺騙他人。這就是為什麼現在碩果僅存的羅馬古幣形狀都很奇怪。這也是為什麼我們現代的貨幣四周都有著一些溝槽。如果你手上拿到了一個邊緣不平整，或者形狀奇怪的現代硬幣，你立即就會知道有人在這個貨幣上動過手腳，亦即這枚硬幣的價值已經不像之前那麼值錢了，有人偷走了屬於你的錢（購買力）。只要一講到錢，一般人都是很聰明的——但唯有在人們看得到、摸得到，或者感覺得到的時候，他們才會有所警覺。

貶損（稀釋）硬幣

另外一種欺騙羅馬人民的方式就是貶損貨幣。這句話的意思是，政府的鑄幣廠不再用純金和純銀來鑄造硬幣，而開始在黃金和白銀當中摻雜一些其他**普通原物料**（例如鎳或者是銅），來稀釋硬幣當中黃金和白銀的成分比例。這些硬幣基本上來說根本不具有什麼樣的價值，因此造成了通貨膨脹。**通貨膨脹其實就是貨幣價值一直減少時所衍生出來的結果**。

一九六四年美國政府跟羅馬帝國做了同樣的事情，亦即回收原有的銀幣，並改發行由**普通原物料**鑄成的新硬幣。這就是為什麼你我現在可以在新硬幣磨損的邊緣上，略微窺見一些黃銅色的原因。雖然在硬幣上加上溝紋是為了避免有人削硬幣，但是政府降低硬幣當中純銀含量的這種行為，無異是另外一種無形切削硬幣價值的手段。在一九六四年之後就沒有人願意削硬幣了，因為硬幣本身已經不具有任何價值。

一九六四年我正在讀高中，曾經拚命蒐集所有能拿到手的舊銀硬幣，其實我也不知道自己在幹什麼，我只是覺得自己非得採取行動不可。我知道有些事情正在改變，我也知道應該要擁有舊硬幣而不是那些新的。多年之後，我才瞭解自己當時是受到了格雷欣法則（Gresham's Law）的影響。這個定律就是在談劣幣驅逐良幣的現象——當劣質的金錢流入市面後，那麼優質的金錢就會開始逐漸消失。這就如同我在本章稍早之前所提到的那位越南水果攤販一樣，我對於金錢體系的改變做出了本能反應。我不斷拿著劣質的金錢來兌換成優質的金錢，並將這些優質的金錢——純銀幣——好好地收藏起來。我到今天還擁有一些這類的硬幣。

看不見的銀行搶案

今天削硬幣和稀釋貨幣的行為，並不是從物質方面來下手的。既然當今的錢是看不見的，是一種自債務衍生出來的事物，那麼搶銀行的大盜也就變成了隱形人。也就是說，絕大多數的人都看不到銀行是如何在偷竊他們的財富。以下是兩種現代銀行家搶銀行的方法。

1. 銀行部分儲備制度：假設當前的存款準備率是十二分之一（這個比例會隨著經濟狀況而有所改變），當你在銀行裡面存入一百美元時，你的銀行把這一百美元當成準備金之後，就能以貸款的名義出借一千兩百美元。這件事情一旦發生，你的錢就已經被稀釋了，同時也會產生通貨膨脹。

舉例來說，假設銀行願意對你所存的一百美元支付年利率五%的利息，也就是一年之後支付你五元的存款利息。但銀行同時以一〇%的利率出借從你存款衍生出來的一千兩百美元，因而每年賺取一百二十美元的貸款利息。銀行藉著部分儲備制度貶損了你存款的價值（通貨膨脹）並搶了你的財富，還從你那一百美元的存款上賺到一百二十美元的利息，而你卻只賺了區區的五塊美元。

銀行的部分儲備制度就是，現代一種看不見的削硬幣（或稀釋硬幣）的行為。極少數人能看得出銀行這種搶劫人民財富的手段，因為任何一間銀行，就連在你家隔壁的那一間，都可以利用這種無中生有的手法變出錢來。當銀行家收到你的存款時，他會跟你說聲「謝謝」，接著他就可以像變魔術般創造出更多的錢。當銀行出借的錢比你所存的還多時，我們的貨幣供給總額就會開始增加，因此形成了通貨膨脹。

一九八三年七月左右，那些聰明的銀行家又想出一種辦法，就是把幾千幾萬筆的貸款予以證券化，並把它稱為擔保債務憑證，一種從債務衍生出來的金融商品。接著他們就比照政府公債和公司債的形式，將這個產品賣到全世界。

由於穆迪（Moody's）和史坦普爾（Standard and Poor）等評比公司給予這些經過包裝的債務「值得投資」的加持，所以諸如ＡＩＧ集團、房利美，與房地美等公司，都利用信用違約交換（CDS）的方式替這些交易買賣做了擔保。這些近似保險公司的機構之所以採用**交換**（Swaps）而非**保險**（insurance）的字眼，是因為法律規定保單需要具備相當額度的金錢才能核保。而採用**交換**則不需要任何資金作為擔保，這也是為什麼ＡＩＧ集團等公司會隨著保險市場的崩跌而垮台。這就好比是在你出了交通意外之後，才發現自己投保的保險公司早就已經破產了一樣。

隨著這些擔保債務憑證的需求日益增加，這些進行貸款的銀行家們想盡辦法製造更多這類型的投資商品。最後他們又找到了一批全新客戶來發放貸款，也就是那些非常想要錢買房子但又負擔不起頭期款，或者願意用自己原有住宅申請二胎貸款的低收入戶。因此財經界裡開始浮現了一個新的名詞：**次級房貸**。

一切都進行得很順利，直到二〇〇五年這些次級房貸戶無法正常繳納每個月的貸款時，這些堆積如山的債務就開始土崩瓦解。這一次財務危機的根源，就是因為聯準會根據部分儲備制度，允許銀行出借其本身沒有的錢所造成的。

真正的問題在於聯邦政府早就打定主意要為這些衍生性金融商品買單，而這筆金額目前初步估計大概需要六百多兆美元之譜。

政府這種願意買單的行為，就為我們指出了現代銀行家搶劫銀行的第二種手法：存款保險制度。

2.存款保險制度（Deposit Insurance）：存款保險制度保障的是銀行，而非存戶。在美國我們有聯邦存款保險公司（FDIC）來保障我們的存款，但是它存在最主要的目的是要保護諸如花旗銀行、美國銀行、摩根大通銀行等銀行的利益。

當存款人同時提領自己的存款時，這種現象叫作**擠兌**。聯邦存款保險公司這個機構存在的目的，就是要確保銀行不會發生擠兌的事件。在一九八〇年代儲貸危機時，美國存款保障額度是五萬美元。當儲貸市場發生問題時，保障額度被提高到十萬美元。二〇〇七年金融海嘯發生之際，存款保障更是拉升至二十五萬美元的額度。額度的提高就是要建立民眾的信心，銀行就算是倒閉了，存戶們也都不用擔心自己的存款會有什麼樣的損失。自二〇〇七年至二〇〇九年期間，雖然銀行倒閉的數目一直不斷在增加當中，但是銀行幾乎都沒有發生擠兌的情形。其中一個理由就是因為存戶擁有足夠的安全感，認為聯邦存款保險公司會保護他們的存款。

雖然聯邦存款保險公司有它的好處，但是它同時也保護了那些無能、貪婪，以及不誠實的銀行家。藉著一種不實際的安全感——這種財務上的保護網——聯邦存款保險公司變成是在獎勵那些銀行家，拿著儲蓄戶頭裡的錢進行風險愈來愈高的投資。雖然聯邦存款保險公司宣稱這些存款保障金是由銀行來支付，但事實上聯邦存款保險公司手頭上所擁有的錢，早已經無法應付存戶現在的損失，因此到頭來政府還是得用紓困金的方式補貼，亦即最後仍然是由納稅人來付錢。銀行家可以高枕無憂地賺取幾十億美元，而由我們來買單。

並非所有銀行的待遇都一樣

今天我們經常聽到**紓困**這個名詞。事實上，並非所有的銀行都能接受紓困，**那是專門給最大的銀行來享用的**。

如果一間小銀行破產，那麼聯邦存款保險公司通常會利用**賠付**（payout）的方式來解決問題。舉例來說，如果你跟我擁有一間小銀行，結果我們累積了太多壞帳時，這時候聯邦存款保險公司就會直接將我們的銀行關閉，拿錢賠付所有的存款戶，此時投資這家銀行的我們和其他股東們，就會損失當初所投入的資金。賠付是專門用來處理沒有政治背景的小銀行。

第二種選擇叫作**購買與承受**（sell-off），亦即有大銀行介入買下經營不善的小銀行的方式。在金融海嘯期間發生了許多這樣的案例，最有名的就是摩根大通銀行買下了華盛頓共同銀行（Washington Mutual）這件案子。這是大銀行擴大市占率極為容易的一種方式。聯邦存款保險公司於星期五接管經營不善的小銀行，並以大銀行分行的形式在星期一予以重新開張。再次強調，這種方式稱之為**購買與承受**，仍然不叫作紓困。

紓困一般來說是專門保留給那些具有政治背景的大銀行與銀行家所用——那些冒了極大風險因而對經濟造成了最大傷害的銀行，亦即那些**大到不能讓它們破產**的銀行。就像聯邦存款保險公司前總監爾文．斯帕洛格（Irvine Sprague）在他《紓困》（*Too Big to Fail*）著作中提到，「在紓困的狀況下，銀行用不著關門，而且所有的存戶——無論他是否有投保——都會受到完全的保障，唯有被開除的經營高層，以及擁有銀行股票的投資者例外。這種特權完全由聯邦存款保險公司來決定是否授予，而且只有極少數的銀行獲得青睞。」

這就表示紓困專門賦予有錢人的特權。如果一間像摩根大通或者花旗銀行的大銀行出了問題，一切損失均由納稅人來承受。這也表示原來二十五萬元的存款保障額度上限，並不適用於這種情形。如果有間歐洲銀行在這間銀行存了幾百萬美元，或者有位墨西哥鉅富在這間銀行裡存了幾百萬美元，他們的存款也同樣受到百分之一百的保障，完全由納稅人來買單。

如果你和我跟這些銀行一樣冒著高風險來進行投資，我們早就一無所有，沒有人會給我們紓困。簡單來說，聯邦存款保險公司本質上是一種保護大銀行的障眼法罷了，如果一間大銀行做錯事而被逮到，那麼政府就會給它紓困解圍。

錯誤的發生

二〇〇九年聯準會前主席葛林斯潘（Alan Greenspan）公開宣稱的確有錯誤發生。但是他並沒有說清楚這項錯誤到底應該由誰來承擔。想當然爾，這個答案我們早就知道了——就是納稅人。

到目前為止，超過一千八百億美元的稅金已經撥給AIG了。直到有人發現，其中有一億六千五百萬美元的紓困金，被當成紅利發放給那些把公司經營得**虧損連連**的高階主管之後，憤怒的納稅人才迫使聯準會主席柏南奇、財政部長蓋特納，以及歐巴馬總統等人，承諾會對此進行調查。許多民眾想要知道這些紅利到底分給哪些人了。

更重要的問題是，為什麼像AIG集團這樣一間**保險公司**，可以接受紓困金？紓困金不是保留給銀行專用的嗎？《華爾街日報》引用了一些機密文件，報導AIG集團的紓困金當中，有五百億美元分別派送給了高盛銀行、美林證券、美國銀行，以及一些其他歐洲銀行的手中。換句話說，AIG集團之所以能收到紓困金，是因為它積欠一些世界上最大銀行的錢，而且手頭上沒有足夠的現金來應付。二〇〇八年最後一季時，AIG集團公布了該公司歷史上最大的一次虧損，高達六百一十七億美元。這就等於該公司每小時虧損了兩千七百萬美元之譜。

比AIG集團還大的問題

當這本書付梓的時候，AIG集團創下美國歷史上最昂貴的一次紓困案。但是房地美的紓困案可能還會再次破這項紀錄，就如同聯邦存款保險公司是用來保障我們的存款，房地美最主要的營業項目就是保障民眾的房屋貸款。隨著更多的民眾失去了工作，房地美的損失也必定會日益擴大。房地美在二〇〇九年三月時收回了超過三萬間房屋，光是維護每間房子，每個月就得花三千三百美元左右。根據初步估計，房地美的紓困額度將會遠遠比AIG集團超出許多。

回到未來

在本書第一章當中，我曾經引用布希總統的話，他再次向我們保證，「這項法案將會保護與安定美國的財經體系，並且導入永久性結構上的改變，確保這些問題再也不會發生。」

這是在一九八〇年代末期和一九九〇年代初期，他對儲貸業進行紓困時所發表的談話。而今你我都清楚地知道，這些問題確實又再度發生了。

在儲貸危機期間，約翰．馬侃參議員涉及林肯（Lincoln）儲貸機構幾千億美元的倒閉損失。柯林頓總統夫婦也和梅迪遜（Madison Guaranty）儲貸會的倒閉有所牽涉。而布希家族更是和銀帝（Silverado）儲貸的倒閉有直接的關聯。

菲爾．格拉罕（Phil Gramm）參議員在一九九七年和一九九八年間，協助廢止格拉斯—史迪格爾法案（Glass-Steagall Act）（這個法案是在上次經濟大蕭條時獲准通過，專門用來避免銀行將存款與投資的資金混用）。一旦格拉斯—史迪格爾法案被廢止後，銀行搶錢的金額就開始創下歷史紀錄。有意思的是，身為國會銀行業委員委員長的格拉罕參議員從銀行界、證券界，以及保險界等，收到了兩千六百多萬美元的競選經費。聯準會前主席葛林斯潘、柯林頓總統，以及其財政幕僚羅勃特．魯賓、賴瑞．桑瑪士、提摩西．蓋特納等人，推翻格拉斯—史迪格爾法案當中都扮演了相當重要的角色，並促使花旗集團的產生。很巧的是，魯賓立即辭去白宮財務委員的工作，並成為花旗集團這間新公司的總裁。

我想表達的重點是：現在的銀行大盜需要擁有政治上的影響力，這也就是為什麼我們政府調查紓困金的動作是這麼地遲緩。在這麼腐敗的體系下，我們又如何相信會有所謂的改變呢？

【讀者評論】

我不確定你問的這個問題是否正確，我不確定我們是否能改變目前的體制，或許我們應該要問：我們打算如何利用當前的體制？

——Rromatowski

這是我經常提醒自己的最佳名言，「你必須成為你所希望看到的改變。」（莫罕達斯．甘地）

——justemailme

國家的淪亡

早在一七九一年，湯瑪斯．傑佛遜（Thomas Jefferson）就非常反對中央銀行制度，理由是會發生我們現在正在經歷的這些事情。傑佛遜也指出，憲法並沒有賦予參議院成立銀行或者其他任何機構的權力。他甚至進一步指出：就算憲法真的有賦予參議院這項權力，這麼做也將會是一種非常不明智的做法，因為讓銀行自行創造錢出來必定會導致國家的滅亡。事實上，傑佛遜經常將銀行的危險性與他國的軍隊相比擬。

再次重複前幾章凱因斯曾經對於貶損通貨供給的內容，「沒有任何手段能像使錢墮落（稀釋貨幣）如此不易察覺，且可靠地顛覆原有的社會基礎。這個過程涉及各種經濟定律中具有毀滅性、同時也是肉眼看不見的力量。當它們發揮作用時，一百萬人當中也不見得會有一個人能發現問題的所在。」換句話說，人們無法診斷自己所看不到的事物。今天，銀行一直在我們的眼前搶劫著我們的財富，這種隱匿的方式唯有在擁有足夠的知識，並且知道如何尋找蛛絲馬跡之後，才有辦法看得出來。

新的金錢法則#五：用有錢人的速度思考

在本章一開始，我們就提到金錢是如何從以物易物的形式，進化到現在數位化的錢——一種擁有光速般速度的錢。這也就是為什麼今天有人可以賺進十幾億美元，而有人卻還在從事時薪七美元的工作，兩者之間的差別就在於速度。今天，一個愈能迅速完成交易的人，就能賺到比別人更多的錢。舉例來說，傳統的醫生每次只能為一個病人診斷，但是一個擁有全球性網路事業的高中生每天成交的生意並不受人數與時間的限制，因此他潛在的獲利會遠比傳統醫生還要高出許多。這兩者之間的差別（在下一章會有更進一步的說明），是因為其中一種是非實質的（網路事業），而另外一種卻是實質的（醫生）。前者以指數增長的方式在創造財富，而後者則是以線性的方式在創造財富。

許多人今天面臨財務上的困境，是因為他們賺錢的速度實在是太慢了，無法跟得上銀行製造錢的速度。只要談到財務方面的交易，許多人還活在石器時代，採用時薪、月薪、每筆交易、佣金等方式（例如不動產經紀人或證券營業員等）來獲得收入。那些在未來可以獲得成功的創業家，都是清楚懂得現在交易買賣進行的實際速度，以及擁有能力和足夠的彈性來迅速做出改變的人。

後記

全球貨幣系統更詳盡的資料

如果你還要探討當今的貨幣系統，我在此推薦兩本非常傑出的作品。

1. **《來自傑克島的怪物》**（*The Creature from Jekyll Island*），**愛德華．葛里芬**（G. Edward Griffin）**著**：這是一本很厚，但又非常容易讀的陰謀歷史沿革的書籍。我個人已經看過三遍，而且每一次都讓我大開眼界，得以窺見只有極少數人才能接觸到的世界。這本書詳盡地敘述聯準會如何產生，以及當今金錢是如何產生出來的，葛里芬的發現和我個人的研究有許多不謀而合之處。該書於一九九四年出版，但是讀起來好像是在最近才完成的書，與其說它是一本有關於全球經濟的非文學類書籍，它反倒更像是一本犯罪懸疑小說。
2. **《美元危機》**（*The Dollar Crisis*），**理察．鄧肯**（Richard Duncan）**著**：這本書對於整個陰謀做了更完整的呈現。《美元危機》解釋了當今世界經濟所發生的一切事情，都肇源於當年為了成立聯準會而在傑克島上所舉行的一場會議。鄧肯在書中解釋，為什麼因為美元的關係，使得日本、墨西哥、中國、東南亞、蘇聯、歐盟，以及其他地區都發生了經濟繁榮與泡沫化的事件。

兩本書都非常精采，作者們也都天賦異稟。這兩本書能讓你更完整、更深入地瞭解當今金融海嘯發生的原因，以及如何發生。

勇往直前的時候到了

本書第一部分到此圓滿結束。在第二部分，你將會學到如何在**經濟繁榮**，或者是**經濟衰退**的世界中安身立命。當成千上萬的人們坐在屋頂上，眼睜睜看著自己被債務的洪水所淹沒，甚至還期待政府出面來挽救他們的時候，只有少數人和這本書一直不斷地在前進當中。

現在的你已經稍微瞭解到這次金融海嘯發生的歷史背景，所以是開始尋找解決方式的時候了，應該要把注意力擺在**自己要怎麼做**這個重點上，而不是一味地探討發生全球性問題的原因。

本書第二部分的重點在於「以彼之陰謀還治其身」，即如何利用有錢人本身的陰謀打敗他們。

Rich Dad's
Conspiracy
of
The Rich
The 8 New Rules of Money

Part 2

反擊
Fighting Back

以彼之陰謀還治其身：
為什麼贏家總是獲勝，而輸家不斷地敗退。

Rich Dad's
Conspiracy
of
The Rich
The 8 New Rules of Money

歷史與未來為何這麼重要

每當有人問我，「如果要提升別人的財務ＩＱ和財務知識，你會教些什麼樣的內容？」我總是回答，「我會先從歷史下手，因為唯有回顧歷史才會有前瞻的能力。」如果本書的前半部對你而言有點吃力，那麼你只需要記得，唯有從歷史當中汲取教訓，才可以為自己的未來做好準備。前文在於講述美國的財經史，以及歷史如何在最近再度重演。它的重點在解釋有錢有勢的人們是如何透過銀行、跨國企業、戰爭、教育，以及政策等方式，來操縱一般百姓的生活。

在歷史發展的過程中，這些有錢人的作為好壞參半。我並不責怪這些有錢人們為自己和家人的利益著想。與其責罵他們，倒不如開始研究這些有錢人們的歷史，學會他們的遊戲規則，並遵循著他們的金錢法則來過活——甚至在這個過程當中，我也創造了一些屬於自己的規則。清楚瞭解有錢人規則的這些人目前並沒有面臨財務上的困境。多數是那些財務ＩＱ較低，並且遵從著金錢舊規則的人們，才會在財務上面臨困境。

在本書的第一部分裡，我要你瞭解聯準會經常藉著「挽救經濟」的名義，來保護那些大銀行——那些**大到不能讓它們倒閉**的銀行。事實上，我個人相信聯準會存在的目的，就是要保護這些大銀行的利益。

你或許有留意到，聯準會在金融危機期間以非常低調的手法拯救了這些銀行，但是它並未開除任何一位銀行的高階經理，其中有些甚至還是這次危機的罪魁禍首。但是其他行業在當前景氣反轉的狀況下，就沒有這麼幸運了。政府的主管機構「開除」了理克．華格納（Rick

Wagoner，美國通用汽車前總裁），但是並沒有開除銀行的巨頭。為什麼？政府也並沒有追究那些給次級房貸債務「AAA」評比（也就是最高信用等級）的穆迪或史坦普爾等公司的責任。就因為擁有了「AAA」等級的評比，外國政府以及各種養老基金才會將它們的錢投資在這種有毒的資產上。一樣的問題：為什麼？而且，要不是因為大眾輿論的壓力，替有毒資產交易進行保險的AIG集團才被迫揭露自己所收到的幾十億美元紓困金到底交給了誰——也就是許多大銀行，例如高盛銀行、法國興業銀行、德意志銀行、英國巴克雷銀行、瑞士銀行、美林證券、美國銀行、花旗銀行，以及美聯銀行。

我在第三章裡有提到**啟示錄**這個字眼，以及它是如何從希臘原文「揭露面紗」演變來的。對我而言，寫本書的過程真的是超乎自己的想像。我不斷地感覺到震驚，因為當我在探討財經歷史的時候，新的歷史正在發生。隨著這本書的殺青，當今世上金融界的啟示錄也正在發生。這個遮蓋著貪婪、無能的華爾街和政客們的面紗，正逐漸被揭了開來。高盛銀行於二〇〇九年四月十四日宣布說：由於出售五十億美元的股票獲得了比預期還高的利潤，因此打算將問題資產紓解計畫的錢歸還給政府。但是馬里蘭大學的彼得·莫瑞西（Peter Morici）教授在當天消費者新聞與商業頻道（CNBC）晚間的節目中指出，銀行拿著衍生性金融商品進行賭博式投資的問題，在體系上並沒有得到真正的解決。他特別強調高盛銀行藉此機會扮演良心企業的角色，是希望能繼續維持現狀不變。他也以這段話來對此做出評論，「我們犯不著為了這些人特別立法，想要嚇阻他們不要一直出售衍生自衍生性金融商品的衍生性金融商品，或者阻止他們每年支付布蘭肯菲爾（Blankenfeld，高盛銀行總裁）七千兩百萬美元紅利的行為，這簡直就是一種神經不正常的想法。」這就是揭露面紗的榜樣之一，這樣的內容就是財經界的啟示錄。

事實上，高盛銀行目前財務上的表現不差，並不是因為做出了良好的財務判斷，而是如同《紐約時報》（*the New York Times*）所報導的，它是因為獲得了聯準會給AIG集團部分的紓困金而得救。因為聯準會的功能並不是要來保障那些貧窮弱勢的小百姓，它專門是在拯救那些有錢但束手無策的傢伙。小銀行是得不到政府紓困的，更遑論中小企業了；那些寧可犧牲其他的開支，仍然忠心不二地準時繳納房貸的民眾，也一樣不會得到這種特殊的待遇。

富爸爸的預言即將成真

另外一個必須要發生的金融啟示錄，就是有關於養老金和退休金的問題：簡單來說，事實上安穩退休的可能性正在消逝當中。退休金保付公司（Pension Benefit Guaranty Corporation，簡稱PBGC），亦即美國所有公家機關養老金幕後的保險機關，在二〇〇九年四月時宣布，由於股市的崩跌，美國公職養老退休金帳面上短少了幾千億美元。換句話說，目前州政府都面臨了極大的困境，因為它們事前答應了許多它們現在已經付不起的福利。光是這點就能略略證明想要依賴養老金的夢想不但早已經過時，而且再也不會回來了。

二〇〇二年我在《經濟大預言：清崎與富爸爸趨勢對話》一書中，也曾經寫到有關於這次退休金的危機，其內容是在敘述即將發生史上最嚴重的股市大崩盤——先撇開股市的震盪不說，我相信大崩盤根本還沒有真正地發生。預言中的股市大崩盤之所以會發生，完全是因為「四〇一（K）退休金計畫」中的瑕疵所造成的。這個計畫於一九七四年獲得國會通過，原本的用意是想要挽救奄奄一息的退休金制度。當年這本書出版的時候，股市一直不斷地創下歷史的新高紀錄（至少在各項數據方面是如此）。在那些堅信社會體制的人們的腦海中，股市和基金毫無疑問地必定能解決眾多美國人退休金的問題。想當然爾，華爾街和大眾媒體在當時把這本書評得一文不值。

但是今天，我們已經看到股市由最高點跌掉了一半，而且就如我所說過的，在不遠的將來，如果股市再度破底，我也不會感到特別驚訝。現在再也沒有人敢取笑那一本書了。我之所以相信股市還會跌得比先前更慘烈，是因為當初促使美國戰後嬰兒潮世代（美國歷史上人數最眾多的世代）全體將退休金投入股市的推手，就是四〇一（K）退休計畫，才造成了股票和基金這麼大的需求量。隨著這些戰後嬰兒潮世代不斷地退休，他們就必須贖回基金來獲得生活開支所需要的錢——這就表示他們將會開始出售股票，而不是像之前一直買進長抱。當愈來愈多人不斷地賣出股票，市場的趨勢必定是向下的。這就表示現在年齡在四十五歲以下的人，如果他的退休金跟股市有所關聯的話，將來就會面臨極大的麻煩。許多人仍然相信他們的退休金還很安全，因為股市都會回升到原來的水準。但是這次的股市不會回到之前的水準，它會隨著戰後嬰兒潮世代在二〇一二年至二〇一六年間大量退休的時候持續探底。想要過著優渥的退休生活這種理想，無論男女老少，現在都已經變成了一個遙不可及的神話。

歷史再度復活

我對歷史還有一點要提出來。我們的建國元老非常反對類似聯準會這種形式的中央銀行制度。當華盛頓總統拿著政府自己所發行的「大陸幣」，一種最後還是回歸到它真正價值——也就是零的法定通貨，來支付自己軍隊薪水的時候，他自己也親自體驗到那種痛苦。湯瑪斯·傑佛遜堅決地反對設置中央銀行。但是當今都是由中央銀行在控制著金融界，我們甚至還給了它們許多權力，希望它能幫助我們解決當前的危機：一個完全由它們一手造成的金融危機。

簡單地說，中央銀行不但可以憑空發行鈔票，亦可以憑著實際上不存在（帳面上）的錢向我們收取利息。這種利息是藉著稅賦、通貨膨脹，以及現在所發生的通貨緊縮等方式向我們索取的，結果就是造成了不斷上升的失業率，以及不斷下跌的房價。聯準會所制定的政策並非一種抽象的概念而已。聯準會任何的決策，無論是明顯的還是隱諱的，都會直接影響到你將來的財務狀況。

任何有買過房子的人都知道，頭一年支付的房貸，多半是拿去支付銀行的貸款利息，只有極少數的部分才是用來歸還本金。銀行可以從實際上不存在的錢（帳面數字），憑空收取大筆的利息。本書的第五章非常重要，因為它有談到部分儲備制度，一個允許銀行出借比你所存入款項還要更多的錢的制度（以現在的美國為例，當你在銀行存入一塊錢之後，它就可以借出十二美元的貸款並收取利息）。藉著部分儲備制度的方式，銀行就可以極為有效地憑空創造出錢來，美元因此而不斷地在貶值，進而剝奪了我們原本手上所擁有的財富。今天，全球中央銀行都在發行上兆的通貨，而這一切到頭來還是得利用國債、課稅，以及通貨膨脹的方式由人民來買單。

政府贊助的大搶案

當聯準會於一九一三年成立時，各個銀行和美國財政部之間達成了協議——完全由政府贊助的搶錢行動。如果不紮實地瞭解金錢的歷史以及它是如何被創造出來的，就無法推廣真正的財務教育。只是單純地跟孩子說，「找份工作、好好存錢、買下自己的房子、長期多元化地投資於股票、債券，以及共同基金之中」，完全就是按照中央銀行原先的計畫在做。這些超級有錢人成功地將這個迷思普及於一般大眾的觀念之中。

因此，本書在歷史上做了相當程度的探討，對於有錢人的陰謀也提出一些事實，這都是為了一個目的：要讓各位讀者擁有足夠的背景知識來回答以下這個問題，「那麼我應該要怎麼做，才能擊敗這些有錢人的陰謀？」這個問題的答案，在本書的第二部分會有所涉獵。

聯準會是自己人嗎？

今天許多民眾都在喃喃咒罵、批評，甚至抱怨大銀行、政客們，以及這次的金融海嘯。對我而言，這根本是一種浪費時間的行為。就如愛德華在《來自傑克島的怪物》一書中所說，「紓困是當今的主流。」換句話說，你現在所看到的各種現象，就是聯準會真正在玩的把戲。這個系統當初的設計，就是要讓那些擁有政治背景的大銀行們賺取鉅額的財富，直到經營不善為止，最後再藉著紓困的名義由納稅人來買單。在這個過程中，有錢人會愈來愈有錢，而窮人則是愈來愈貧窮。這個聯準會絕對不是自己人，它是為了那些有權有勢的人而存在。

【讀者評論】

當我知道AIG集團的紓困金，藉著走後門的方式被送到了高盛等銀行的手上時，我個人感到非常地訝異。我同時也瞭解到眼前所見盡是各種煙幕與障眼法，幕後還有更大的搶錢行動正在進行。昨天我在電視上觀看那些有關於稅賦抗爭的節目，我個人覺得非常有意思的是：沒有任何人要求政府應該停止浮濫發行鈔票；他們大部分的重點都是強調不要債留子孫（這點我也完全同意）。只是好像沒有人看出來，最重的稅其實是來自於聯準會不斷地擴大通貨供給量而產生的。

——herbigp

聯準會應該被撤銷嗎？

有些人想要廢除聯準會體制。但我想問的是：那麼用什麼來替代？這個過程會衍生出多少的混亂？並且需時多久？

與其抵制聯準會，你應該要問自己，「我要如何將聯準會對自己財富的影響力降至最低？」對我個人而言，我決定要研究有錢人所玩的遊戲，並且按照自己的規則來進行。當我拜讀富勒博士《強取豪奪的巨人》這本書之後，我就利用富爸爸所教我的知識，以不同的方式來玩有錢人的遊戲。如果我沒有在多年之前就開始動手為今天的危機做準備，我個人也很可能就會像一般上了年紀的嬰兒潮世代一樣，眼睜睜看著自己的退休金蒸發、自己房屋的價值不斷地下跌，害怕自己隨時可能失業、失去養老金，以及失去健康醫療保險。更慘的是，或許我也會像自己的窮爸爸一樣，到最後完全依賴政府的社會福利救濟與健保醫療的照顧。

本書第一部分的重點，是在講述財經的歷史，以及當今歷史如何再度重演。現在的你已經擁有了足夠的歷史常識，可以讓你看清楚未來即將發生的事情，而第二部分將著重於未來，以及你如何藉著新的金錢法則，以彼之陰謀還治其身：無視於有錢人們的陰謀，持續讓自己富裕繁榮起來。

第二部分是從第六章開始，扼要地敘述當前的經濟環境，並問自己，「經濟準備要復甦了嗎？」這個問題。而從第七章之後，我會分享自己以前（和現在）是如何替未來在做準備——而且你一樣也可以這麼做。你將會學到如何利用有錢人既有的規則來反擊這些陰謀家——你可以選擇完全退出這些有錢人們所佈下的大陰謀。

【讀者評論】

在歷史中，各種時局之下都有人不斷地繁榮昌盛。如果有人能做到，那麼我也一定可以。你和少數其他人選擇將這件事情當成畢生的職志。很高興能以你為榜樣來學習，我也打算盡自己的能力來協助更多的人。

——deborahclark

Chapter 6

我們今日的處境

Where We Are Today

經濟是否會復甦？

二〇〇九年三月二十三日，道瓊大漲四九七點，創下歷史上最大漲幅之一。在兩個禮拜之內，道瓊就上漲了一二二八點。

當我在二〇〇九年四月撰寫這一章時，華爾街仍然在持續上漲。有些人認為最壞的情形已經過去了，因此競相衝進股市。另外一些人認為這次只是**空頭市場的反彈**，而我個人喜歡稱之為**逃命波**，此會吸引一些認為股市已經觸底的投資者，這些人想乘機低價買進股票，並在電梯再次上升時搭順風車。而這部電梯的確會上漲——可是沒有多久之後，在毫無預警的狀況下，那隻空頭的熊就會把電梯的電纜線給切斷。因此貪婪就會轉化成恐懼，使得這部電梯下降的速度遠比上升時的速度還飛快許多。

今天人們不斷地在問，「危機已經過去了嗎？經濟是否要復甦了？」

我的回答是，「沒有，經濟絕對不會復甦。經濟已經繼續向前推進了，而那些還在希望經濟復甦的人早已經落在後頭了。」

在介紹《有錢人的大陰謀》第二部分的一些實際應用辦法之前，這一章會先解釋全球是如何無視於政府的干預而擺脫了上一次的經濟大蕭條，並且探討過去有哪些措施可以在今日加以應用。由於瞭解一點歷史背景會有助於釐清目前的情勢，你就能把未來看得更清楚一些。

【讀者評論】

這一次的經濟絕對不會恢復得跟之前完全一樣，它會像之前一樣發生改變並再次進化。是好是壞，唯有時間才能證明，但是無論整體經濟將來的走勢為何，我們在此一定要為自己的繁榮做準備。

——Jerome Fazzari

一九五四年的新經濟

就如本書稍早所討論的，直到一九五四年道瓊再度漲回原來的三八一高點時，美國的經濟才算從上一次的大蕭條中復甦了。經濟會在一九五四年開始獲得改善，其中有些原因是：

1. 二次世界大戰那個世代的人們開始成家立業。當戰事結束士兵們返鄉後，就開始上大學、結婚、並養育小孩。一九五〇年代的房市非常熱絡，並產生了戰後嬰兒潮的世代。
2. 第一張信用卡於一九五一年推出，從此購物逛街成為全國性的運動。由於郊區的形成，購物中心就像雨後春筍般迅速蔓延開來。
3. 美國也興建了跨州的高速公路交通網，因此汽車工業也開始蓬勃發展。汽車餐廳（drive in）變成了年輕人聚會的場所，因此開啟了速食連鎖餐廳的年代。麥當勞於一九五三年開始拓展加盟連鎖事業，並成為這個新速食行業中的明日之星。
4. 電視開始普及於全國的家庭之中，因此戰後嬰兒潮是第一個被電視機帶大的世代。即時的娛樂節目開始活躍於螢幕之上，而明星運動員更是成了新的暴發戶。廣告在百姓的生活當中，也開始產生一種全新的影響。
5. 波音推出了七〇七機型，因而開啟噴射客機的年代。成為一位飛機駕駛員或者是空中服務員，頓時變成令人嚮往的工作。為了應付飛航的需求量，全國各地開始興建更大型的機場，而光是興建這些機場本身就成為一個嶄新的工業。為了因應那些奔波勞累的旅客，到處都在興建各式各樣的旅館和度假中心，因而促進了旅遊業的發展。隨著價廉而且迅速的旅遊機制將大批遊客吸引到夏威夷，我的富爸爸也變得非常富有。
6. 上班族可以一輩子由公司來提供養老金和醫療照顧。由於不需要擔心退休後的生活費以及醫療支出，薪水階級可以毫無顧忌地進行消費。
7. 中國當時是一個非常貧窮的共產國家。
8. 美國是一個新興的金融與軍事力量。

五十五年之後

也就是現在，五十五年之前促進經濟繁榮的因素正在逐漸消失：

1. 戰後嬰兒潮世代開始逐漸退休，並和戰前世代一起向國家領取社會福利基金以及醫療保險金。
2. 由於次級房貸的影響，郊區的房市現在已經完全跌到谷底。所有的社區都在掙扎，隨著零售商逐漸關門大吉，以及網路購物潮的興起，大型購物商場開始面臨經營上的困難。
3. 全國各地的高速公路和橋樑都開始需要整修。汽車工業變成了夕陽工業，並且也逐漸落伍過時。隨著那句俗話，「如果通用汽車垮了，美國也跟著完了。」這句話套用到現在，再貼切不過了。
4. 電視頻道開始流失大量的廣告商，許多廣告都已轉戰網際網路市場。
5. 諸如泛美航空（Pan America）等大型航空公司都已經成為歷史，而美國航空（America Airlines）這家巨擘現在也住進加護病房中。現代人可以坐在自家書桌前，透過網際網路就能拜訪世界各地的人。
6. 人的壽命雖然增加了，但是許多人體重過重而且健康狀況不良。糖尿病成了新的癌症，而我們的醫療健保體制也逐漸邁向破產當中。由於醫療健保的費用相當昂貴，迫使許多公司無法繼續經營下去，就業機會也跟著變少了。
7. 各種養老金計畫都在破產的邊緣，只有極少數的公司仍然會在員工退休後，繼續提供他們養老金或者負擔他們的醫療保險。隨著七千八百萬的戰後嬰兒潮世代人口陸續退休，如果他們都開始需要依賴美國的社會福利體系以及醫療健保金時，將對政府形成一場極大的災難。

8. 中國即將成為全球最富有的國家。中國現在也正要求美元退場，不再享有全球儲備貨幣的地位。如果這件事情成真，那麼就是美國的末日了。

9. 現在美國是全球負債最高的國家，而它的軍事力量也過於分散。

因此再問一遍，「經濟會復甦嗎？」我不認為會如此。那些將我們帶出上一次經濟大蕭條、促進經濟繁榮的因素，都已不復存在。期待景氣復甦成原來經濟模式的幾百萬人口早已落伍了。隨著這些人的工作開始落伍過時，失業率就會急速攀升；因為他們的工作被新的科技，或著是海外廉價的勞工所取代。這就表示那些有能力和沒能力的人之間，富有和貧窮的人們之間的鴻溝會愈來愈大。中產階級就會像北極冰帽一樣，逐漸消融殆盡。

美國的未來

我們很多人都曾經親眼看到、或者在電視上看過窮人以及他們所居住的貧民窟。每當我看到這種貧窮的現象時就，就不禁會停下來想想要如何解決這個問題。

如果有機會，請你務必造訪一下南非的開普敦。開普敦是全球最漂亮的城市之一，它是一個非常富有與現代化的城市，它具有活力且令人充滿期待。我同時也相信，你能在開普敦看到全球經濟的未來。從機場出發前往開普敦時，你就會看到綿延數哩的貧民窟，以及居住在裡面成千上萬勉強維持著文明生活的人。當我驅車經過這些貧民窟並逐漸駛進優美的開普敦時，我經常懷疑我眼前所見正是美國的未來。我不禁懷疑，將來哪一天我們的中產階級會被迫住到貧民窟之中。

【讀者評論】

身為一個比較年長的戰後嬰兒潮世代，每當看退休年齡逐漸接近時，我個人就會感到非常悲觀。很難想像在健康沒有進一步老化之前，還有機會把自己所損失的財富再賺回來。我現在非常擔心年老之後，自己的生活品質會變得如何，尤其現在人們的平均壽命又如此之長。

——jeuell52

由於我喜歡挑戰，因此對於未來充滿樂觀與好奇。美國人即將以全新的方式重新挺立於世上。我相信這需要花上一段時間，而且必須用嶄新的思維方式才有辦法做到。

——annebecker

一九八七年的股災

現在的中產階級的生活愈來愈難維持，同時貧富之間的差距日益擴大，造成這種情況的原因可以在一九八七年和二〇〇七年兩次股災的差異中找到答案。

一九八七年十月十九日，我正坐著飛機從洛杉磯前往澳洲雪梨。當飛機在檀香山降落補充燃料時，我離開飛機從機場打電話給當地的友人。

我的朋友跟我說，「你有沒有聽說股市崩盤了？」

「沒有，」我回答，「我一直在飛機上。」

「這一次會很慘烈，」他繼續說，「光是道瓊今天就跌掉了百分之二十三，很多人瞬間都變得一無所有。」

「對這些來人來說真是不幸，但對我而言則是個好消息，」我這麼回答，「這是一個發財的機會。」

從一九八七年至一九九四年，我跟我的太太金，非常賣力地建立屬於自己的事業，並將身上所有的錢拿來投資。很多親朋好友都認為我們瘋了，面對這樣的景況，他們選擇一直躲著，並寄望經濟能再次復甦。與其進行投資，他們一直拚命將錢藏到床墊底下。到一九九四年時，金和我達到了財務自由，並且有能力把握自一九九五年開始起漲的股市大多頭，因此獲得了可觀的利潤。當時我那些親朋好友沒有採取任何行動，如今他們在財務上都面臨了相當的挑戰。

【讀者評論】

是的，我還記得一九八七年……，我決定要獨立，因此辭去工作開始當一個承包商。我聽從會計師的建言，把自己的養老金轉到一家私人基金之中。我還曾經充滿懷疑地問，為什麼要把自己全部的養老金放到一個基金裡面，而不是把它分散在兩、三個不同基金之中。他回答說，「這麼一小筆錢」不值得這麼做。這件事情就發生在股市大崩盤幾個月之前，結果我辛苦奮鬥十年的代價才累積的養老金，在一天之內就被對半砍。那時候的我根本尚未開始接受任何財務知識的教育。

——10 billion

二〇〇七年的股災

二〇〇七年股市大崩盤和一九八七年的崩盤並不盡相同。我不知道這次股市會不會恢復到原來的水準。當年創造一九五四年經濟大繁榮的行業，現在都已經成了夕陽工業，這一次的情形跟以往有很大的不一樣。

一九八七年和二〇〇七年兩次股市大崩盤最主要的差異，是因為網際網路的崛起。網際網路正在改變一切，除了有毒資產以及政府瀕臨破產之外，網際網路也是讓許多人落伍過時的最主要原因，因而使失業率逐漸攀升。

我相信這次網際網路對全球所造成的影響，比起當年哥倫布於一四九二年發現美洲新大陸時的影響，絕對超過百萬倍以上。如同哥倫布這些探險家開啟了新的致富之路，網際網路對今天的冒險家來說，開啟了一道更巨大的財富之門。

但是哥倫布和網際網路之間最大的差異，是人們可以用眼睛看得到哥倫布發現新大陸之後所帶來的變化。他們可以看到繁忙的船隻進出港口、成堆的舶來品，以及來自海外風情民俗的各種油畫。

但是我們無法藉著雙眼看到網際網路的世界，**它是無形的，唯有靠著自己的腦海才有辦法看得到**，這也就是為什麼許多人開始落伍過時了。他們看不到世界正在發生著天翻地覆的變化。在他們盲目無從的時候，逐漸被淘汰了。

你是否已經落伍了？

富勒博士曾經說過當發生人類看不見的改變時，那麼這種改變的速度將會呈指數型的增長，他在某篇文章中將此一概念稱為**加速中的加速度**，還以航空科技迅速的發達作為例子。請你想想看，在這一個世紀當中，飛行科技的進步是如此神速：萊特兄弟於一九〇三年才勉強在空中飛行了一小段距離而不墜，我們卻於一九六九年就將第一位人類送上月球；我們現在擁有速度高達每小時三萬公里的太空梭，而且很快就能往返於火星。這就是「加速中的加速度」的一個範例。科技本身，以及科技對商業的影響，變化是如此迅速，幾乎讓人難以跟上。

在一九八〇年代早期的演講當中，富勒博士曾經提過，在該世紀結束之前，將有一個嶄新的科技在全球爆發開來。依照科技進步的速度，他宣稱可以預測到人類的未來。他在演講當中有一句話特別撼動我心，他說，「我們現在開始邁入不可見的世界。」他進一步指出，「當你躺在地上仰望天空的白雲時，你看不到白雲在移動。只有當你把眼睛閉起來一陣子、再度睜開雙眼時，才會注意到天空已經發生了變化。」

當時的富勒博士非常憂心這件事情，他說成千上萬的人很快就會失去自己的工作。他們會因為這些眼睛根本看不到的科技與發明，頓時失去自己的飯碗，我非常清楚記得他所說的話，「對於那些朝自己奔來而你又看不見的事物，你是完全沒有辦法閃躲的。」

他接著舉了一個有關於馬車進化到汽車的實例，「人類看得見汽車，他們看得見這種變化。因此，如果有一部汽車朝他們直奔而來，他們就有辦法閃避。」那是因為他們可以看到汽車，因此他們可以適應並在生活中做出相對應的改變，但是富勒博士說那些未來的發明，都是隱然不可見的，因此人類將會無法看出自己生活中起了什麼樣的變化。他以這句話做了結論，「許多人類將會被他們眼中所看不見的事物輾斃。」

今天很多人被自己所看不見的新科技輾斃，變得落伍過時。數百萬計的人失去了自己的工作，因為他們的職業技能不再被市場所需要，他們已經跟不上時代了。

高速的商業活動

一九七〇年，當我剛開始創立自己第一個事業的時候，我很快就在美國聯合航空以及泛美航空累積了千萬以上的飛行里程數。而今天，光是坐在辦公室內藉著網路，我不但可以做更多的生意，還可在更短的時間內、花費更少的力氣——並以更低廉的價格，接觸到全球更多的人。當我的錢愈賺愈多時，航空業者也就愈來愈難以維持，因為那些因商務而需要到處飛行的商人，找到了一種更迅速、更廉價的方式在全球進行他們所需要的交易。

我於一九六九年從位於紐約王點（Kings Point）的美國商船學院畢業。那時我們是全球畢業生中起薪最高的一群。我的同班同學中，有許多人一畢業就能賺到八萬至十萬美元的年薪，對於一個二十二歲剛出社會的年輕人來說，這真是個非常不錯的待遇。

畢業之後，我就在美國標準石油公司（Standard Oil）工作了幾個月。但是當我的哥哥從軍並出發去打越戰之後，我就辭去了這份高薪的工作，並自願成為海軍陸戰隊的直昇機駕駛員。我的薪水立即從每個月五千美元降到兩百美元的水準，這對當時的我造成了相當的震撼。

直到今天我還有一些同學仍然在跑船。其中有許多人年薪高達四十萬美元，而且退休之後，也會領到二十萬美元的退休金。這對他們所受的大學教育來說，還算是個很不錯的投資報酬率。

但是在戰後，與其回去從事航海員，或者加是入航空公司當飛行員，我反而選擇要成為一位創業家，今天我已經開始享受到當初做這個決定所帶來的收穫。

我跟同學之間有兩個非常巨大的差異。第一個不同之處在於，我有百分之九十的工作都是屬於運用腦力的，而他們百分之九十的工作都是屬於實質勞力的；他們必須親自駕駛船隻才能獲得收入，我則連在睡覺的時候也有辦法賺到錢。另外的差異就在於交易進行的速度，我的同學們一週要工作五天，每個月才能領到一次錢；我的事業則是每天二十四小時、一年三百六十五天全年無休，而且我每分每秒都可以獲得收入。就算我停止工作，錢還是照樣會進帳。在未來的幾章之中，我會解釋我自己是怎麼做到的。

當我瞭解到富勒博士所說的「加速中的加速度」這個觀念之後，我就下定決心並採取行動，一定要在這些變化中保持領先。我完全不打算成為落伍的傢伙。我也不寄望經濟會回復到原來的樣子。我勤奮地在加速變化的經濟中維持著領先的地位。

帕夫洛夫和被制約的狗兒們

就如我們在第一部分裡面所討論的，從我個人的觀點來看，今日金融危機的種子，早在一九〇三年美國教育體系被綁架的時候就已經種下了。就算到了今天，我們在學校裡仍然學不到充分的財務知識。

在美國黑暗的奴隸時代，奴隸禁止受到任何形式的教育。甚至在某些州裡，教奴隸閱讀和寫字算是一種犯法的行為，受過教育的奴隸也是一種危險的階級。今天我們沒有辦法讓自己的孩子成為財務方面的知識份子，這其實就是在創造另外一種奴隸——薪水的奴隸。

一旦從學校畢業後，多數的年輕人立即就會開始找份工作、開始存錢、買自己的房子、並長期多元化地投資於共同基金之中。

現在數百萬計的人失去了自己的工作，那麼他們是怎麼做的？他們再次回到學校重新受訓，尋找一份新的工作、想辦法再次存錢、清償自己的房貸，並且藉著投資共同基金來籌措自己的退休金。他們甚至還把這一套教給自己的小孩。

伊凡・帕夫洛夫（Ivan Pavlov）因為研究犬隻的消化系統而在一九〇四年獲得了諾貝爾生理醫藥獎。今天當人們聽到**帕夫洛夫的狗**這種說法時，就是代表了所謂的「制約反應」。為了獲得一份高薪的工作而上學、好好存錢買自己的房子、長期多元化的投資於股票和共同基金上，這就是一種很典型的制約反應的例子。很多人都講不清楚自己為什麼要這麼做，而他們之所以會如此，完全是因為這是別人教的，也就是一種制約反應。

由上班族變成了創業家

一九七三年，我從越戰除役返家後，看到窮爸爸孑然一身而且失業在家，他參選了夏威夷副州長，卻遭到敗選。雖然他是一位非常聰明、受過高等教育，而且辛勤工作的人，但是他的職涯在五十歲時就宣布結束了。雖然他在教育體系中是位明星，但是在商業與政治領域中的能力卻是嚴重不足。他可以在學校體制下生存，但是無法在現實生活當中存活。

他給我的建議是重新回學校念書，取得博士學位，然後到政府工作。雖然我打從心底非常愛我的父親，但是我知道他的人生並非我想要走的路。離家之後，二十七歲的我就駕車到了威基基海灘，再次成為富爸爸的學徒。這是我所做過最聰明的決定之一，那時候的我正在打破上班族的制約反應，而變成了一位創業家。

歷史充滿了那些忽略制約反應並成功地打造了自己人生道路的故事。萊特兄弟和亨利・福特連高中都沒有畢業。微軟創辦人比爾・蓋茲（Bill Gates）、戴爾電腦創辦人麥可・戴爾（Michael Dell），和蘋果電腦創辦人史提夫・賈伯斯（Steve Jobs）從來就沒有完成大學的學業。Google的塞吉．布林（Sergey Brin）放棄在史丹佛大學攻讀到一半的博士學位。馬克．扎克伯格（Mark Zuckerberg）在哈佛的宿舍裡創立了臉書（Facebook），飛到加州之後，從此再也沒有回到學校去完成他的學業。所有這些改變了世界的人們都選擇中途離開學校，因為他們再也不需要去尋找一份工作。他們心中有個理想，並且具有足夠的勇氣為這個理想採取行動，他們創立了屬於自己的事業，並為他人帶來了工作的機會。今天，創業的風氣在全球到處蔓延。更重要的是，最成功的創業家都瞭解我們現在是處於資訊時代之中，他們具有這樣的眼界，可以看得到絕大多數人看不出來的變化。

未來一定會不一樣

今天，有個新世代會改變我們的未來。這個世代就是自一九九〇年之後所出生的年輕人。這些孩子們知道的，是一個擁有網際網路的世界。他們跟那些在一九九〇年之前所出生的人們大不相同；這些年輕人在一個不同的世界裡出生，因此將會創造一種嶄新的未來。至於未來看起來會怎樣，我並不是那麼地清楚——我只知道他們所看到的未來和我眼中的未來有所不同。

我所知道的未來，貧富的差距將會愈來愈大。想要擁有一份終身高薪的工作也變成了一種荒謬絕倫的想法，因為那些工資低廉的國家擁有全球性的競爭力，而且公司也以光速在全球交換著創業的主意。就業機會將會流向那些廉價勞力的地區，我預計那些擁有價格低廉的PDA並且可以上網的年輕創業家，將會開始從各地貧民窟裡冒出頭來並改變整個世界。那些富有而且自滿的人們將會發現自己原本奢華的生活方式被打亂了，這是因為年輕且飢渴的創業家（有的甚至是從貧民窟起家的）正在改變這個世界。

在工業時代裡，世界上最富有的國家控制了諸如石油、金屬、木材，和食物等天然資源。隨著資訊時代的演變，那些富有並具有權勢的國家，再也無法獨占世界上最珍貴的資源，也就是我們的腦袋。在網際網路這個看不見的世界裡，這些來自世界各地的天才就可以一展所長，因此幾個世紀以來的社會階級會被弭平。一群全新的富翁將會出頭。

新的經濟，新的財富

隨著新經濟的來臨，將會有全新的財富產生。將會有新的千萬富翁與億萬富翁誕生，人們將以超高速的方式來賺錢。問題是：你將會成為這些新貴之一，還是新貧的一份子？一九五〇年時，我的富爸爸看到了新經濟的演變並採取了行動。而我的窮爸爸則是被新的經濟徹底淘汰，他選擇財務安全而不是財務自由，結果到頭來兩頭都落空了。

因此，我們今日的處境是？

股市終究會回到原來的水準，但是別忘了當年的股市還是花了一九二九年到一九五四年的時光才回升至原來的三八一高點。當股市回到原有水準之後，道瓊也將會是由一些全新的大公司所組成。新的藍籌股會主宰股市，不動產市場也終究會回升，但唯有在人口增加而且就業機會回流之後才有可能。屆時，將會有新的家庭進駐原本存在的豪宅之中，同時也會有更多無家可歸的人產生。

但是我們所熟知的舊經濟是絕對不會再回來了，經濟已經向前演進了。在一九五四年崛起的舊經濟已經是奄奄一息。新的經濟早已誕生，而且這次的經濟將會由那些在一九九〇年之後出生的年輕人所主導，也就是那些清楚地瞭解那個看不見、高速網際網路世界的人們。

聰明的人卻入錯行

我和唐納．川普（Donald Trump）一起撰寫的《川普清崎讓你賺大錢》（*Why We Want You to Be Rich*）一書，內容在探討逐漸消失的中產階級，川普當時跟我說了一些話，可謂是一針見血，「我有很多同學都比我聰明，但是我賺的錢比他們多。其中有個理由是因為我是一位創業家，而他們成為大公司的員工。另外一個理由就是他們入錯行了，他們所選擇的是夕陽工業。」

聽他這番話之後，我回顧了自己的人生。如果當年聽從了窮爸爸的建議，那麼我現在也會成為夕陽工業的員工之一。今天從美國商船學院畢業的學生都不容易找到工作，美國商船學院為何連招生都面臨困難的原因，其實跟美國通用汽車公司消逝的原因是一樣的。美國商船船員的薪如此高昂，因此各家船運公司都把他們的船隻和工作機會移到工資低廉的國家去了。這些爭取薪資福利的工會們親手將自己的工作機會給趕跑了。

當我跟川普坐在他的辦公室裡遠眺第五大道和中央公園時，我理解到如果我當年聽從窮爸爸的建議——那些他根據自己在經濟大蕭條時期的經驗與人生哲學——我今天就不可能坐在這裡。由於有機會發生新的經濟大蕭條，與其讓內心充滿恐懼，川普和我不斷地在為將來艱困的日子在預作準備。我們也曾經歷過困境，但每一次熬過來之後，我們不但變得更聰明，同時也變得比原來更富有。

水晶球

二〇〇九年四月，當我寫這些內容時，全球又開始覺得經濟有好轉一些，人們開始再度樂觀了起來，股市又再度開始上揚。現金從黃金和活期儲蓄存款當中流出，重新投入股市。同稍早我所提過的，我相信這次只是一個空頭市場中的反彈——亦即逃命波——所有漲勢中最惡毒的一種，但是我也有可能看錯。基於下面幾個理由，我認為最壞的情形尚未過去：

1. **夕陽工業的消失**。許多老人都需要依賴這些老公司所發放的股利。在這次危機當中，隨著營收的下降，許多公司都在大幅降低自己所發派的股利。美國通用汽車公司的股利減少下六八％，而摩根大通銀行的股利則是少了八六％。這個意思就是，如果你已經退休，而且每個月要依賴美國通用汽車公司一千美元的股利過活的話，現在你每個月只能領到三百二十美元。如果你靠著摩根大通銀行的股利過活的話，那麼你現在每個月只能領到一百四十美元，而非原本的一千美元。

2. **稅賦會增加**。隨著美國政府持續大量印鈔票，我們的後代子孫就得用稅賦的方式來償還這些債務。課稅經常會懲罰到那些從事生產的人，並獎賞那些敗壞、懶惰，以及無能的人。舉例來說，白宮最近宣布要開始對慈善捐款的免稅額度訂定上限，此舉將會對富有的人產生比較大的負面影響。在二〇〇六年間，美國年收入達到二十萬美元（或者更高）的人口有四百萬人之多，雖然他們只占了全美國人口總數不到三%，但是他們卻負擔起全國慈善捐款金額的四四%。這個在慈善捐款免稅額度加上限制的舉動，將會促使許多慈善機構關門大吉，進而造成上百萬國民需要政府進一步的幫助，迫使政府再次提高各種其他的稅賦。國內逐漸開始醞釀一種「要給有錢人顏色瞧瞧」的氛圍。這種感覺可以在加州第十一區國會眾議員傑瑞・麥克尼爾黎（Jerry McNerney）的行動當中感受到，因為他提出了要對富人課徵九〇%的所得稅。這些暴民們開始出動要懲罰那些「有在工作的」富人們——那些有在誠實納稅、創造就業機會，並且捐贈大筆慈善捐款的人們。那些真正要陰謀的有錢人們，那些會去影響政客和聯準會的人，則完全不會被這些事件波及到。

3. **美國是全世界負債最多的國家**。美國國內生產總毛額超過十四兆美元。目前今年上半年所有紓困金的總和，大概是這個數字的一半。

4. **中國威脅到美元在全球的儲備地位**。二〇〇九年三月起，中國開始非常關切這個議題，並提出要取消美元全球儲備貨幣的地位。長期來看，這表示美國可能無法再用大富翁式的鈔票來買單。

5. **美國消費者手頭毫無現金，同時被債務淹沒**。根據美國勞工統計局（Bureau of Labor Statistics）統計資料顯示，美國有七〇%的經濟完全依賴消費者的花費，且幾乎所有國家的經濟都在仰賴美國消費者的購買力來支持它們的經濟情況。如果美國消費者停止花錢，全世界都會跟著受影響。由於沒有什麼儲蓄存款，因此一般的美國人無法禁得起長時間的經濟衰退。如果這次的經濟衰退持續下去，而美國消費者花光了手頭上的錢時，那麼全球將會開始邁入所謂的經濟大蕭條。

6. **失業率不斷地在增加**。全球企業（無論規模大小）都在想辦法降低自己公司的營運支出。其中最迅速且最簡便的方式，就是藉著裁員來降低人事的成本。二〇〇九年三月，美國官方公布的失業率是八．五%。美國勞工統計局的統計資料顯示，該月份美國境內就減少了將近六十九萬四千個就業機會。但是官方所公布的失業率，並不包括那些超過三十天已經放棄尋找新工作的人，同時也不含邊兼差邊等得找到全職工作的人口。如果你把這些人也一併考慮到官方的數據裡，那麼根據Shadowstats.com這個網站的資料顯示，真正的失業率目前達一九%。當年經濟大蕭條的年代，失業率曾經高達二四%的水準。依照目前的速度來看，我們很快就會到看到這樣的狀況。

7. **看不見又不昂貴的新科技**。今天公司行號可以利用更少的員工來做更多的生意，因而可以獲得更高的利潤，這將會導致更高的失業率。

8. **莘莘學子在教育體系內，並沒有為資訊時代做好充分的準備**。目前的科技和應用方式一日千里，因此我們的大學畢業生，多半不具備足夠的能力在現實社會當中獲得成功。現在許多大學畢業生從獲得學位的那一刻起，就已經被社會淘汰了。

9. **節儉成為時尚**。這三十年來，人們舉債來過著富裕的生活。擁有最新名家設計的皮包，或者開著名貴的跑車，是一種趕時髦的玩意兒。現在則是完全相反，人們開始因為節儉而自豪，並且在消費方面更是精打細算。這種做法只會讓目前的經濟危機更加地惡化。就如你從本書第一部分所讀到的，這次的經濟是否能夠持續擴張，就要看我們百姓是否願意繼續擴大自己的債務。雖然勤儉節約滿符合當今的潮流，但是它對經濟卻沒有任何幫助。當美國整體國民開始停止消費，失業率就會上揚，中小企業也會跟著一間一間地倒閉。

一則老笑話

有一則老笑話如下：兩個朋友在森林裡面散步，忽然冒出了一隻熊撲向他們倆。其中一人說，「你認為我們跑得過這隻熊嗎？」

他的朋友回答，「我不需要跑得比熊快，我只要跑得比你快就行了。」

從我的觀點來看，這就是我們當今世界的樣貌。許多公司行號會倒閉，而那些體質好的公司將會存活下來，並變得更加強壯。很不幸地，很多跟我同年紀的戰後嬰兒潮世代並沒有替未來做好準備，許多人多年來，都過著太優渥的生活。許多人的健康狀況並不良好，也沒有足夠的財產。許多人都沒有醫療保險，同時政府的健保體制又剛好面臨破產的窘境。

我相信我們正在邁入一次又長又難熬的財務寒冬。好消息是：春天總是會來臨的，花朵又會再度綻放，新的生命又會再度誕生。我們總有一天會度過這次的金融危機，但是很不幸地，幾百萬民眾將會永遠地被甩在後頭。為了他們好，希望總統能夠真的拯救他們。

最重要的莫過於：**你**要怎麼做才能救自己？你不需要跑得比空頭這隻熊還要快；你只要跑得比那些還在冀望政府來挽救他們的人快就行。

對於那些果敢做出決定，努力前進踏入新世界的人來說，有個好消息：對於那些願意用功、迅速學習、勤奮工作，並且擺脫負面群眾的人們而言，這將是最好的機會。從以往的經驗汲取教訓，來為自己將來的成功做準備。只要你願意，這將是致富發財最好的時機。

在繼續後文之前，讓我們回顧一下目前所提到過的五項新的金錢法則。這對於想要「以其人之陰謀還治其身」來說是至為關鍵。

新的金錢法則#一：知識就是金錢。今天，傳統的資產不再能讓自己富有，或者讓你獲得財務上的安全。你仍然可能會在事業、不動產、股票、債券、原物料，甚至黃金上頭賠錢。知識才能讓你富有，而缺乏知識則會讓你貧窮。這是一個屬於勇者的新世界，而在這個世界當中：知識才是新的金錢。接下來，就是在說明如何提升自己的財務知識。

新的金錢法則#二：學會如何運用債務。一九七一年後，美元從一項資產變成了一種負債，也就是債務。債務之所以呈爆炸性的成長，是因為銀行可以藉著創造更多的債務變出更多的錢來。次級房貸的危機，完全是因為那些申請次級房貸的人們，以及提供次級房貸的銀行共同所造成的。很明顯地，無論是有錢、還是貧窮的人們，都需要學習如何更聰明地運用債務。債務本身並不是件壞事。錯誤的運用債務才是壞事。債務可以讓你變得富有，而債務也可能讓你一貧如洗。如果你想在財務方面領先他人，你必須要學會如何利用債務，而不是去濫用它。第三步是，學習如何利用好的債務來讓自己的生活變得更富裕，並使自己獲得財務安全的有利位置。

新的金錢法則#三：學會如何控制現金流。自美元成為一種債務後，整個金融遊戲的目的，就是要讓你和我負債。而當你開始負債時，你的現金流就會自動流向他人。今天之所以會有這麼多人面臨財務上的問題，是因為有太多的現金從他們的口袋流出，而只有極少量的錢會再流回他們的身上。如果你想獲得財務上的安全，你必須要學會如何創造更多的現金流來流入自己的口袋。再下一步，則是說明如何控制自己流入和流出的現金流。

新的金錢法則#四：為最壞的打算做準備，所以生活只會愈來愈好。上一次的經濟大蕭條讓我的富爸爸變得非常富有，而讓我的窮爸爸變得非常貧窮，一個爸爸將經濟大蕭條視為機會，而另外一個則把它當成危機。我這個世代，也就是戰後嬰兒潮世代，一輩子都活在美好的時光裡。許多人都沒有為不好的局勢做準備。我現在過得很不錯，是因為我從二十年前就開始會將來不好的世局做準備。由於為了最壞的情形做準備，我將會在好的環境下擁有更佳的表現。緊接著，就是要告訴你如何在最壞的世道下擁有好的表現，而在好的局勢下擁有突出的表現。

新的金錢法則#五：用有錢人的速度思考。隨著世界金融體系交易的速度愈來愈快，金錢也從以物易物的形式演進成數位式貨幣。今天，動作慢的人就被淘汰了。一個能卡到好位置的人，一天二十四小時、每週七天都可以開張做生意。與其每個月、每個月才能獲得一筆收入，有些人分分秒秒都在賺錢。

自我檢測

在我們邁入接下來的專文之前，請先問問自己以下的這些問題，這真的非常重要：

1. 你的收入是每一個月、每小時、每分鐘，還是每秒來獲得的？
2. 你每天賺錢的時間是只有八小時，還是一天二十四時、每週七天？
3. 如果你停止工作，錢是不是還會繼續進來？
4. 你有沒有多重收入的管道？

5. 如果你是一位上班族，那麼你所效勞的老闆是否正在被淘汰當中？
6. 你的親朋好友們在財務上是否不斷進步，還是瀕臨淘汰？

【讀者評論】

我參加了和財富與個人成長相關的課程，也閱讀了一些相關書籍，但是我仍然不知道要如何創造被動收入。我經歷千辛萬苦才體會到被動收入的重要性。我是一位自由業者，二〇〇八年十一月時我的腳必須動手術，有三個月的時間無法工作，在那段期間完全得依賴自己的存款過活。那次的經驗告訴我擁有被動收入的重要性。我現在開始購買不動產，並尋找各種投資的機會。

——henri54

只有你能**誠實地**回答以上問題，只有你最清楚自己是否**在財務上**滿意目前的生活型態，更只有你才能在**每天**在生活當中做出改變。

如果你準備好要做出改變，並為一個更光明的財務未來而制定計畫，那麼本書接下來的內容就是為你而寫的。

Rich Dad's
Conspiracy
of
The Rich
The 8 New Rules of Money

Chapter 7

你在玩什麼樣的遊戲？

What's the Name of Your Game?

Q：你對一般人有什麼建議？

A：不要做一般人。

九〇／一〇法則

我們許多人曾經聽說過俗稱「九〇／一〇法則」的說法。自然法則宣稱，在眾多狀況下，有八〇%結果都是因為二〇%的原因所造成的，它也被稱為帕雷托法則，亦即關鍵少數的法則。這個名稱的由來是因為義大利的經濟學家菲佛列多．帕雷托（Vilfredo Pareto）留意到，義大利八〇%的土地是由二〇%的人口所擁有——亦即**關鍵的少數**。做生意時也可以參考這項規則，也就是八十%的生意都來自於二十%的客戶，因此要好好地照顧這些人。

我的富爸爸把這項法則更向前推演了一步。他相信九〇%的錢都是被一〇%的人所賺走，他稱之為金錢的「九〇／一〇法則」。如果以高爾夫球為例，我認為名列前一〇％的高爾夫球選手賺走了九〇％的獎金。今日的美國，大約九〇％財富也是由一〇％的人口所掌握。

如果你想要在金錢的遊戲當中獲勝，你絕對不能做一般人，你必須把自己放到那一〇％的人群之中。

一般人適用的財務建言

為什麼九〇％的人口在財務上表現平平，其中有個原因是他們遵從著平凡的財務建議，舉例來說：

1. 「好好上學。」
2. 「找份好工作。」
3. 「認真工作。」
4. 「好好存錢。」
5. 「你的房子是你個人最大的資產和投資。」
6. 「要量入為出。」
7. 「還清自己的債務。」
8. 「長期並多元化的投資於股票、債券，和共同基金的投資組合。」
9. 「放心退休，政府會照顧你。」
10. 「從此過著快樂的生活。」

【讀者評論】

我那已經往生的父親原是一位法官，後來又成為一位銀行投資理財專家。他告訴我說投資股市是唯一可行的方式。他同時也說不動產是一種非常愚蠢的投資，而且充滿著不利的條件，他完全不相信被動收入這一回事。他於二○○八年過世，而他所留下來的資產直到二○○九年春天才被處理完畢。他的身價自去世的那一天到將遺產處理完畢的這段時間內下跌了八七％。他生前這麼渴望能留給子孫們的遺產就這樣消失了。

——FredGray

我父親老是說，「做個平凡人沒有什麼不對。」我一直都不瞭解他這句話的意思。我一直認為自己應該要竭盡所能發揮本事，到最後就會成為一個不平凡的人。

——arnei

有關於金錢的神話故事

我最後加上「從此過著快樂的生活」這句話，是因為我把上面那些財務建議稱之為**金錢**

的神話故事。而且每個人都知道，唯有在童話故事裡頭，人們才有可能從此過著快樂的生活。第二次世界大戰世代的人們也是相信以上這些童話故事，但是這些並非現實。

許多跟我同年紀，也就是所謂越戰世代的人們，包括我之前一些曾經過得很優渥的朋友，現在也都面臨了財務上的困難。他們之所以會面臨財務上的困難，是因為他相信了這些童話故事。許多和我同年紀的戰後嬰兒潮世代拚命在期待並祈禱股市能再度回升至原來的水準，好讓他們可以安心退休。

今天很多大學生也非常擔心在畢業之後找不到工作。他們也是相信童話故事的人們之一，特別是「好好上學」以及「找份好工作」這兩則故事。

那些有錢的陰謀家就是希望我們相信這些童話故事。由於遵從這些童話故事，九〇%的人口就會成為這些有錢人遊戲裡面的棋子。許多人只聽說過以上這些童話故事，完全不清楚金錢遊戲的真相為何，因此只有極少數的人才知道這些人到底在玩什麼樣的遊戲。

大家到底在玩什麼樣的遊戲？

對陰謀家們來說，他們在玩的遊戲叫作**現金流**，也就是讓自己成為能從九〇%的群眾身上收取現金流的那一群一〇%的人。這些陰謀家希望你相信上述的童話故事，是因為這就是如何讓現金流就從你身上流向他們口袋裡的方式。

我現在已經聽到你們當中有人在喊，「犯規！你根本就是在推薦自己的遊戲：**現金流**。」沒錯，我的確在推薦我所發明的遊戲，我對於自己所發明的這款遊戲以及它所受到的讚美感到非常自豪。事實上，也有人稱之為施打了腎上腺素的大富翁。但是，現金流並非只是一套紙板遊戲而已，它真的就是那些有錢陰謀家在玩的遊戲。陰謀家最主要的目的，就是想辦法讓錢從你的口袋裡流到他們的口袋之中。

就如同魚看不見水一樣，許多人們是看不到這些陰謀的。但是就像是魚完全浸在水裡，我們通通也都在這場陰謀之中。無論你是貧是富、受過教育還是文盲、有工作還是失業，我們通通都加入了這個叫作現金流的遊戲之中。唯一的差別是，有些人在玩這場遊戲，而其他人則是這場遊戲當中的棋子罷了。

為了讓你更加瞭解什麼是現金流的遊戲，接下來就是一些如何在真實生活當中玩現金流遊戲的範例。

範例＃一：受良好的教育是不夠的。許多學生（或者是他們的家長）因為大學助學貸款而背著高額的債務。甚者，現在連大學生們都可以自行申請信用卡，因而累積更多不良的債務。當學生開始貸款並申請信用卡之後，在未來好幾年的時間裡，現金流就從學生的口袋裡流出，來償還這些貸款以及信用卡的卡債。這些陰謀家愛死學生了，因為他們是一個極佳現金流的來源，且通常在財務上非常天真，以為這些信用卡是免費借給他們的錢。很多學生將來會因為慘痛的教訓而發現事實並非如此，也有些人一輩子都學不會這個教訓。學校是一個絕佳的場所，可以訓練人們讓現金流流出自己的口袋，並流入有錢人的口袋之中。

結果學生背負著沈重的債務，並在畢業之後投入職場、尋找一份好工作、累積更多的債務，眼睜睜看著現金流藉著所得稅等的方式流到政府的手中。當他們賺到更多錢之後，所得稅率也跟著水漲船高。為了省錢，他們到麥當勞用餐，所以現金流也會流向麥當勞。他們將薪水存到銀行裡，而每當他們在自動提款機提領**自己的錢**時，現金流就會藉著手續費的名目流到銀行的手中。當他們買車後，現金流就會流向汽車公司、汽車貸款公司、石油公司、汽車保險公司，以及拿得理所當然的政府——汽車牌照稅。他們買房子之後，現金流就會因為房貸、各種保險、有線電視台、自來水、電力、瓦斯天然氣，以及政府的房屋稅、地價稅等方式而流出自己的口袋。每個月準備退休金時，現金流就會流向華爾街的共同基金之中，又有部分的現金流會從這些共同基金裡，藉著佣金和手續費的名目流到這些基金經理人的手中。晚年時，當人們開始衰老之後，現金流就會開始流到養老院之中。而當他們死亡之後，現金流還繼續會流出，因為他們還得為了僅存的一點點財富繳納遺產稅。對絕大多數的人而言，他們一輩子都在想辦法跟上不斷向外流出的現金流。

九〇%的人們經年在財務上掙扎的原因，是因為現金流不斷地向外流到某人或者某處的關係，也就是那些會玩金錢遊戲一〇%的人手上。其餘九〇%的人愈是努力辛苦工作、賺到更多錢之後，就有愈多的現金流流到那些一〇%的人手中。

這就是我窮爸爸的故事。他的工作極為辛苦，他還再度回到學校攻讀更高的學位，並接受更專業的訓練。雖然他賺到了更多的錢，也還存下了一小部分，但是他從未控制過他向外流出的現金流。當他失去工作並被禁止工作之後，就再也沒有任何現金流流入，但是他仍然得負起那些向外流出現金流的義務，他的確面臨財務上極大的問題。

我們的學校並不教導小孩有關於現金流的知識。就算現在的學校有開設所謂的財務教育課程，通常他們也只教小朋友要把錢存在銀行裡的「純潛能」，並教他們投資共同基金，再一次讓他們將自己口袋裡的錢交給那些有錢人。如果是由我來掌管教育體系，我會教這些青年學子怎麼控制流出的現金流，以及如何創造流入現金流的課程。這個概念將會在後文有更進一步的探討。

範例＃二：到底先考慮哪個，手機還是現金流？這個答案當然是現金流了。如果沒有現金流就絕對不會有手機，不管手機有多麼便利也是一樣。在背後推動人類不斷創新的力量就是現金流，一旦投資家瞭解到手機擁有產生現金流的商機之後，就能募集到足夠的資金來發展出一套全球性的手機聯絡網。如果沒有辦法創造出現金流，就不會有人有興趣推出一套全球性的通訊網絡。

每次使用手機時，現金流就會從你的皮夾裡，流到那些電信公司的口袋之中。雖然他們開的是手機和通訊公司，但是**他們玩的遊戲仍然叫作現金流**。

雖然現在有許多非常偉大且能拯救世界的產品、服務、或者是公司，但是只要沒有辦法讓現金流從消費者身上流向有錢人身上時，這些產品或事業就不會募集到資金。如果你想要推廣一項新產品，或者創立一個新的事業，你就必須非常關注現金流。如果你的事業只能提供你個人足夠的現金流，那麼你的公司就無法進一步擴張或者吸引其他的投資者。

範例＃三：股市崩跌。當股市自二〇〇七年開始下跌時，就表示現金流開始從股市當中流出，並通往其他的資產類別之中。隨著市場的下跌，可以說九〇％的投資者都有賠錢，這是因為他們移動的速度太過緩慢了，之所以會如此，是因為他們從小被告知財務的童話故事，亦即要長期多元化地投資於共同基金之中。

那一成不相信童話故事的人們，早就將他們的錢移往像是黃金等安全的避風港之中，而且金價隨著股市下跌後反而活蹦亂跳地上揚了。隨著現金流出股市，投資基金的人輸了，而投資黃金的人贏了。房地產也發生同樣的事情，當泡沫化後現金流出了房市，使得屋主手上的房屋價值大大地流失。

知識就是新的金錢

因為遊戲的名稱就叫作現金流，所以新的金錢法則第一條才會是：**知識就是金錢**。學校缺乏財務教育，雖然學生從不同的科系畢業，但是他們全都不知道有現金流這種遊戲，我個人認為這是所有學科當中最重要的一門。許多學生畢業後非常辛苦地工作來獲得收入的現金流，但是他們對此幾乎沒有任何的控制權。每個月有愈來愈多流出的現金（比流入的現金流還大），因此迫使他們必須更加辛勤地工作，要不然就得背著更大的信用卡卡債。

穩定的工作保障對許多人來說是這麼地重要，因為他們對於流出的現金流幾乎沒有任何控制的能力。這就是為什麼會有這麼多自以為是財務權威的人士會建議大眾，「剪掉所有的信用卡，並量入為出。」這個財務建議只適合給那九〇%需要控制現金流的人口，避免現金流不斷地流往那一〇%人口，也就是那些就算不用工作，同樣也能獲得現金流收入一〇%的人們手上。

凡是講到投資領域時，一般投資者幾乎對自己的現金流沒有什麼掌控權。以目前的傳統退休金制度來看，早在他們領到薪水之前，現金就已經流到了他們的四〇一（K）退休計畫之中。基金管理公司就從這些投資者的錢當中，藉著各種隱藏的費用和支出，合法地拿走了相當多的**現金流**。

多年來，我一直嚴厲地批評共同基金，這是非常糟糕的投資工具，專門為了那些財務知識平庸的人們而設計。多年以來，許多財經專家也不斷地在抨擊我，因為他們背後有共同基金公司的贊助。你可以在各種電視節目和熱門財務資訊刊物中，看到這些基金公司持續鼓吹著過時的理財建議：長期投資於多元化的共同基金之中。這是給一般民眾大眾化的投資建議，而且也是一種不好的投資建議。

先鋒集團（Vanguard Group）創始人約翰．柏格（John Bogle）是我心目中的英雄，他發明了指數型基金，將原先共同基金的管理費用降至最低。他本人也是一個公開批評傳統共同基金的人物之一，最近在一次美國財經雜誌《*SmartMoney*》的專訪中，他說共同基金的投資者除了要拿出百分之一百的資金外，還要承擔全部的風險，卻只能賺到二成的獲利，而且這還是假設有獲利的情況下。這些共同基金公司藉著各種手續費和管理費的名義拿走了百分之八十的利潤。現在更糟糕的是，由於這麼多現金在二〇〇九年流出了股市，因此這些共同基金公司們開始提高管理費與手續費。這就表示將有更多現金流出投資者的口袋。

在格柏撰寫《邁向資本主義的精髓》（*The Battle For The Soul Of Capitalism*）一書中，提到共同基金公司和銀行家都會倡導複利的威力，但是他們從來不提**成本支出**的複利效應，也就是影響你投資報酬率最大的因素。我非常尊敬柏格，因為他勇於面對有錢陰謀家最大的勢力之一，也就是共同基金這個業界。在我看來，很少有媒體刊物或電視頻道擁有足夠的勇氣來批評這個業界，因為他們不想失去來自這些共同基金公司的廣告收入。

新的金錢法則#六：學習金錢的語言

當學生考上醫學院後，他就會學習到有關醫學的各種語言，並且很快運用上一些「舒張壓」與「收縮壓」等術語。我加入飛行學校後，也必須學會飛行員的語言。我的嘴裡很快就開始吐出一些諸如高度計、副翼，和方向舵等名詞。當我改飛直升機時，我也開始用一些不同的詞彙，例如迴旋桿、集提桿，或者是旋轉翼等。如果我不清楚這些字的意思，我絕對不可能成為一位飛行員。

【讀者評論】

我們藉由語言來思考，因此我們無法用語言來形容的事物，就無法在腦袋中形成概念。這就是為什麼瞭解金錢的語言，同時具備運用這種語言的能力，我們才有辦法學會有關於金錢真正的概念，以及它實際的運作方式。唯有如此，我們才可以自己做出財務方面的決定，而不是盲目地聽從財務「專家」傳統的建言。這樣我們也可以改變「我不夠聰明來做這件事情、這超出我的理解範圍之外」等這類的心態。如果你學會了這種語言，那麼你就能開始瞭解，並且控制自己想要的結果。

——buzzardking

在主日學，我也曾經被教導「聖言成為血肉（道成肉身，And the word became flesh）」。換句話說，你用什麼樣的詞彙，就會成為什麼樣的人。

我相信陰謀家在一九〇三年掌控了我們的教育體系，他們在那個時候刪除了和金錢有關的語言，並用一些在現實生活當中極少用到的詞彙（例如代數和微積分等），這種學校教師所用的語言來取代。為什麼會有九成的人口一直在財務上掙扎不已，就是因為他們從來就沒有學過和金錢有關的語言。

加入那百分之十的人

當你學習有關金錢的語言時，你同時也在學習這些有錢陰謀家的語言。每天投資一點時間來學習金錢的語言，你就有更大的機會成為一〇%的這一群人——關鍵的少數人。更重要的是，藉著學會金錢的語言，你就會降低自己聽從假先知而受騙的機會，也就是那些建議你要好好儲蓄、買房子、按時償還房貸、長期多元化地投資於共同基金之中等的這些假先知。

好消息是，教育孩子有關金錢的語言並不需要付出什麼額外的成本，完全不需要大大地增加教育經費——只是一些普通的常識罷了。如果學校真能教導學生金錢的語言，那麼一定能大大減少財務掙扎和貧窮的狀況。如果更多孩子學會了金錢的語言，那麼就能培育更多的創業家來創造更多的就業機會，而不是端賴政府來給民眾工作的機會。

這本書後續會教你一些有關金錢和投資的基本詞彙，也就是想要加入一〇%的那一群人所必須具備的語言。

詞彙塑造態度，態度塑造現實

生活就是一種態度。如果你想要改變自己的生命，首先就得改變你所使用的語言，這麼一來就會開始改變自己的態度。接下來就是一般人對於金錢所抱持的一些態度。

「我永遠都不會有錢」是一個擁有貧窮思維的人所採用的語言。看樣子他一輩子都會在財務上掙扎不已。當一個人說，「我對錢沒興趣」，他其實是把錢拒於千里之外。每當我聽到有人說，「要靠錢才有辦法賺錢」時，我就會回應說，「說的不對，錢是以詞彙為本，而詞彙是完全免費的。」當有人說，「投資的風險很大」時，我就會回應，「投資沒有什麼風險。缺乏財務教育並且聆聽窮人所給的財務建議，這種做法的風險才高。」我所用的詞彙和一個擁有貧乏心態的人所講出來的話，就呈現了對於金錢完全不同的觀點與截然不同的態度。

知識來自於詞彙

既然金錢來自於知識，那麼可以說知識是源自於詞彙。詞彙是我們大腦的燃料，它能塑造我們的現實。如果你使用了錯誤的詞彙或者缺乏足夠的詞彙，那麼你的思維就會很貧乏，並且過著貧窮的人生。使用不良的詞彙就好比把劣質的汽油倒進好的汽車油箱一樣，以下是一些詞彙如何影響我們的例子。

窮人的詞彙

光憑他人所用的詞彙，就很容易判別這個人是否為一個貧窮的人。舉例來說：

1. 「我永遠都不會變成有錢人。」
2. 「我對錢沒有興趣。」
3. 「政府應該要負責照顧民眾。」

中產階級的詞彙

中產階級用的又是不一樣的詞彙。

1. 「我擁有一個高所得、有保障的工作。」
2. 「我自己的房子是我最大的一筆投資。」
3. 「我一直在投資一個多元化、由共同基金所構成的投資組合。」

有錢人的詞彙

就跟貧窮的人和中產階級一樣，有錢人所用的詞彙也有所區別。

1. 「我一直不斷尋在找能為我工作的優秀員工。」
2. 「我在尋求上百間能產生現金流的公寓套房。」

3.「我的退場策略就是利用初次公開發行的股票（IPO）來讓公司上市。」

你有沒有辦法區別這些詞彙之間的差異？每套詞彙呈現出什麼樣的現實？要記得主日學的教訓，「聖言成為血肉（道成肉身）。」我們的確會成為自己所講出來的話。

資本利得與現金流

接下來，我會為你介紹一些如果想要成為那一〇%的人，你就必須清楚掌握的一些詞彙與用語。其中有兩個非常重要的名詞就是**資本利得與現金流**。就如之前幾段的內容所強調的，最重要的名詞就叫作**現金流**，因為現金流就是有錢陰謀家在玩的遊戲。為什麼二〇〇七年房市和股市崩跌之後會有九〇%的人賠錢，是因為他們並非玩現金流的遊戲，而是**資本利得**的遊戲。那些玩資本利得遊戲的人，經常寄望房市或股票的價格可以持續上漲。但是，一個投資於現金流的人，並不太在乎自己房子或者股票的價格是漲還是跌。

另外一個跟資本利得和現金流相關的詞彙就是**淨值**（身價）。你經常聽到有人吹噓自己的淨值（身價）目前是多少，因為他最近買了一棟昂貴的房子，或者擁有許多高單價的股票。淨值（尤其在我們當前所面臨的經濟環境下）的問題在於，有的時候它根本**一文不值**。

淨值經常是藉由資本利得來衡量的。舉例來說，如果你用了一百萬元買了一棟房子，技術上來說它是屬於你個人淨值的一部分；但是如果你無法同樣以一百萬元脫手，反而被迫以五十萬元賣出這棟房子，而你原先還為它背了七十萬元的房貸，那麼你的淨值根本是一文不值。

不光是個人才會有這種思維模式。現在所用的**每日結算**（mark to market）這個名詞，就是一種形容公司企業和銀行**淨值**（身價）的一種變相說法。當經濟繁榮時，公司們都喜歡以每日結算的方式來計算市值，因為這麼一來公司的財務報表會非常好看。但隨著市場的下跌，他們的淨值每況愈下，讓他們難以為繼。

與其採用淨值的觀念，我個人是利用現金流來衡量自己的財富。那些每個月從我投資上面所帶來的錢才是真正的財富——而不是一些先入為主、可能是真是假的估算價值。

在這次金融危機期間，我和太太金在財務上的表現仍然非常優秀，因為我們的事業和投資都聚焦在**現金流**之上。我跟金之所以能在年輕（金那時三十七歲，而我四十七歲）的時候「退休」，是因為我們下了一個有意識的決定，決定要為現金流而投資。一九九四年我們每年可以從投資當中獲得十二萬美元的現金流（被動收入）。而今天，我們的年現金流早已經是超過十倍以上，就算在這次金融海嘯期間也一樣，因為我們一直是在為現金流而進行投資。

我們對街住著亞利桑那州最富有的人士之一。大概五年前，他來到我們家，並感謝我們所出版的書籍和遊戲。他臉上帶著微笑跟我們說，「我跟孩子和孫子們玩你們所發明的現金流遊戲。我現在總算有辦法跟他們解釋說我到底在做些什麼。多年來我的孩子和孫子們一直都很懷疑，為什麼我跟他們同學的父母不一樣，沒有一份正常的工作。多年來我一直沒有辦法很清楚地跟他們說我到底在做什麼。」

四幢綠色的小房屋

當我九歲的時候，富爸爸藉著玩大富翁這款遊戲而開啟了我的財務教育。多年來，我們每次都花好幾小時在玩這個遊戲。當我問他為什麼我們經常在玩這個遊戲，他回答，「你在這個遊戲中能找到獲得巨大財富的公式。」

因此我問他，「到底是什麼公式？」

他回答，「就是將四棟綠色的房子變成一幢紅色的旅館。」

當我十九歲從紐約念書回來之後，我發現富爸爸買下一間非常宏偉、正好座落在威基基海灘正中央的旅館。經過十年，也就是我從九歲到十九歲的這段期間，我親眼看著我的富爸爸從一個小小的商人，搖身一變成為夏威夷的重量級人物。他成功的祕密在於他是為了現金流而投資。

當我還是個小孩子的時候，富爸爸就會教他的兒子和我一些大富翁裡面更微小的區別。舉例來說，他會抽一張卡片問道，「如果你在土地上擁有一棟綠色的房屋，那麼你能收到多少錢？」

我回答，「十美元。」

「那麼如果你在同一塊土地上擁有兩棟房屋，你又會收到多少錢？」

我會回答，「二十美元。」

基礎的數學我是懂的。擁有二十美元當然比十美元來得好。這就是富爸爸訓練他的兒子和我的方式，要把焦點放在**現金流**之上，而不是**資本利得**。

聚焦在現金流上

一九七一年當尼克森總統取消金本位制之後，通貨膨脹就悄悄地滲透我們的經濟體系。人們知道有什麼事情不太對勁，但是由於缺乏足夠的財務教育，他們搞不清楚問題是什麼。一九八〇年代隨著通貨膨脹的起飛，每盎司黃金漲到八百五十美元，而白銀每盎司更是漲到了五十美元。

雷根總統執政期間，聯準會主席保羅．伏克爾（Paul Volcker）毅然決然地採取行動，將聯邦準備金的利率提高到二〇%，打算扼殺通貨膨脹。因此日常生活常用語當中又產生了一個新的詞彙：**停滯性通膨**（**stagflation**，又名「膨脹性蕭條」），意思就是經濟是停滯不前的（公司行號和個人都賺不到錢），但是通貨膨脹仍然在持續增加（所有的商品都愈來愈貴）。

我還記得那時候到餐廳吃飯，可以看到菜單上的價格經常被劃掉重寫，價格幾乎每個月都在增加。很多公司行號賺不到錢，但是產品的價格為了反應與日俱增的營運成本而不斷地上漲。

就算當時的房貸利率很高（大概是十二%至十四%的水準），房屋的價格仍然在狂飆。我在一九七三年以三萬美元的代價買下一棟位於威基基海灘的套房，並在兩年之後以四萬八千美元賣出。我接著在茂伊島上買了三間一萬八千美元的套房，翻修之後再以四萬八千美元的價格脫手。那一年我就賺了九萬美元，大概是我身為飛行員年薪的六倍，我當時還以為自己是個投資方面的天才。

感謝老天爺，當時富爸爸強迫我坐下來並給了我一番教誨，自此開啟了我人生第二個階段的財務教育。我再也不是一個跟著富爸爸玩大富翁的十歲小男孩。我現在已經是一個二十幾歲的青年，而且我還在現實生活當中玩真的大富翁。

富爸爸非常有耐心地提醒我**資本利得**和**現金流**之間的差異，這真的是金玉良言。每當我買進不動產翻修賣出後，我都是在為了**資本利得**而投資。我的富爸爸提醒我說資本利得和現金流所適用的稅率並不相同，就算到了今天也一樣。「為了**現金流**而投資」是我富爸爸嘴上常掛著的一句話，「要記得我十年前在大富翁裡所教你的事情，為了**資本利得**而投資就是一種賭博。」

就像小時候一樣，他從大富翁裡面抽出一張地契並問我說，「如果有一棟綠色的房屋，你能拿到多少錢？」

將卡片接到手中之後，我回答，「十美元。」就算我當時已經快三十歲了，我立即想起他以前教導我資本利得和現金流之間的差別，那些在我還是個小男生就學會了，但長大之後幾乎都已經忘光的教訓。

「很好，」富爸爸充滿耐心地問，「那麼兩棟綠色房屋又能拿多少錢呢？」

我回答，「二十美元。」

「很好，」富爸爸堅決且嚴厲地說。「永遠不要忘記這一點。為了現金流而投資，那麼你一輩子再也不用為錢擔心。為現金流而投資，那麼你就不會受到市場多空的影響。為了現金流而投資，那麼你將會成為一個富有的人。」

「但是，」我開始強辯，「資本利得比較容易賺到錢，現在房地產的價格一直在飛漲。想要找到能獲得現金流的投資案件好難。」

「我知道，」富爸爸回答，「現在好好聽我在說什麼。不要讓貪婪和好賺的錢阻礙你成為一個富有而且擁有財務智慧的男人。永遠不要將**資本利得**和**現金流**混為一談。」

【讀者評論】

當我年輕的時候，我的爸爸就給了我一些不動產，但是我在很久之前就把它們處理掉了。接著我就跟其他人一樣開始上班並投資共同基金，當我在玩現金流遊戲時，我忽然理解到人們要為自己的現金流而投資，是多麼重要的一件事情。我當時才理解到，如果繼續持有那些不動產，甚至再增加一些，那麼我現在的財務狀況真的會好得無法想像。如果我能在更年輕的時候就玩到這個遊戲，那麼我現在的財務狀況將會非常紮實。現在的我已經開始再度買進一些不動產。

——miamibillg

現金流比較困難

一九七一年之後物價不斷地上漲，但是薪資水準並沒有跟上通貨膨脹的速度，就業機會也同時一直向國外流動。知道美元發生了問題而且想要迅速致富的人們，很快地就開始為資本利得而投資。直覺地瞭解到美元的價值一直在減少，人們開始停止儲蓄並且將錢投資在那些會隨著通貨膨脹而上漲的事物。他們投資的對象有藝術品、古董、老式汽車、芭比娃娃、棒球明星卡片，以及高級紅酒等，但是對那於些想要賺取資本利得的投資者而言，股市和不動產則是最受歡迎的兩項投資工具。很多人因為借了錢來投資這兩個市場而迅速致富。今天，採取同樣做法的這些人變成了新的貧民戶。這次他們的押注並沒有成功。

一九二九年就在股市崩跌之前，人們拚命到處借錢然後再利用融資買進股票，基本上就是貸款來買股票，他們就在賭能賺到資本利得。二〇〇七年時，人們再次利用借來的錢賭能賺到資本利得，這次則是同時發生在房市和股市，而這次的崩跌就跟上次一樣具有殺傷力。

資本利得的危機

二〇〇九年在哀嚎的投資者們，就是那些為了資本利得而投資的群眾。如果他們當時把注意力集中在現金流上，或許他們不會受到這次危機的影響。他們也許用不著這麼擔心自己的退休金、孩子的大學教育費，甚至害怕失去就業機會等問題。

在二〇〇七年到二〇〇九年間股市的市值就跌掉了一半，一個用資本利得來衡量的價值。彭博資訊（Bloomberg.com）根據 Case-Shiller 房價指數的資料指出，自二〇〇七年一月份開始，美國前二十大城市的房屋市價，連續兩年來每個月都一直在下跌。諸如聖地牙哥、邁阿密，和拉斯維加斯等城市，甚至已經跌了三分之一。最近《亞利桑納共和報》（*Arizona Republic*）報導，我所居住的鳳凰城贏得了美國主要城市當中房價最大跌幅的頭銜，因為它的房價從高點以來已經打了個對折。再次強調，Case-Shiller 房價指數採用資本利得的方式來衡量，也就是某項資產在兩個不同時點之間價格上的差異。

許多我這個年紀戰後嬰兒潮世代的人們不斷地在祈禱，寄望房市和股市都能在他們退休之前漲回來，唯有如此他們才能在退休之後就不用繼續工作。可是再一次地，他們仍然在為資本利得而祈禱，根本沒有在主動掌控自己現金流的收入，把自己的一切都交給市場來決定。

為了現金流而投資

我的不動產投資公司在鳳凰城擁有許多不動產，在這次的風暴中並沒有受到什麼樣的打擊，公司目前的表現仍然良好，因為我們是為了現金流而投資。我們專注在出租公寓，很少翻修然後予以轉賣。我們藉著玩同樣的遊戲而打敗這些有錢人的陰謀，也就是玩著現金流的遊戲，這是我從跟富爸爸從小玩大富翁所學來的本事。

大富翁並不是一個翻修然後轉賣不動產的遊戲，也不是一個在買低賣高的遊戲。它也完全跟多元化、分散風險的投資方式無關。它強調的是，注意力集中、制定計畫、擁有耐心，以及長期控制的遊戲。遊戲的第一個階段目標，是要控制遊戲紙盤四面當中的一邊。第二階段的目標，是要提升自己所控制的土地價值，逐漸增加綠色的房子直到變成紅色的旅館為止。最終的投資策略是，在你所擁有的那一邊上蓋滿紅色的旅館。然後你就坐著等，看著其他玩家繞過來的時候拚命祈禱不要踩到你的土地上。遊戲最終的目的，就是要讓其他的玩家破產並拿走他們所有的錢。二〇〇九年時，有很多人都在真實世界的大富翁遊戲裡不斷破產。

我原本可以變得更富有

如果我當時繼續為資本利得而投資，或者不斷翻修轉賣不動產的話，我當年很可能會賺到非常多的錢。當所有的人都在為了資本利得投資時，為了現金流而投資的確是件相當困難的事。但是在經歷二〇〇九年後，我愈來愈感激當年富爸爸所給我的教訓。我瞭解到他為什麼堅持要教導我把注意力放在現金流上，而不要被買低賣高的熱潮所吸引。

今天我有四種不同形式的現金流收入，在未來幾章會有更進一步的說明。這四種現金流收入分別是：

1. **我的事業：**無論我是否在工作，現金流會不斷地流入。就算我把公司收起來，現金仍然會持續流入。
2. **不動產：**我跟太太擁有一些每個月都會產生現金流收入的不動產。
3. **石油：**我是不投資石油公司的，但我反而跟鑽探開採公司一起合夥。當我們挖到有價值的礦藏時，我每個月都能收到販賣石油和天然氣的支票。
4. **權利金：**我的著作授權給將近全球五十家出版社。每季我都能從這些出版社收到版稅的支票。另外，我的遊戲也授權給十五家公司，每一季都能從這些公司獲得權利金的收益。

一般人的現金流

許多人都瞭解每個月要有現金流入是一件很重要的事情。但問題在於，他們不瞭解好的現金流策略跟平庸的現金流策略的差異。好的現金流策略所提供的被動收入，幾乎用不著繳納什麼樣的稅賦，而且你個人擁有所謂的控制權。平庸的現金流策略所提供的被動收入，是要負擔最高的稅級，而且你對它並沒有什麼控制權。接下來列舉一些**平庸**的現金流策略的例子。

1. 儲蓄存款：從儲蓄存款所獲得的利息就是一種現金流的形式。今天短期公債的殖利率幾乎接近於零。如果你很幸運，或許你的銀行存款還擁有三%的利率。

由儲蓄產生的現金流有兩個問題。第一，這三%的利率被視為一般收入，也是稅率最高的收入類別，意思就是說如果考慮稅賦之後，三%的利息實際上的淨收入只有二%。其次，聯準會不斷地印上兆的鈔票給大銀行進行紓困。在一九七〇年代晚期，這些紓困金額都是以百萬元計。一九八〇年代的紓困金額則是用十億來計算。到了現在的二〇〇九年，這些紓困金額動輒就是以上兆來計算。

這將會產生通貨膨脹，甚至也有發生惡性通膨的可能。如果每年通貨膨脹率超過二%，那麼你從銀行所收到的存款利息，實際上是一直在賠錢的狀況。知道紓困金額和通貨膨脹之間的關係，是瞭解歷史重要性的一個例子：藉著事先瞭解一點點的歷史，你可以清楚知道存款是如何可能迅速地失去它的價值（購買力）。當中央銀行發行了上兆元的鈔票後，你竟然只能從銀行存款上獲得區區三%（稅後只剩下二%）的利息。

2. 股票：有些股票會配發股利，這也是一種形式的現金流。數百萬的退休人員靠著這些股票股利在過活，而股票股利的問題在於，如果遇到金融危機時，許多公司就會減少股利的發放。在二〇〇九年四月初，史坦普爾宣布美國光是在該年度第一季期間，就有三百六十七間公司一共減少發放七百七十億美元的股利。這是自一九五五年起史坦普爾公司開始追蹤股利發放情形以來，發放額度最慘澹的一次。這就表示經濟衰退的影響力，已經蔓延到那些最感切膚之痛的人身上，亦即那些原本過著非常安穩退休生活的百姓。

3. 退休金：養老金也是現金流的一種形式。問題在於退休金保付公司（Pension Benefit Guaranty Corporation）早在金融海嘯發生之前，就將它所擁有六百四十億美元的資產轉移到股票、債券，以及不動產之上。這個意思是，該公司幕後的天才可能認為公債利息這種收益的投資報酬率太低，因此將資金從能產生現金流的公債上，轉移到股票和不動產之中，希望能從資本利得上獲得更高的利潤。這就表示現在有許多養老金都面臨了財務上的困境。補充說明一下，養老金這種概念對許多人來說已經是古代的神話了。許多公司再也不提供養老金了，要不然也都大大縮減養老金發放的適用範圍。現在大多數仍然擁有養老金的人，幾乎都是政府機構或者是勞工工會的員工。絕大多數的人必須要自己想辦法，為自己的退休生活創造出額外的現金流。

4. 年金：年金也是現金流的一種形式。假設你將一百萬元的現金交給保險公司，保險公司便答應要為這筆錢一輩子給你支付利息，來作為交換的條件。

問題在於這些年金通常都是由商用不動產來做擔保，而你對此完全沒有任何控制權，而且商用不動產這類的投資工具，通常都是一些大型的投資機構（其中有許多都是上市公司）才會承購，而它們的目的是想要獲得資本利得而不是現金流。上市公司為了資本利得而投資，問題在於根據標準會計原則，它們必須將資產的評估價值跟著降低到市價水準，並籌集更多的資金來彌補這項損失。這將會影響到保險公司和你個人年金的收益，你只需要看看ＡＩＧ集團的例子就可以了。

為什麼沒有更多的人玩現金流？

最近我參加了一個有關於投資的座談會，聆聽了許多不同的講師介紹許多種的投資工具。其中有位理財規劃師建議人們要重新平衡（再平衡）自己股票和共同基金的投資組合，對我而言這種建議簡直是荒謬至極。**再平衡**其實就是**為了資本利得而投資**的另外一種說法罷了。接著他說，「我知道你們有很多人在市場當中賠了不少錢，但是千萬不用擔心，股市終究會漲回來。大家只要記得，股市平均每年都會上漲百分之八，因此我建議你們繼續長期投資。」當我看到那些觀眾同意他所說的話而拚命點頭之後，我真的受不了而離開了。我真的不理解為什麼這些人可以這麼容易地被他人愚弄。

這些有錢人的陰謀就是要讓你的現金流到他們手中。這就是為什麼他們會訓練自己的業務員（例如像是理財專家和證券營業員等）來說一些諸如「股市每年平均上漲百分之八」等這些話。他們利用資本利得這種誘因來吸引你把錢流向他們的口袋之中。

不動產業務員也採用一種類似的銷售模式，他們也經常說，「你最好在房價上漲之前趕快先買進。」這種在價格上漲之前趕快買進的想法本身，就是在期待獲得資本利得的收益。業務員再次利用資本利得的方式來勾引你的現金流，這就是大家在玩的遊戲，當你簽下房貸契約的剎那，你的現金流就開始流向他們的手中。

為什麼大家都不為了現金流而投資？

大家之所以都是為了資本利得而不為了現金流投資，有幾個理由。其中有些是：

1. 許多人根本不知道兩者之間的差異。
2. 當經濟蓬勃發展時，玩資本利得的遊戲非常容易。人們會先入為主地認為自己房子和股票的價值都會隨著通貨膨脹而上揚。
3. 為了現金流而投資需要更複雜的財務操作。買下東西然後祈禱它的價格上漲，這種投資方式任何人都會做。但是尋找能產生現金流的投資案件需要擁有潛在獲利和成本的相關知識，並且還要能根據這兩項因素預測投資案將來的表現績效。
4. 人們多半很懶惰。他們只管今天而不去想明天的事。
5. 人們期待政府來照顧他們。這就是我窮爸爸的態度，因此他過世的時候非常貧窮。對我的窮爸爸而言，寄望別人來照顧他是一種比較輕鬆的解決辦法。現在大概有近六千萬戰後嬰兒潮世代的美國人，很可能會踏上我窮爸爸的道路。

如果你不想踏上我窮爸爸的路子，請仔細看下去。

總結

想要擊敗有錢人的陰謀，第一步就是要瞭解他們在玩什麼遊戲，而這個遊戲的名字就叫作現金流。一旦知道了他們在玩什麼樣的遊戲，你就得學會那些術語，也就是金錢的語言。如何學習金錢有關的語言，其中有個辦法就是玩我所發明的紙盤遊戲「現金流」，你可以先從現金流一〇一開始著手，它會教你基礎的財務概念。之後你可以更進一步地玩現金流二〇二，提供你進階的財務教育。終究來說，這一切的目的就是要讓你準備好玩現實生活當中的現金流遊戲，一個無時無刻、遍布在你生活周遭的遊戲。

就像我們稍早討論過的，**現金流**和**資本利得**是兩個非常重要的名詞。簡單來說，有百分之九十的人口在玩資本利得的遊戲。只有百分之十的人口在玩有錢的陰謀家的遊戲——現金流。因此，只有百分之十的人才會變成贏家。你想成為贏家還是輸家？你想要平庸還是卓越？如果你想要在現金流這樣的遊戲當中獲勝，那麼接下來的幾章就是為你而寫的。

Rich Dad's

Conspiracy of The Rich

The 8 New Rules of Money

Chapter 8

你也可以印自己的鈔票

Print Your Own Money

克瑞莫與史都華：兩位媒體巨人的對決

美國諧中電視台（Comedy Central）所播出的「強．史都華的每日新聞秀！」是一個非常受歡迎的諷刺性新聞節目。雖然該節目是以諷刺當今政治議題為主，但是很多觀眾卻把它當成正式新聞的來源之一。這是因為很多人都認為主流的新聞媒體有所偏頗，反而認為這些諷刺性新聞節目的內容還比較實際一些。

吉姆．克瑞莫（Jim Cramer）則是在CNBC新聞台上擁有自己的節目「瘋錢」（Mad Money），可以算是全球最熱門的財經新節聞目之一。克瑞莫非常慧黠又富娛樂性，並且會想盡辦法來讓財經新聞具有娛樂的效果。他和史都華的節目很相似，只是主題不同，克瑞莫的主題是金錢，而史都華主要是在講政治。

二〇〇九年三月十二號那一天，強．史都華邀請吉姆．克瑞莫上節目來進行對決。那一晚史都華並沒有像往常一般搞笑。他很憤怒地替幾百萬民眾發聲，表達全國民眾對於整個財經界的厭倦與挫折，這當然也包括了財經新聞的報導。

史都華替美國國民抒發了他們的感受，說CNBC新聞台和其他財經媒體等，其實可以共同來教育美國的民眾，告訴大家其實存在著兩個投資市場：有一個是一般民眾在投資用的（而且被鼓勵要在裡頭投資）的長期市場；以及另外一個，是平凡百姓所看不到、步調非常迅速的交易市場。史都華說第二個市場是個，「非常危險的，在道德上也很曖昧，而且會傷害到長期投資的市場。因此我們的感受是，我完全是以門外漢的觀點來說，這看起來好像是我們拿著自己的養老金以及辛苦賺來的血汗錢，在供養你們這些嗜賭愛冒險的傢伙。」

【讀者評論】

我不相信主流媒體對於金融危機所做的報導足夠紮實，甚至可以到讓我調整自己的投資組合。事實上，我也不認為他們在刻意誤導我們，他們只是根據自己狹隘的眼光在分享資訊罷了。

——hattas

身為一個專業的交易員，我知道最容易賠錢的方法，就是看著財經新聞來投資。

——gone17

搶劫你的養老金

再次強調，歷史可以解釋為什麼現在會發生這種事情。美國國會於一九七四年通過了受僱人退休所得保障法，導致了四〇一（K）退休計畫的誕生，因此就替歷史上最大的一宗搶劫案搭架好了戲台。

就如前文所提，許多經歷過上次經濟大蕭條的人，都對股市抱著不信任的態度。我的富爸爸和窮爸爸都不想和股市扯上任何關係，他們認為股票市場被一些人不正當地操控，所以在裡面投資根本就是一種賭博。但是在一九七四年，因為受僱人員退休所得保障法案的關係，有效地迫使幾百萬的民眾重新投入股市之中（哪怕他們對投資毫無概念也一樣）。在一九七四年之前，絕大部分的公司都要負擔起員工的養老金。強迫上班族（為了養老金）投資於股市會對公司比較有利，是因為這麼一來公司就不用再給員工發放一輩子的養老金。雖然四〇一（K）退休計畫（基金）可以替公司省下不少錢，但是萬一員工沒有投資於股市，或者股市不幸發生崩盤，那麼這位員工退休之後就沒有錢可用了。這也是促使一九七〇年代股市大漲最主要的原因之一，同時也創造了理財規劃這個嶄新的行業。

我的富爸爸一定會同意強．史都華對於兩個市場的觀點——其中一個是長期投資的市場，以及另外一個拿著投資人的錢在進行賭博的交易市場。當美國導入了四〇一（K）退休計畫之後，我的富爸爸警告我千萬不要去碰它。他當年的警告後來促使我在二〇〇二年寫下《經濟大預言：清崎與富爸爸趨勢對話》一書，並且稍後再於二〇〇六年和唐納．川普合著《川普清崎讓你賺大錢》一書的原因。

我和川普並不是在反對股票市場，我們倆各自都有成立股票上市的公司。與其說反對，應該說我們是在提倡要有「負責的財務教育」才對。我們之所以對於負責的財務教育是這麼地有熱情，是因為有太多的個人和機構都在做完全相反的事情。他們假借「財經新聞」或者是「財務教育」的名義，占盡那些沒有受到足夠財務教育人們的便宜，拚命從他們身上撈油水。就如同強．史都華訪問吉姆．克瑞莫時所暗示的，身為財經媒體的領導品牌 CNBC，根本沒有善盡教育大眾的義務，完全不跟大眾說明真正的遊戲規則，以及這些人是怎麼在玩弄著他們的錢（養老金）。

若從我的觀點來看，以前擔任基金管理人的吉姆．克瑞莫，根本就是有錢人陰謀的專家之一。就如你所知，避險基金經常在覬覦共同基金，就好像是鯊魚們在獵食鮪魚一樣。雖然克瑞莫在節目上答應史都華他會懺悔，並且會致力於提供更好的財務教育。但是根據我的觀察，到目前為止根本沒有看到任何改變，只有更多的藉口以及互相指責罷了。說實在的，他怎能做出改變呢？他現在的生活，完全就是靠著掩蓋這些有錢人們的陰謀來維生。

鯊魚和鮪魚

大概在五年之前，我的弟弟和弟妹生了一個小孩。他們問我可不可以協助他們替孩子未來的大學教育費成立一個「五二九教育計畫」（編註，「五二九教育基金計畫」，英文為 529 **Education Fund Program**，為教育儲蓄計畫，多為國家經營或教育機構，主要是為家庭預留教育資金以供未來就讀大學）。我很高興能幫上忙，但是我同時也想要確保自己不會白白浪費錢，我立即就打電話給我的股票經紀人湯姆，並向他詢問有關於這個基金計畫的規劃事宜。

「我是可以替你成立這樣的帳戶，」他說，「但是我知道你不會喜歡它。」

「為什麼？」我問。

「因為絕大部分的五二九教育基金計畫都有受到限制，只能投資於共同基金之中，」湯姆這麼回答，「我也知道你很清楚共同基金都在玩什麼把戲。」

「謝謝你，」我說，「我另外再想想辦法。」

感謝老天爺我並沒有成立這個帳戶。如果有的話，我在二〇〇七年股市崩跌之後就會損失四成左右。但就如同強．史都華所指出的，其實市場上同時有兩場遊戲在進行當中。其中有個遊戲是給那些長期投資於股票、債券，以及共同基金之中的人們所玩的（鮪魚），以及另外一個專門給炒短線的投機客（例如避險基金經理人、專業的交易員等）所玩的金錢遊戲（鯊魚們）。

就算股市當時沒有大跌，我仍然不會投資於五二九教育基金計畫之中，因為它完全得依賴共同基金來投資。就像我們稍早在第七章裡面所討論的，共同基金會藉著手續費和佣金等名目，根本一直在毫不客氣地吸取那些沒有投資觀念民眾的財富。我知道五二九教育基金計畫有些稅務上的優勢，但是這些節稅的優惠根本比不上那些每年因為佣金和手續費而損失的錢；更何況這些稅務上的優惠，更不可能彌補因為市場波動所產生的損失。共同基金根本就是一種專門給不聰明的投資者所用的一種不聰明的投資工具。

婉拒四百萬美元

當二〇〇一年《富爸爸，窮爸爸》一書紅透半邊天時，某間知名的大型共同基金公司問我可不可以替他們旗下的共同基金擔任代言人。該公司所開的條件是，四年付我四百萬美元的代言費。雖然這個條件非常誘人，但是我還是予以婉拒了。

我之所以婉拒他們，其中有個理由是我不願意推薦連自己都不相信的產品。其次，我也不需要他們的錢，雖然手頭上多出四百萬元也相當不賴。接下來的幾章中，你會發現如果自己擁有紮實的財務教育的話，賺四百萬美元也並不是件困難的事情。我很清楚地知道，我真正的財富是自己所擁有的財務知識，而不是現金。我知道憑藉著自己的財務智慧與從事自己所相信的事業，也一樣能賺到四百萬美元。雖然婉拒四百萬美元的確不容易，但是不值得我為這筆錢而出賣自己的靈魂。

為防止不必要的爭議，我在此特別聲明，我個人並不反對共同基金這個概念。但是，我的確非常反對共同基金利用高額的手續費以及隱藏性的費用等手段來掠奪投資者交給他們的錢。比這個更嚴重的是，雖然有數千支共同基金，但是其中真正能打敗標準普爾五百指數（S&P 500）的還不到三〇％。換句話說，你只要投資於標準普爾五百指數的話，你就能打敗七〇％的共同基金和基金經理人，而且可以節省更多錢，並獲得更高的投資報酬率。如同前一章所述，共同基金基本上是給那些平庸或者水準以下的投資者，也就是在財務IQ上表現不及格的學生來使用的。水準以上和優秀的投資人完全用不到它們。

詞彙的力量

就像我們在第七章所複習的，新的金錢法則第一條就是：**知識就是金錢**，而新的金錢法則第六條則是：**學習金錢的語言**。

這麼多人之所以在差勁的投資上賠了這麼多錢，是因為在當前教育體系中，連最基本的財務教育都沒有傳授給我們。這種缺乏財務教育的情況，就會造成人們對於金錢語言的誤解。舉例來說，當一位財務規劃師（理財專員）建議要進行**長期投資**時，老練的投資者就會質問他**長期**的定義為何。就如同愛因斯坦所發現的，所有事情都是相對的。

另外一個讓強．史都華對於吉姆．克瑞莫非常不滿的理由，是因為克瑞莫是一位**股票交易員**。一般來說，股票交易員都是一些極短線的投資者，對他們來說，長期投資的意思可能是一天的時間，有的甚至只有一個小時。這些股票交易員隨時進出市場，經常在掠奪其他投資者投入股市的錢，即使這是為了自己的退休保障，或者為孩子們籌措大學教育費的錢。與其用**長期投資**這個字眼，老練的投資者會採用**出場策略**這種說法。聰明的投資者很清楚地知道，持有某項投資的時間是長是短根本不是重點，而是你打算如何在特定的時間內，藉著這種投資工具來增加自己的財富。

另外一個經常被誤解的詞彙就是**多元化**。如果你聽信大部分自認為投資專家的名嘴，他們每次都會說「聰明的投資者會進行多元化的投資」。但是，引用巴菲特在《巴菲特之道》（*The Tao of Warren Buffet*）這本書裡面所說的話，「多元化是用來保障自己的無知所採用的辦法。對於那些很清楚知道自己在做什麼事情的人們而言，這樣的行為完全沒有道理可言。」

這麼多人慘賠這麼多錢的另外一個理由，是因為他們不清楚自己到底在幹什麼，而且他們也並**沒有採取真正多元化的投資**（就算他們的理財規劃師是這樣子告訴他們的）。讓我舉些實例來加以說明：

1. 如果你投資於不同的類股之中，理財規劃師（理專）就會告訴你，你已經做了多元化（分散風險）的投資。舉例來說，或許你投資於擁有小型股、大型股、成長股、貴重金屬公司股票、不動產證券化基金（REITs）、指數股票型基金（ETFs）、債券基金、貨幣市場基金（Money Market Funds），以及新興市場基金等的一支共同基金之中。雖然技術上來說，你的確在各個不同的領域當中進行了多元化投資，但事實上你根本沒有進行所謂的多元化投資，因為你只投資了一種資產類別，也就是所謂的有價證券。當股市於二〇〇七年崩盤後，所有跟股票市場有關的有價證券也跟著慘跌。對於那些完全只投資於有價證券之中的人來說，進行「多元化」的投資在當年的跌勢當中，幾乎沒有什麼用處。

2. 共同基金從定義上來看，就已經在有價證券方面進行了多元化（分散風險）的投資概念。共同基金本來就是由多元的、不同類型的股票所組成，而且更讓人頭昏腦脹的是，目前共同基金的數量遠比上市的公司還要多。因此，許多共同基金都持有相同的股票，共同基金就好比是一顆複合維他命，買三支共同基金就等於一口氣吃了三顆複合維他命一樣。雖然你服用的是三顆不同的藥丸，但到頭來你吃下去的還是相同的維他命，而且服用的劑量可能都已經過量了！

3. 許多財務規劃師只准販賣一些諸如共同基金、退休年金、債券，和保險等的有價證券。事實上，當受僱人退休所得保障法在一九七四年通過時，許多保險從業人員瞬間將他們的頭銜從「保險業務員」改成「理財規劃師」(或者理財專員)。既然許多理專只擁有銷售有價證券的執照，他們也就只能賣給你這些商品。許多理專無法賣給你例如不動產、公司行號、石油、黃金和白銀等實質的資產。很自然地，他們只會賣給你他們手上所擁有的產品，而不是你真正所需要的投資工具。這種行為完全不能算是在進行多元化的投資。

俗話說得好，千萬不要問保險業務員，「我是否需要買保險？」你很清楚他們會怎麼回答你。理專建議大家要進行多元化的投資有兩個理由：他們不但可以賣給你更多的有價證券，同時還可以分散不小心給了你錯誤投資建議的風險。他們多半沒有把**你個人**真正的需求擺在第一位。

老練的投資者

總共有四項基本的投資領域，分別是：

1. **事業：**有錢人經常擁有許多事業來提供他們被動的收入。反觀一般人，就必須身兼數個工作才能賺到更多收入。
2. **創造收入的不動產投資：**藉著租賃的方式，這類的不動產每個月可以提供被動收入。你的自宅和度假別墅不能算在內，它們不算是資產(就算你的理專是這麼告訴你的也一樣)。
3. **有價證券——股票、債券、定存、年金、保險，以及共同基金：**許多平庸的投資者之所以會擁有有價證券，是因為它們購買方便、不需要費心管理，而且具有流通性。意思就是，它們非常容易脫手。

4. **原物料——黃金、白銀、石油、白金等：**許多平庸的投資者不知道要到哪裡購買原物料，也不曉得如何購買。在很多情況下，他們連在哪裡能買到實體黃金和白銀也搞不清楚。

一位老練的投資者會在這四種不同的領域中進行投資，**唯有這麼做**才算是真正進行多元化的投資。平庸的投資者相信他們有進行多元化、分散風險的投資，但是絕大多數的人都只是投資於第三類資產，也就是有價證券這個類別，這種做法完全不能算是多元化的投資方式。

同樣的詞彙，不同的語言

我想要強調的重點是，我們或許用的是相同的詞彙，但是講的卻是完全不同的語言。**長期投資**的意義對老練的投資者來說，跟剛出道的投資者心裡面所想的意思完全不同。這在**多元化**以及其他許多詞彙上來說，也都會發生類似的情形，就連**投資**這個詞彙本身也有許多不同的意義。對某些人來說，投資的意思就是迅速地**進出市場**。當有人跟我說，「我也有投資不動產。」我經常會懷疑他到底是什麼意思。他是否在說他擁有屬於自己的住宅？還是說他是一位專門進行**翻修轉賣**，不斷進出不動產市場的投資者？或者他的意思是，他會買一些能提供現金流的不動產？

另外一個我所要強調的重點是，針對詞彙和語言來說，許多自稱為專家的人為了賣弄自己的聰明才智，經常使用一些像是**擔保債務憑證**或者**避險**（hedge）等字眼來唬弄平庸的投資者。這兩個詞彙簡單來說都只是一種進行保險的意思，但是所謂的「專家」絕對不可以讓事情變得這麼簡單。因為這麼一來大家都會很清楚他們到底在說些什麼！

在《強取豪奪的巨人》這本書中，富勒博士寫道，「很久、很久以前我有位朋友，在他過世多年之前就已經是一位巨人，亦即摩根家庭的成員之一。他跟我說：『巴克，我很喜歡你這個人，因此我很難過地告訴你，你絕對不會成功的。你到世界各處都用非常簡單的語言來解釋一般人所搞不清楚的事情，可惜的是，成功的第一條法則是：如果能把事情搞得愈複雜的話，那就千萬不要把它們弄得很簡單。』後來我還是枉顧他善意的建言，所以現在我跟你們解釋什麼叫作『巨人』。」

我很自豪能延續富勒博士畢生的工作。與其用**巨人**這個詞彙，我個人採用**有錢的陰謀家**。但是我的目的，終究還是要用非常白話的方式（而不像其他人喜歡用複雜深奧的語言）來解釋這些觀念。

變得更有力量

富勒博士非常強調詞彙的力量。在我所參加的幾場演講當中，他曾經說過，「詞彙是人類所發明最有強而有力的工具之一。」而在他所著的另外一本著作《關鍵之道》（*Critical Path*）則指出，「工業化——例如具有科技化效益、人類通力合作這種模式，這一切都是**從詞彙開始**產生的。那些被人說出口並且被別人理解的詞彙，大大地促進了人類資訊的發展，並得以讓人類因應生活上的改變。」

在我跟隨富勒博士學習之前，我從未注重過詞彙的力量。一九八三年時我三十六歲，才剛開始理解到一輩子身為學校教職員的窮爸爸，為什麼這麼重視詞彙的力量。我也理解到為什麼我在高中的時候，英文被迫重修了兩次，這是因為我並沒有重視詞彙的力量。由於不重視詞彙的力量，我完全抹煞了改變自己生命的能力。擁有貧窮人的詞彙，讓我在現實生活中一直過得很貧窮。擁有一個貧窮人的思維和態度，讓我一直在財務上困頓掙扎。我終於體會到富勒博士所言，「詞彙是人類所發明最有強而有力的工具之一。」詞彙就是我們大腦的燃料，而我們的大腦是自己最偉大的資產，同時也可能是自己最大的敵人。這就是為什麼我相信那些有關於財務的詞彙，都從一九〇三年起就被排除在我們教育體系之外了。對我而言，當我看到聖經裡所說，「聖言成為血肉（道成肉身）。」現在對我產生了全新的意義，我終於體會到為什麼我的富爸爸一直嚴格地禁止他兒子和我說一些例如「我付不起」或者「我做不到」等的話。他反而訓練我們問自己，「我要如何才能負擔得起？」以及「這件事情我要怎麼做？」我終於體會到自己目前的現實生活，完全就是自己常用詞彙的總和。

我很清楚，如果我不知道、不瞭解、不使用這些有錢陰謀家的詞彙，我將永遠成為這些人擺布的棋子、受害者，甚至是奴隸。就是從那一刻起，我再也不容允自己使用一些平庸的財務語言，例如，「找份好工作」、「好好儲蓄」、「生活要量入為出」、「投資的風險很高」、「負債不是件好事」、「你的房子就是一項資產」，以及其他我們經常聽到跟金錢有關的教條。我知道如果自己想要擺脫財務奴隸的命運，就得完全瞭解這些財務的詞彙，並且學習金錢的語言。因此自一九八三年以來，我就致力於學習財務的詞彙，以及有錢陰謀家的語言。

【讀者評論】

我有一個四歲的兒子。自從他牙牙學語以來，我就教他一些有關於錢的事情，希望能趁他小時候埋下財富種子，並期待他長大成人之後能伴隨著他。每當他收到金錢的獎勵時，我就會問他，「我們應該怎麼運用這些錢？」然後我教他要回答，「存起來！」我一直對此事感到非常自豪，直到我更認真地考慮之後才有所改變。現在我已經改口教他回答，「要投資！」當然，這是比較簡單的一步……，現在我還得開始教他如何在四種不同的領域當中進行投資。

——bgibbs

具有徹底毀滅性的武器

巴菲特把衍生性金融商品稱為「具有徹底毀滅性的武器」。直到二〇〇七年之前，只有少數人才知道什麼叫作衍生性金融商品。而今日，至少有數十億的人口都聽說過衍生性金融商品這個名詞，但是仍然有很多人還是搞不清楚這個詞彙的意思。結果，財務文盲就以為衍生性金融商品是非常壞的、危險的，或者是一種非常複雜的財經工具，只有那些財經界的菁英才會懂得、創造、並且使用這種商品。沒有比這更離譜的想法了。

再次重覆富勒博士從那位摩根家族朋友那裡所聽到的建言，「成功的第一條法則就是，『如果能把事情搞得愈複雜的話，那麼就千萬不要把它們弄得很簡單。』」現在的財經界就在這樣搞，他們專門把那些簡單的概念弄得非常複雜。

為了把簡單的事情搞得很複雜，每次這些財經界人士講到有關於金錢的議題時，就會刻意賣弄自己的專業，好讓你覺得自己很沒有知識。當你覺得自己很沒有知識的時候，他們就更容易把你的錢給騙走。我跟太太在一九七七年成立富爸爸公司，其中有個目的就是要保護民眾免於受到財經界掠食者的加害，並協助他們能自行做出紮實的財務判斷。我們的目標就是要創造一系列有關財務教育的產品，例如遊戲、書籍、網站網頁、輔導教練，以及進階的財務課程，來讓財務變得簡單易懂。無論是小孩子還是博士，都會懂得我們財務教育的內容。

今天，**衍生性商品**是全球最強而有力的財務詞彙之一。財經界刻意讓這個詞彙保持著它的神祕感，還讓人誤以為是種非常複雜的概念。這就是為什麼長久以來只有少數人才瞭解這個詞彙，直到最近巴菲特將衍生性金融商品稱為「具有徹底毀滅性的武器」之後才開始產生變化。但事實上，衍生性金融商品的概念一點都不複雜。

衍生性商品廣義的定義就是「**從一個本體衍生出來的另外一種事物**」。舉例來說，橘子汁就是從橘子而來的衍生性商品，而衍生性金融商品則有另外一種定義，「從某種標的資產而衍生出來的有價財物」。舉例來說，一張普通股票就是從一家公司（例如蘋果電腦）所衍生出來的金融商品。簡單來說，當你買下一張蘋果電腦的股票時，你所買的就是蘋果電腦這家公司所衍生出來的金融商品，而讓這個商品（股票）具有價值的就是蘋果公司本身。而當你購買一個單位的共同基金時，你所買的就是這支基金衍生出來的金融商品，而這支基金本身又是它所持有股票的衍生性金融商品，一個從衍生性金融商品再次衍生出來的金融商品。

但是巴菲特在書中沒有提到（雖然他應該要這麼做），衍生性金融商品同樣也是一種**創造終極財富的工具**。百分之十的人就是靠著衍生性金融商品，從剩下百分之九十的人們身上賺取財富。我相信巴菲特想要表達的重點是，當你開始投資於衍生性金融商品的衍生性金融商品時，你投資組合的波動性就會變得很大，因此就更容易發生爆炸的危機。

我們就拿葡萄藤蔓來作為例子。葡萄是從葡萄藤蔓衍生而來的危機，葡萄就是這些葡萄藤蔓的衍生性商品，你可以把葡萄吃掉，或許會對你的健康有所幫助。你可以進一步把這些葡萄壓榨成葡萄汁，因此這些葡萄汁就是衍生自葡萄的衍生性商品，而葡萄是衍生於葡萄藤蔓的衍生性產品，但是這些葡萄汁仍然對你的健康有所助益。但是，當你再進一步將葡萄汁釀造成葡萄酒之後，那麼這個再度衍生出來的商品（以這個例子來說就是葡萄酒），就會變得更強而有力，甚至還會產生高波動性，或更具有爆炸性的結果。如果你開始對這個叫作葡萄酒的衍生性商品上癮的話，你就有可能演變成酒精中毒；而當你中了酒精的毒之後，那麼這些葡萄酒就成為一種具有徹底毀滅性的武器。你的健康、家庭，和財富，都可能因為酒精中毒而被毀滅。在這次金融危機當中，一個極為類似的連鎖效應就這樣發生了。諷刺的是，當初創造出這種有毒的、後勁極強的，而且具有高爆炸性的衍生性金融毒酒的人，到現在還在主導這場秀——不但如此，他們到現在還在不斷地釀造這種邪惡的飲料。

為什麼本書的第一部分要先提到金融海嘯相關的歷史，就是因為唯有藉著回顧歷史，我們才能將現在和未來看得更清楚明白一些。在一九七一年之前，美元是由黃金衍生出來的衍生性商品；在一九七一年之後，美元反而變成了債務的衍生性商品，也就是美元是從一些名叫美國政府公債，以及美國政府長期公債等**借據**所衍生出來的商品。而且美元這個衍生性商品，現在完全只是憑著美國納稅人將來總有一天會買單的誠信來作為擔保。現在面臨最大的問題是：美國納稅人是否負擔得起那些專門拿給有錢人紓困用的錢？美元的未來到底何去何從？

今天，美元才是真正具有徹底毀滅性力量的終極武器。

自己印鈔票

創造衍生性商品非常容易，就跟從橘子擠出橘子汁一樣簡單。藉著簡化並瞭解衍生性金融商品的定義，你就能輕易地發揮這個詞彙的威力。你一樣可以開始印製屬於自己的鈔票。有個非常簡單的例子，就是發行一張能收到利息的借據。假設你手頭上有一百美元的現金，而你有位朋友想向你借這筆錢一年。因此你跟這位朋友簽定協議，說你願意以一〇%的利息將這一百美元借給朋友使用一年。換句話說，你這位朋友同意在一年之後付給你一百一十元。你這麼做就是在創造一個衍生性金融商品。衍生出來的商品，就是在一年之後你所能領到的十美元利息。你剛剛從你原來手上的一百美元當中，擠出了額外的十美元。

現在讓我們將這個衍生性金融商品提高到二次方的境界之中。假設你手頭上並沒有你朋友想要借的一百美元。因此你找上父母，並請他們以三%的利息將一百美元借給你使用一年。假設你的父母同意了，因此你轉手就將這一百美元以一〇%的利息作為代價借給朋友使用。一年之後，這位朋友將一百一十美元還給了你。這時候你拿著一百零三美元交還給父母，把一切事情都擺平了。你在這上頭賺到了七塊美元。這麼一來，你就是藉著從某種衍生性金融商品上，再創造出另外一種衍生性金融商品的方式，因此讓自己在完全沒有現金的狀況之下賺到了一些錢。

在第五章中我曾經寫過銀行的部分存款準備制度。銀行所採取的手法完全就跟我在上一段所形容的一模一樣，只是層次又更加提高了。他們將衍生性金融商品提高到三次方的階段，也就是利用一個衍生性金融商品的衍生性金融商品，然後再創造出一種全新的衍生性金融商品。

舉例來說，假設你將一百美元存入一個銀行活期儲蓄帳戶之中。這家銀行可以拿著你所儲蓄的錢來創造出一個答應支付你三％利息的衍生性金融商品。接著根據銀行法，這家銀行根據部分儲備制度可以將你這一百美元以數倍的金額出借給別人來收取利息；我們先假設銀行可以把你的儲蓄金額放大十倍，並且收取一〇％的貸款利息。因此，銀行在你所存的這一百美元上只付給你三美元的利息，但同時貸出一千美元（一百美元乘上十倍）給別人來收取一〇％的利息。在這個例子中，銀行可以從借出的一千美元上賺到一百美元的利息，但卻只給你三美元。這種事情每分每秒都發生在我們的現實生活之中。

目前金融危機為什麼會這麼嚴重，其中有個理由是因為在二〇〇四年間，美國證券交易委員會（SEC）允許美國前五大投資銀行，將他們的部分儲備比率從十倍提高到四十倍之譜。換句話說，如果你在最大的五間銀行中存入一百美元，這些大銀行可以反手借出四千美元給其他的中小銀行；而當其他上百間中小銀行收到這筆貸款之後，它們又都可以按照原規定將這筆錢再放大十倍。這些衍生出來的錢總是要找地方宣洩，因此貸款部門的業務員很快地就被逼得要拚命找人來向銀行借錢，只要這個人願意簽字借錢就行。這種次級房貸（二胎貸款）的爛攤子不斷地膨脹，直到爆發出問題為止——同時將全球的經濟一起拖垮。因此衍生性金融商品本身並不是問題的所在；真正的問題是由銀行最高層以及政府的貪婪所造成的。在此再度引用巴菲特在《巴菲特之道》一書裡所說的話，「當你把無知和借來的錢湊在一起之後，就會產生一些非常有意思的結果。」

我們都能創造衍生性商品

我的重點是：你和我都可以很簡單地創造出衍生性金融商品。我們都可以憑空創造出屬於自己的錢——從我們思緒中所衍生出來的各種事物。如果我們訓練自己的腦袋運用衍生性商品的觀念來思考，我們都能擁有自己印鈔票的能力。換句話說，**錢可以算是一種衍生於財務知識的衍生性金融商品**。這就是財務教育這麼重要的原因，也是我認為學校絕對不會教你類似這種事情的理由之一。因為這些有錢的陰謀家，絕對不希望你和我加入他們正在玩的遊戲之中！

【讀者評論】

我太太剛才問我，是否還記得我們倆首次創造出衍生性商品時感到多麼振奮。我們創造出一個非常有效果的銷售訓練課程，而在第一堂課中就有二十二位學員報名參加。轟！我們的銀行帳戶立即多出兩萬美元（同時還擁有二十二位興高采烈的學員幫我們賣不動產），這就叫作雙贏。人們說老天爺至少都會給每個人一種特別的天賦或才華。因此你從自己的知識和經驗當中，「衍生」出一些別人非常渴望獲得的產品或服務，這是一件非常令人充滿自由、力量，和興奮的感覺！自從我們這麼做以來，我們很清楚地知道自己一定能達到財務自由，並獲得金錢上的獨立自主權。

——davekohler

錢是無限多的

一旦你學會了如何創造出衍生性金融商品，那麼錢就會變成無限多。請再容我用簡單的話來解釋。

衍生性金融商品存在的條件，就是必須先要有現金流。舉例來說，當銀行審核通過房屋貸款時，房貸就是這間房子的衍生性金融商品，你也同意每個月都會向銀行繳納房貸。因此，衍生性金融商品之所以能存在，是因為同時有兩方存在：一方專門在付錢，而另外一方則是在收錢。以房貸為例，銀行家坐在這個方程式的一邊，而你則是坐在另外一邊。問題是：你想要坐在方程式的哪一邊？你是想要坐在受抵押人這一邊，還是抵押人的那一邊？

當我瞭解到**衍生性金融商品**這個詞彙的威力之後，我很清楚地知道自己想要待在方程式的哪一邊。我想要處在這群百分之十負責接收錢的人們這一邊，收取來自於百分之九十的人們的現金流。

我之所以不儲蓄金錢，是因為我是一個專門在借錢的人，而不是一個儲蓄者。我非常熱愛債務——只要有人幫我還清就行。我跟銀行一樣做著相同的事情。舉例來說，我以一〇%的利息借向銀行貸一百萬美元來購買一棟住宅公寓。我遵照新的金錢法則中的第一條：**知識就是金錢**，並且運用自己的知識讓房客支付我至少一百萬美元貸款（利息一〇%）的二〇%。

在這個過度簡化的例子當中，我每年可以從借來的一百萬美元當中賺到二十萬美元，並在年底將十萬美元的利息交給銀行。因此我可以獲得十萬美元的利潤。在這個範例當中，一旦有人跟我簽下租賃契約，我就從自己的不動產上面創造出一種衍生性金融商品，也就是讓這些房客同意按照我的規矩以及我所制定的價格，來獲得居住在裡頭的權利。如果以上的內容讓你頭昏腦脹，請你找位朋友一齊來討論這些關於衍生性金融商品的簡單概念，直到你能徹底吸收，或者讓它們成為你的肉身，你自己的一部分為止。

我瞭解到**衍生性金融商品**這個詞彙的威力，並開始實際運用自己的知識之後，就很清楚地知道自己將成為一個自由人，而且再也不須做任何工作。我也不需要購買股票或者共同基金，更不需要祈禱有一天能過著安穩的退休生活。

而且，一旦我瞭解到衍生性金融商品這個詞彙的威力之後，我就可以開始切入不動產市場以外的其他領域之中。舉例來說，這本書就是算是一種衍生性商品。為了增加本書的獲利潛力，我要求自己的律師為這本書創造出一套授權機制。這一套授權機制就是本書的衍生性商品，而這本書是我本人的衍生物。接著我就將本書授權給全球超過五十家的出版社發行。這些出版社就拿著從我這裡買到的授權狀開始印製本書（另外一種衍生商品），並負責派發到他們所在國家的各個書店之中。每一季我都會從這些出版商收到版稅。這些版稅就是這些書本的衍生性商品，而這本書則是來自於我個人的衍生性商品。很多作者都以書本的方式來思考出書，而我則是把書當成一種衍生性商品來看待。如果這些內容聽起來很複雜，請你務必再次找一位朋友來討論以上的範例，因為有時藉著討論活動可以獲得最佳的學習效果。而且藉著講出自己腦袋裡面的想法，可以幫助我們澄清自己的思慮。

再強調一次，一旦瞭解到**衍生性商品**的威力之後，你就會開始獲得隱藏在這個詞彙當中的力量。就如同富勒博士所說，「詞彙是人類所發明最有強而有力的工具之一。」聖經上也說，「聖言成為血肉（道成肉身）。」換句話說，你將會成為自己嘴裡所說出來的話。

我當然可以再介紹一些更複雜的例子，但是何必如此？我的職責就是要讓事情簡單易懂，而不是把它們弄得更加複雜。看樣子我是沒有資格成為摩根家族的一份子！而且，雖然我會把財經知識簡單化，但我可不是在說這是輕易就能辦到的事情。我可是花了許多年的功夫才擺脫了窮爸爸的思維模式，以及培養出富爸爸的思考方式。我至今還在不斷地學習當中。如果你認為自己都已經知道了——那麼事實上你什麼也不知道。

我剛剛舉了兩個簡單的範例，來解釋為什麼百分之十的人可以賺到百分之九十的人的財富，以及為什麼這百分之九十的人口只能拚命搶奪那百分之十碩果僅存的財富。這一切完全肇始於知道、瞭解，以及重視詞彙的力量，並且謹慎選擇自己所採用的字眼。你同時也得摒除一些會拖累自己的特定片語，例如，「千萬不要負債」、「我絕對不會發財」、「投資的風險很高」，以及「長期並多元化的投資於共同基金這類的投資組合之中」等。你必須清楚瞭解並且能運用一些類似**衍生性金融商品**、**現金流**、**資本還原利率**，以及**沖銷**等陰謀家經常使用的詞彙。如果你能豐富自己的詞彙，你就會豐富自己的人生。我在接下來的幾章中，會說明如何藉著豐富自己的詞彙來加速整個過程。換句話說，如果你想要改變自己的生命，那麼請先改變自己所用的詞彙。好消息是：詞彙都是免費的。

總結

這一章我以強・史都華（一位諷刺性的新聞評論家），以及吉姆・克瑞莫（一位富有娛樂性的財經評論家）的訪談來作為開頭。

在那次的訪談當中，強・史都華對吉姆・克瑞莫說，「我能瞭解到你想要讓財經新聞變得更富有娛樂性，但是這並不只是×××（刪除髒話）的兒戲……，這件事情之所以會讓我這麼憤怒，是因為這等於在告訴我，你們這些人通通有份。你們都清楚知道（這些人在市場上）在幹什麼樣的勾當。」

雖然我非常理解並體諒強・史都華的憤怒，但是我無法認同他這段話的部分內容。或許克瑞莫的確瞭解這些股票交易員是如何在掠奪一般百姓們投資於股市的金錢，就如同鯊魚在掠食一群鮪魚——那群只會長期投資共同基金，希望並祈禱市場不斷地向上成長以便獲得資本利得的鮪魚。但是我非常懷疑克瑞莫是否真正瞭解有錢人在玩什麼樣的遊戲，以及有錢人是怎麼在印製屬於自己鈔票的這種把戲。

克瑞莫是一個非常聰明的股票交易員，也非常擅長選股，同時還會利用娛樂媒體來包裝自己。但是根據我個人的想法，克瑞莫事實上是在替有錢的陰謀家在工作，他必須讓選股過程這種事情充滿了娛樂性，並且不斷地提供你一些有關於哪些股票會漲會跌的內幕新聞和建言。從我個人的觀點來看，他的工作就是要鼓勵更多的鮪魚將自己的錢投入股市之中，讓鮪魚的現金流流到那些股票、債券，以及共同基金等衍生性金融商品之中，而以上的這一切，都是從一個更大遊戲裡面所衍生出來的金融商品。我相信克瑞莫最主要的工作，就是要誘使百分之九十的人進場來玩百分之十的人才懂得的遊戲。在接下來的幾章中我會解釋，你怎麼成為那百分之十能自己印鈔票的人之一。終究來說，如果你能做出一張借據，那麼你就能自行創造出衍生性金融商品，而此就等同於印製屬於自己的鈔票。

請務必記得新的金錢法則第一條：**知識就是金錢**。而且這種知識完全源自於詞彙。詞彙可以讓你跟有錢的陰謀家說同樣的語言，而跟他們說同樣的語言就能讓你開始得到他們所擁有的力量，不需要再做這些人的棋子、奴隸，甚至是受害者。藉著說同樣的語言，你就可以開始按照自己的方式來玩遊戲，玩這個名叫現金流的遊戲。

Rich Dad's

Conspiracy of The Rich

The 8 New Rules of Money

Chapter 9

成功的秘訣：銷售

The Secret of Success: Sell

Q：為什麼老鼠們的「趴」都不會很大？
A：因為膽小如鼠的人不太會賣門票。

你剛才是怎麼想的？

我可以想像有些讀者對於這則冷笑話充滿了抱怨或者呻吟。有一些讀者甚至還搞不懂這一則笑話在講什麼。有些人可能還在思索我所講的「趴」到底是什麼意思。我個人真的很不想解釋它的笑點，但是我在這裡所講的「趴」就是慈善晚會或者是就職大典之後的聚餐等，意即豪華派對（趴）的意思。我知道你們當中有人把「趴」想成其他的意義，例如百分比、趴趴熊，或者其他下流粗鄙的意思，在此我就不多加解釋了。

我之所以利用這個有關於老鼠們辦小趴的笑話，最主要的目的是，想要示範詞彙所具有的力量，同時也讓你知道一個詞彙經常會有不同的解釋，所以會造成許多誤解、欺瞞，甚至是刻意誤導。事實上一般財務建議裡有許多常用語，很有可能會在現實生活中造成人們一輩子的傷害。我把這些話稱為財經界拿來哄騙人們所用的「**財務童話故事**」。

財務的童話故事＃一：量入為出

對我而言，這些話是夢想的殺手。首先，有誰喜歡量入為出地活著？大多數人們不就是想要追求一個豐富、富有，以及富足的人生嗎？「量入為出」這種概念就會讓許多人一直在財務上保持貧窮、缺乏情感熱忱，以及渾渾噩噩。如果你再深入探討這些話裡的含意，你將可以推敲出許多其他的意思，例如，「不要渴望獲得生命中更美好的事物」，或者「你得不到自己想要的東西」等。與其直接接受並把這個建言當成教條，人們反倒是應該問問自己，「量入為出可以讓我過著自己所渴望的生活嗎？我會像童話裡的主角一樣，從此過著幸福快樂的日子嗎？」

我的窮爸爸很相信量入為出這個概念，因此我們家一直過得非常拮据，也一直拚命在省錢。身為經濟大蕭條時期出生的孩子，我的父母親幾乎留下了所有能節省的東西，就連使用過的鋁箔紙也不放過，而且他們都非得要等到有打折的時候才會買東西，就連食物也一樣。

反觀我的富爸爸，他完全不相信量入為出這種觀點。反而鼓勵他的兒子和我要勇敢追逐自己的夢想，這個意思並不是在說他選擇浪費或者揮霍無度。他完全不炫耀，也從未誇耀自己的財富，他只是單純地認為建議人們生活要量入為出，是對心理和精神上造成傷害的一種財務建言。他相信財務教育能給人們帶來更多的選擇性和更多的自由，讓人們決定自己想要過什麼樣的生活。

富爸爸相信一個人的夢想是非常重要的。他經常會說，「夢想是上帝賜給我們的禮物，是我們個人在天空中閃亮的星星，指引著自己人生的方向。」如果不是因為擁有夢想，富爸爸就絕對不可能成為一位富有的人。他也經常說，「剝奪一個人的夢想，等於是扼殺了他的生命。」這就是為什麼我所發明的現金流遊戲中，第一步就是要各位玩家選擇自己的夢想。為了紀念我的富爸爸，並且感謝我的太太金，我刻意把遊戲的第一步設計成這個樣子。

【讀者評論】

我從來就沒有想過量入為出不是一件好事情；對我而言，這句話的意思只是單純地表示自己要做一個善盡職責的財產管理人，自己所花的錢不能比所得還要多而已。如果你想要花更多的錢，那麼你就得要先增加自己的收入，但是我現在瞭解到「量入為出」的說法是具有傷害性的。這句話完全不說人們可以想辦法提升自己的生活品質，它也沒有鼓勵你這麼做。這句話按照字面上的意思是，「你現在擁有什麼就應該感到高興才對，因為你這輩子也就只能得到這些罷了。」這根本是宣告夢想的死亡。

—— Ktyspray

富爸爸經常說，「或許你一輩子都沒有辦法達到夢想，但是它仍然會在人生的道路上指引著你。」當我十歲的時候，我夢想著要和哥倫布與麥哲倫一樣遨遊四海。我完全不知道為什麼自己會有這樣的夢想，但我就是這麼想。

十三歲的時候，與其在工藝課裡製作沙拉用的木碗，我反而花了一整年的時間打造了一艘八呎長的小帆船。當我開始動手建造這艘船的時候，我滿腦都是幻想著自己在海洋中徜徉，航向那遙遠的國度。

十六歲的時候，我的高中輔導老師問我，「你高中畢業後想要做什麼？」我回答，「我想要航海駛向大溪地，到奎恩酒吧（Quinn's Bar，大溪地非常著名的地標）喝杯啤酒，並且認識一些漂亮的大溪地女人。」

她臉上帶著微笑，並將一份美國商船學院的簡介遞給我說，「你非常適合這所學校。」因此一九六五年，我就讀的高中所有畢業生當中，只有兩位（我是其中一位）獲得國會遴選而得以進入美國最熱門的聯邦軍事學院——專門為美國海軍的商船訓練幹部的美國商船學院（US Merchant Marine Academy）。如果當初我沒有夢想著航海到大溪地，我絕對不可能有機會進入這所學校，我就是因為有夢想才會產生動力。就像木偶奇遇記裡面的小蟋蟀吉明尼在「當你對著星星許願時」這首歌裡所唱的一樣，「當你把整個心都投入夢想裡，任何要求都不會太過份。」

【讀者評論】

當二〇〇三年我的獨生女訂婚時，我們家族的事業也快經營不下去了。負債不斷地增加，而我們就是沒有辦法賣出足夠的產品來平衡損益。但是，我仍然想要為女兒舉辦一場值得紀念的婚禮，畢竟她是我唯一的孩子。要怎樣才能夠負擔一場二萬六千美元的婚禮，**同時**經營一個即將倒閉的事業——唯有**敢於夢想**，答案才會浮現出來。

我們剛好趕上前一波房地產大漲的末波段，並且翻修轉賣了一間房子。這筆投資讓我們獲得了足夠的錢，來為我的女兒舉辦一場盛大的婚禮。

——synchrostl

一九六八年我以學院實習生的身分，乘著標準石油公司的油輪向大溪地出發了。當這艘船的船舷輕輕劃過清澈無比的海水，行經這個世界上最美麗的一些島嶼時，我不禁熱淚盈眶。而且你猜對了，我的確有造訪奎恩酒吧，並且還認識了一些非常漂亮的大溪地小姐。四天之後，當郵輪返回夏威夷途中，我內心因為滿足了兒時的夢想而有著一種難以言喻的滿足感。現在是為我尋找一個全新夢想的時候了。

與其過著量入為出的生活，我的富爸爸不斷地提醒我要繼續拓展自己生命中的各種限制。就算手頭很緊，我仍然開著一部好車，並且住在夏威夷鑽石頭海灘邊上的豪華公寓裡。

富爸爸給我的建議是：無論自己的思考模式、外表打扮，以及行為舉止等，都絕對不可以像那些窮酸的人一樣。他不斷地提醒我說，「你怎麼對待自己，這個世界便會這樣對待你。」

這並不是說我當時在金錢方面非常地隨便或魯莽。由於我個人對於生活水準的要求比較高，因此長久以來一直迫使自己要不斷地動腦筋思考：就算自己口袋裡沒有什麼錢，但我能做些什麼來負擔得起奢華的生活？從富爸爸的觀點來看，我是藉著和腦袋中貧窮的自己對抗，來訓練自己用有錢人的方式來思考。他經常說，「如果你的錢不夠用，那麼就用腦袋好好想一想。絕對不可以輸給腦袋中那個貧窮的自己。」

藉著動腦筋，我過著自己想要的生活。我能開著賓士敞篷車，是因為我幫別人做了一些顧問的工作，因此獲得了這部汽車的使用權。由於我替住在夏威夷另外一個島嶼上的家庭做了一些市場行銷的工作，因此我可以住在他們位於海灘邊上美麗的度假公寓裡。由於幫他們做事，他們讓我每個月以三百美元的優惠價格住進鑽石海灘邊最漂亮的度假別墅，而這個價格幾乎是別人住一晚的代價。與其量入為出，我一直不斷地拓展自己的思維，在不使自己財務狀況惡化的情形下，我一直過著非常優渥的生活。我今天就算在事業中也同樣會用到這種技巧，如果我沒有足夠的錢來獲得自己想要的東西，我就會開始想辦法來得到它，絕對不會讓銀行存摺上頭的數字來決定我自己的生活水準。

每當我聽到財務規劃師跟別人建議「要量入為出」，我整個眉頭都會皺在一起。我所聽到的，是這位「財務專家」在說，「我比你聰明，讓我來告訴你應該要怎麼過生活。第一步就是把你的錢交給我，讓我來幫你管理。」成千上百萬的人都像羊群一樣馴服地聽從這些建議，過著量入為出的生活，好把自己多餘的錢交給這些所謂的「財務專家」，而他們再把這些錢轉手交給華爾街。

與其把自己的錢交給這些所謂的「專家」，富爸爸反而鼓勵他的兒子和我要研究金錢、創業，和投資等方式，成為自己的理專。或許量入為出對一些人來說是不錯的建議，但是這種想法完全不適合我。如果富裕的生活就在伸手可及之處，我為什麼要量入為出地活著呢？

如果想要改變自己的生命，就要先從改變自己所說的話著手。開始使用那些能表達自己心中的夢想，或者形容自己想要成為什麼人物的詞彙，而不是滿嘴都是恐懼或失敗的話。請你把這次的金融危機當成一種祝福而不是詛咒，把它當成機會而不是問題，把它當成挑戰而不是阻礙，把它當成出頭的機會而不被它擊敗，把它當成是自己更應該勇敢的時候，而不是害怕退縮。當你做事開始遇到挑戰時，更應該要感到興奮，因為只有在面對困境時，才能辨別出誰是贏家或輸家。請你把挑戰和困難當成贏家鍛鍊自己的訓練場。

與其量入為出地活著，更要勇於夢想並且從小地方做起，先從簡單的步驟開始。學著聰明一點，接受財務教育、擬定一套計畫、找到良師益友、然後才放手開始追尋自己的夢想。小時候藉著玩大富翁遊戲，我的富爸爸在紙盤上看到他的夢想——他這輩子的計畫以及擺脫貧窮的辦法。他從大富翁遊戲裡一個小小的綠色房子開始，夢想著將來擁有威基基海灘上的大型度假旅館。他費了將近二十年的光陰，但是他終於實現了自己的夢想。感謝富爸爸這位良師益友和教練，讓我下定決心要認真起來，在持續堅持不懈的情況下，我在十年之內就達到了財務自由。這整個過程可是一點也不輕鬆，我犯了許多的錯誤，我被責罵的次數遠多於被稱讚的次數。我有賺也有賠，也認識了許多好人，少數一些極為優秀的人物，以及一些非常、非常惡劣的傢伙。從每個人的身上，我都得到一些無法在學校或是透過書本得到的人生智慧，整個過程並非都只是為了錢，而是我因為這樣的過程會成為什麼樣的人才是關鍵。我變成了一位真正富有的人，不會讓金錢，或者因為缺乏金錢來限制自己的生活。

生命的遊戲

以下是一張現金流遊戲的圖片。

當你觀察現金流遊戲遊戲版面時，就會看到中央有個叫作老鼠賽跑的圓圈。老鼠賽跑都是一些以「安全保障」為優先的人們所待的地方，也就是喜歡尋求工作上的保障、買自己的房子，並且投資共同基金的人，他們會把量入為出視為一種聰明的做法。

在遊戲盤的外圍有一圈叫作快車道，這才是有錢人在玩的遊戲。想要在遊戲中擺脫老鼠賽跑並進入快車道，唯一的方法就是要發揮財務方面的智慧，聰明地利用遊戲裡面的財務報表才有辦法做到。在真實生活中，你的個人財務報表就是你在財務方面的成績單，它能反應出你的財務IQ。問題在於，許多人自學校畢業之後，根本不知道什麼叫作財務報表——因此他們在財務上的表現（財務報表上的成績）註定要不及格。或許有人唸了一流的學校，成績單上有著A的好

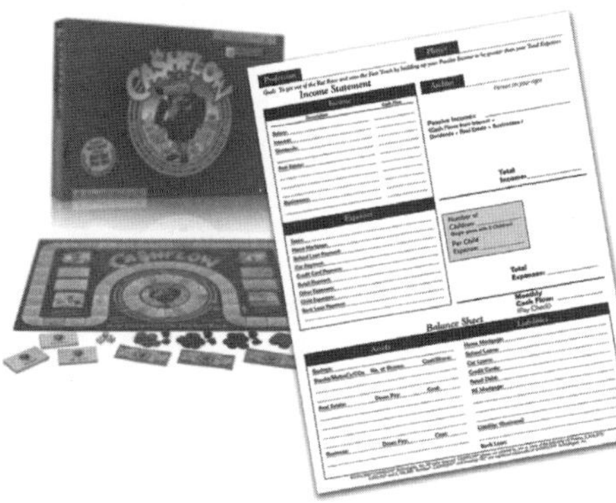

成績；但是他在現實生活中的財務表現，也就個人財務報表所反映出來的成績，卻很可能一塌糊塗。

財務的童話故事#二：好好上學就能獲得工作上的保障

我的窮爸爸非常重視工作上的保障，這也是為什麼他會這麼相信學校以及要接受高等教育的原因。

我的富爸爸則是重視財務自由，這也是為什麼他會這麼堅信要擁有良好財務教育的原因。他經常說，「生活最穩定、最有保障的莫過於，住在監獄裡的犯人。這也是為什麼監獄會有『最高等級安全戒備』這類的說法。」他也會說，「當你謀求更多保障時，你的自由將會隨之變少。」

接下來的圖形就是所謂的**現金流象限**：

- **E代表僱員（上班族）。**
- **S代表自由工作者、專家（例如醫生或律師等），或者中小企業老闆。**
- **B代表大型企業的老闆（公司員工數超過五百人及以上）。**
- **I代表投資者。**

或許你已經留意到了，現有的學校體制非常擅長於培育大量

位於E和S象限，即象限左邊的人們，這些人們同時也是最重視安全保障的一群。

在象限右邊，亦即B和I象限中的人們，則是重視自由。由於缺乏財務教育，B和I象限對大部分的人來說都充滿了神祕感，這也是為什麼很多人們會說創業和投資的風險都很高的原因。如果你是在缺乏相關教育、經驗，以及有人指導你正確有效的做法的情況之下，從事任何事情的風險都會很高。

謹慎選擇自己的專業顧問

我會聆聽很多財經顧問的看法，但是我只會遵守其中極少數一些顧問所提出來的建議。其中一位我幾乎是用虔誠的心情在追蹤他所發表的內容，這位財經顧問就是理查・羅素（Richard Russel），他是一位股票市場的專家。以下就是羅素個人對於長期投資於股票市場的看法，「投資股票市場和在拉斯維加斯賭博兩者可以相提並論。當你在拉斯維加斯賭博時，你就是在跟莊家的機率作對。這也是為什麼如果你在拉斯維加斯賭得夠久的話，到最後你一定會賠大錢。」

對於那些聽信財務童話故事的群眾，羅素是這麼說的，「對於那些以為在股票市場當中不需要下功夫就可以從中獲得自己想像中利潤的人們，長期投資這種做法，其實就等於長期在對股市納稅一樣。」

許多財務顧問最大的缺點，就是他們是在為B或I象限的人工作，自己卻反而是E和S象限的人。許多財務顧問並非B和I象限裡面的人，也就是說他們根本不算是有錢人，其中有許多理專被稱為仲介（broker，亦稱「業務員」）——股票交易員、不動產業仲介、保險經紀人（業務員）等。就如富爸爸常說的，「他們之所以會被稱為仲介，是因為他們手上什麼也沒有，比你和我更窮的關係。」

巴菲特在《巴菲特之道》一書中對財務顧問提出了一些看法，「華爾街是唯一能讓你看到坐著勞斯萊斯的人向那些坐地鐵上班的人請教投資建議的地方。」

下圖是由富爸爸的顧問安迪．泰納（Andy Tanner）所提供，特地拿來證明，以往大眾認為「請一位交易員來管理自己多元化的投資組合是一種明智的做法」根本是一種荒謬的見解。第一張圖是富達麥哲倫基金（世界上最著名的共同基金之一）、道瓊工業加權指數，以及標準普爾五百指數三者

投資績效比較圖

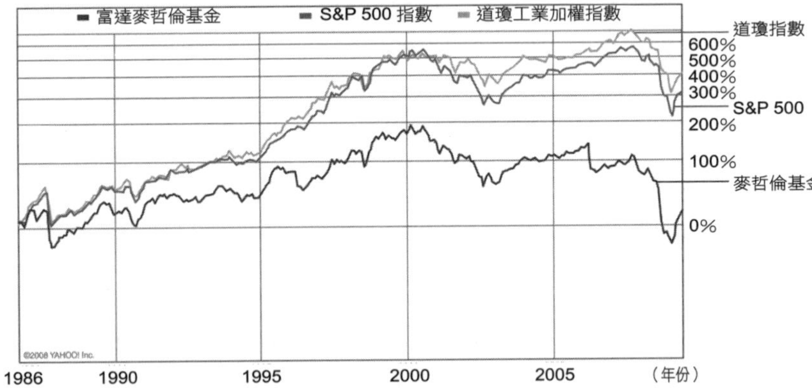

資料來源：Reproduced with permission of Yahoo! Inc. ©2009 Yahoo! Inc. YAHOO! and the YAHOO! logo are registered trademarks of Yahoo! Inc.

投資報酬率的比較。

如你所見，普普通通、完全沒有人加以管理的道瓊工業加權指數，以及標準普爾五百指數這二十年來的績效，遠遠超過了富達麥哲倫基金。

這還不是最慘痛的消息，下圖是有關於富達麥哲倫基金的績效，以及該基金年度管理費用之間的比較圖。

如你所見，自一九九五年至今，富達麥哲倫基金一共收了四十八億美元的管理費，而且在同一時期內，它的績效根本**輸給了**道瓊工業加權指數和標準普爾五百指數兩者的表現。如果你單純地投資於構成道瓊指數和標準普爾五百指數成份的股票，並且完全不加以管理，你不但可獲得更好的投資報酬率，而且在整個過程中也會節省大量的基金管理費。

富達麥哲倫基金

（年度選股管理費和績效圖）

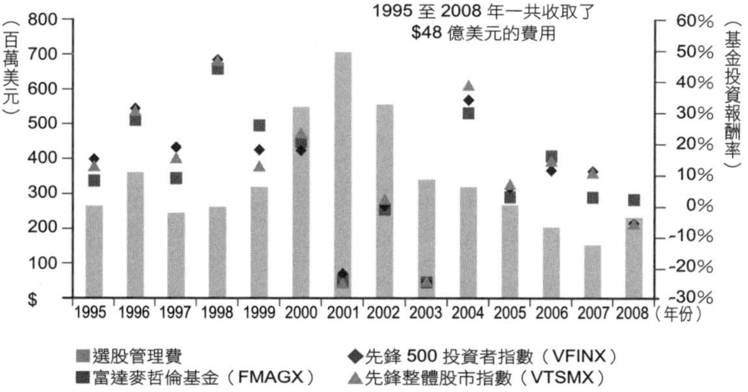

資料來源：Max Rottersman 2009

【讀者評論】

針對股票市場而言，你在這裡的建言滿精準地符合自大學畢業投入職場就開始投資股票至今的我這十五年來的經驗。我個人擁有一些少數的共同基金，眼看著它們不斷地賠錢，震盪整理，然後再次下跌賠錢。舉例來說，在同一個時期中，我所觀察的一些公司股票持續地穩健成長；在這些共同基金之中，我反而完全看不到類似的表現。

——obert

如果你的目標是要過著富裕的生活，那麼理解**現金流象限**左右兩邊之間的差異，以及謹慎地挑選自己所聽從的財務建議，這兩件事情可說是關鍵。你目前處於**現金流象限**當中的哪一個位置，會大大影響自己跳脫老鼠賽跑並進入快車道的能力與機會。

財務的童話故事#三：社會福利和股票市場

二〇〇八年十二月，全球都聽到了關於伯納德．馬多夫以及**龐氏騙局**的相關新聞。在那之前，許多人從未聽說過馬多夫這個人，也不清楚什麼叫作龐氏騙局。**龐氏騙局**一詞的由來，是因為一位移民美國的義大利人——查理士・龐茲（Charles Ponzi）在一九二〇年被投資者控告詐欺他們的金錢。龐氏騙局的意思就是「欺騙別人來進行投資，並利用投資者本身所交付的錢來當成投資的利潤，或者利用後進投資者的錢當成利潤交給先前加入的投資者」。簡單來說，就等於在搶張三和李四的錢給龐茲來使用。

馬多夫在二〇〇九年三月十二日對於進行龐氏騙局俯首認罪，同時也承認另外十一項刑事指控，以及他騙取投資者超過六百五十億美元的資金。

馬多夫的龐氏騙局被公認為歷史上最大的一宗，但是我個人並不認同這點。因為很少人真正瞭解龐氏騙局的運作原理，因此他們對於至今還在進行當中、人類歷史上最大宗的龐氏騙局仍視而不見。簡單來說，龐氏騙局就是一種財務上的童話故事，它之所以能運作，是因為持續出現新的投資者加入並且不斷地拿出錢來，好讓騙局的管理人（這個例子當中就是馬多夫本人）可以把這些錢拿來當成利潤交給先前加入的投資者。換句話說，只要持續有新進投資者願意拿出錢來，那麼龐氏騙局就可以一直維持下去，意即騙局本身無法創造足夠的現金流來負擔自己的營運開銷。

如果你好好想想龐氏騙局的定義以及它的運作原理，或許你會得到一個結論，即社會福利保障制度才是美國歷史上最大的龐氏騙局。社會福利保障制度正是因為新加入職場的年輕人願意持續掏出錢來，才能繼續維持運作。許多人都知道社會福利保障的基金早就沒有錢了，但是大眾仍在為這個我認為是政府一手主導的龐氏騙局繳錢，還寄望當自己退休時，裡面還有足夠的錢讓**他們**一起來提領。

我也不認為社會福利保障制度是至今唯一還在運作的大型龐氏騙局。我一直覺得很不可思議，因為老布希總統就職期間非常努力地推動各種法案，迫使剛加入職場的年輕人一定要把錢投入股票市場，而不是原來的社會福利保障基金。我認為，他是想要這些年輕上班族把自己的錢投入到美國史上最大的龐氏騙局，也就是股票市場。在股票市場當中，投資者唯有在股票持續上漲的時候才有錢賺，而這點必須依賴新的錢不斷地湧進市場時才可能發生。如果股票市場的資金被抽走，那麼股價就會下跌，造成投資者的損失。

這就是為什麼要清楚瞭解資本利得和現金流之間的差異如此重要。所有的龐氏騙局都是靠著資本利得作為基礎。為了使價格不斷地上漲，新的資金就必須持續地進來，這就是為什麼我認為股票市場也是一種龐氏騙局。如果沒有新的錢進來，市場就會崩跌，這點在不動產市場以及債券市場裡也是一樣的道理。只要有錢不斷地流入，這個以資本利得為訴求的龐氏騙局就可以一直維持不墜。但是如果投資者想要把自己的錢領回來，價格就會下跌，因此最後就沒有足夠的錢可以拿來還給剩下的投資者。二〇〇九年，共同基金公司面臨的最大問題，就是流出的現金流持續增加。今天，許多共同基金公司面臨了籌措現金上的困境，無法找到足夠的錢來交給那些贖回的人潮。投資者開始發現，絕大部分的共同基金都是一些合法化的龐氏騙局。

財務教育的重要性

想要在現代的生活中獲得成功，必須要擁有三種不同類型的教育，分別是：

1. 學術教育：閱讀、書寫，以及算術的能力。

2.專業（技職）教育：學習如何為錢工作的能力。

3.財務教育：學習如何讓錢為自己工作。

我們當今的教育體系針對前兩項教育可算是非常稱職，但是在提供財務教育方面則是完全不及格。數百萬受到良好教育的人損失了數兆美元，因為財務教育並沒有納入當今的學校體系。

我讀書時成績並不好，不僅不擅長閱讀、寫作，或是算術，也從來不想成為一個E或者S象限的人。我從很小的時候就知道，學校體系不是一個可以讓我出頭的環境，這也是為什麼我會那麼致力於自己的財務教育之上，藉著研究B和I象限，我知道自己將來會比那些努力準備成為E和S象限的人們，擁有更多的錢以及更多的自由。

經濟大蕭條之後的生活

就如我稍早所說，上一次的經濟大蕭條對我的窮爸爸造成了很深遠的影響。他因此上學唸書、認真用功，最後達成了他自己的童話故事：也就是藉著從事教職的工作而獲得了一個安全穩定、有保障的工作。他在E象限裡面感到很安全，但問題在於，當他失去工作之後，他的童話故事就變成了一場夢魘，後來還因為聽信不良的財務建議而賠光了自己的退休金。要不是有社會福利救濟金，他可能還會面臨更悲慘的財務狀況。

上一次的經濟大蕭條同樣也對我的富爸爸造成深遠的影響。他清楚知道自己的未來是在

B和I象限之中：雖然他未曾在學術成績上有傑出的表現，但是他在財務教育方面一直是個非常精明且敏銳的學生。當全球經濟復甦之後，他自己的財務IQ也早已經準備好了，因此他的生活和事業雙雙同時起飛。他的夢想終於成真了。

二〇〇九年，數百萬計的人們都跟隨著窮爸爸的腳步。許多人為了E和S象限裡的工作而重返學園接受新的訓練，但是他們這麼做仍然沒有提升自己財務教育的水準。他們以為只要咬緊牙關撐一下，就能熬過這段經濟低迷期。數百萬的民眾開始崇尚節約，將量入為出的生活發揮到極致，同時壓抑自己的夢想，使得窮酸貧賤成為新的主流。

但是也有其他人跟隨著富爸爸的腳步，不斷地在拓展自己的財務教育。現在包括哈佛以及牛津等許多知名大學都在提供創業相關的課程，有關於創業、不動產投資、有價證券買賣等培訓課程都人滿為患，數百萬的民眾開始注意到還有另外一種教育，即是財務教育這一條路，可以讓他們在未來新經濟當中創造自己的未來並實現自己的夢想。

所以問題就是：你追隨的是哪一種未來？當下一波經濟蕭條或者是經濟衰退結束後，那時候的你在從事著什麼樣的工作？屆時你會領先群倫，還是遙遙落後？

兩種老師的故事

我一位要好的年輕朋友叫作葛列格（Greg）。他是一位社會企業家（Social Entrepreneur）。更精確地說，他專門經營特種教育的學校，幫助那些有嚴重學習障礙的孩子，也就是加州教育體系不願意或者無法處理的小孩。今天，歐巴馬總統提撥數十億美元的補助經費，葛列格所從事的就是其中一個可以受惠於這些經費的行業。換句話說，他的事業正在蒸蒸日上。既然他的事業正在蓬勃地發展，因此他擁有的學校愈來愈多，並且聘用了更多的特教老師。

我想表達的重點是：葛列格是個位於B和I象限的教師和社會企業家，他所聘請的特教老師則來自E和S兩個象限。葛列格和他的老師們雖然在同一所學校裡面工作，但是完全活在兩個不同的世界裡。

我從葛列格十九歲起就認識他了，今天三十三歲的他早已經變成了一位百萬富翁。他經常開玩笑地告訴別人，他之所以會這麼成功，是因為他擁有一個「博士」學位——「博」學的「市」立高中學位。反而是許多他聘請的特教老師**確實擁有**博士學位。因此你可以想像，葛列格所聘請的老師和他之間難免會有一些排斥感存在。葛列格的夢想是擁有數十間學校、聘用數百位教師，同時幫助數千位有學習障礙的孩子，而他所聘請的老師則是擁有不同的夢想。

暢銷書作家，並非最會寫文章

幾年前，有家規模很大的報社刊登了一篇有關於我的文章，並且批評我從前是一位影印機業務員。因此其他記者來訪問我，問我一位影印機業務員怎麼可能搖身一變成為暢銷書作者？很明顯地，這位記者搞不好當年在大學修英文課時成績優秀，文筆風采也可能比我好得太多了，但是他誤解了**暢銷書作家**的意思。就如同我在《富爸爸，窮爸爸》這本書裡面所講的，我並非**最佳文學作者**，我是一位**暢銷書作家**。許多人都很會寫文章，但是很少有人會**賣**

得好。

對很多人來說，**銷售**（sell，亦可當成「推銷」或「賣」）是一種鄙陋的字眼。我的窮爸爸甚至認為**推銷**這個字是一種髒話，就像也有很多人以為，在我那一則有關於老鼠辦派對的笑話中，**趴**代表了一種粗俗的意思。對於身在學術界並且擁有高等教育的窮爸爸來說，推銷這種觀念是一種不正當的想法，他認為業務員都是一些人渣。至於我的富爸爸則認為，**銷售**對於任何創業家來說，都是在財務上獲得成功的關鍵。

【讀者評論】

我認為業務是最偉大的職業之一。我們每一個人都在從事銷售：我們不斷地向朋友推銷哪一部電影好看、或者哪一家餐廳好吃；我們不斷地向先生推銷應該由他們來倒垃圾這種想法；我們為孩子推銷為什麼他們必須培養良好工作倫理的理由；我們也得說服自己為什麼需要買下某一件新洋裝。當金錢介入交易之後，銷售才會得到它的惡名，推銷也才會變成不好的事情。但是，請你停下來好好想一想……，如果銷售不存在，我們現在會怎麼樣？我們所擁有的事物幾乎都是由別人賣給我們的。我想我們應該要更成熟一點，並理解到，如果不是我們一開始就想要的話，其實沒有任何人能把東西「推銷」給我們。所以，不要再責怪那些「業務員」了。

——synchrostl

我之所以會提到那位社會企業家的朋友葛列格，是因為葛列格和他所聘請的老師之間的確有所差別。在這些差別當中，其中有個關鍵可以在「銷售」這個字裡面找到。對很多老師來說，藉由販賣教育來致富可能違背了他們最深層的一些價值觀，但是葛列格很清楚地知道，如果自己不懂得銷售，那麼他所聘請的老師就不會有薪水可領。

葛列格同時也知道，他愈會銷售，就能賺到愈多的錢，可以讓他買下更多學校、聘請更多老師，並且幫助更多學生。無論葛列格和他太太朗妲（Rhonda，也是一位教師）擁有多少間學校，這些被聘請的老師領的仍然是一樣的薪水。這兩者之間差異的原因，就是**現金流象限**左邊的心態與**現金流象限**右邊不同的關係。

我提到葛列格的另外一個理由，是因為他不斷地把「票」賣給加州政府。當他擁有的學校愈來愈多時，他所能賣出的票也就愈來愈多，而他聘用的老師只會出賣自己的勞力。這些人只會賣一種票：就是他們自己本身。我的重點是，那些能大量推銷「票」（一些產品或者是服務）的人，就能比那些只能賣出一張門票（自身勞務）的人賺到更多的錢。在電影界裡，能夠賣出最佳票房的電影明星就能夠賺到最高的片酬。這在音樂界來說也是一樣，能賣出最多衍生性商品（CD、音樂會門票、或者是下載次數）的音樂家就會賺到最多的錢。在運動界裡，推廣美式超級杯橄欖球比賽，或者是溫布頓網球公開賽的單位也能賺取大筆的財富，因為他們可以出售大量的入場券以及媒體轉播權。簡單來說，如果你無法賣出任何「票」（你自己本身的衍生性商品），你就只好出賣自己的勞務。我藉著書籍、遊戲、特別活動等，也就是自己本身的衍生性商品來銷售數百萬計的「票」。我個人推銷各種「票」的能力，是我在面臨金融危機時還能持續致富的原因之一。

一九七四年離開海軍陸戰隊的時候，我很清楚地知道不想跟隨自己窮爸爸的腳步，更不想要到E和S象限之中。這也是為什麼我並沒有回到標準石油公司當船員，或者替某家航空公司做飛行員。再次強調，我的夢想並不存在於E或S象限裡，我的夢想是要到B或I象限之中。我要的並非工作上的保障，同時我也不想要過著量入為出的生活。

因此我決定要跟隨著富爸爸的腳步。當我問他要如何成為B和I時，他簡單地跟我說，「你必須學會如何銷售。」因為他這番建議，我以實習業務員的身分加入了全錄公司（Xerox）。對我而言，學習如何銷售比學習飛行還要困難許多。我並不是天生的業務員，而且我非常痛恨被人拒絕。我以IBM公司為競爭對手，不斷挨家挨戶推銷全錄公司影印機的過程中，我有好多次差點被公司開除的經驗。經過兩年的時光，我大大提高了自己的銷售技巧以及自信心，因此我開始享受原先讓我害怕不已的工作。在接下來的兩年之內，我一直維持在全錄公司檀香山分公司最頂尖的五位業務員之一，我的收入也因而獲得爆炸性的成長。雖然我賺了大錢，但是這整個過程中最棒的地方，是我所受到的專業銷售訓練，以及我在銷售過程中所培養出來的自信心。一九七八年，當我利用閒暇時間所創立的尼龍錢包事業正要起飛時，我離開了全錄公司。但是我在全錄公司所接受的業務訓練，讓我變成了一位有錢人，遠遠超出我當時所付出的代價數倍以上。

成為銷售（推銷）的學徒

我成功的祕密就是因為**銷售**這個字的關係。在一九七四年，我違背了窮爸爸的價值觀，並且成為**銷售**這個字眼的學徒。在金錢的世界裡，銷售這個字眼非常重要。我辛苦奮鬥了整整三年，學習如何銷售，終於在一九七七年成了全錄公司最佳的業務員。一九七九年，我的第一個事業所推出的運動器材已經變成了炙手可熱的新商品，也就是尼龍織成的衝浪者錢包。當我在一九八二年剛好趕上MTV起飛的年代，開始跟杜蘭杜蘭（Duran Duran）、警察（The Police），以及范海倫（Van Halen）等樂團配合銷售搖滾樂產品的時候，我的事業獲得了爆炸性的成長。一九九三年我的第一本書《如果你想生活得富裕幸福，不要去學校》（*If You Want to be Rich and Happy, Don't Go to School*）推出之後，立即成為美國、澳洲和紐西蘭的暢銷書。一九九九年我推出了《富爸爸，窮爸爸》，之後也變成了《紐約時報》的暢銷書之一。當我在二〇〇〇年受邀上歐普拉（Oprah）電視秀之後，《富爸爸，窮爸爸》一書旋即成了國際暢銷書，被翻譯成五十四種不同的語言，並且在一百多個國家中銷售。如果一九七〇年代，我沒有到全錄公司學習如何銷售的話，以上這一切都不可能發生。

窮的人沒有東西可賣

許多人之所以在財務上一直不斷地掙扎，有個很大的理由，也就是他們沒有什麼東西可以銷售，不知道如何銷售，或者二者皆然。因此，如果你的財務狀況不好，就去找個可以銷售的東西，學習如何提升銷售的技巧，甚至兩者同時進行。如果你真的對於改善自己銷售技巧很感興趣的話，我最要好的朋友之一布萊爾・辛格（*Blair Singer*）成立了一家公司，專門培訓個人和事業有關銷售的藝術和科學。他的培訓課程雖然嚴厲而且要求標準很高，但是他的成效非常顯著，你可以在 salesdogs.com 這個網址上找到他公司的資料。布萊爾・辛格是國際公認的銷售訓練天才，他同時也是富爸爸顧問系列叢書中《富爸爸銷售狗》一書的作者。改善銷售技巧是一種提高自己收入的聰明做法，無論你目前位於哪一個象限都適用。

很多人都擁有偉大的產品或者是服務。問題在於，銷售業績並不會光顧最佳的產品或服務，而是給那些最懂得銷售的人們。換句話說，不懂得如何銷售會付出很大的代價，你不知道你損失了多大的潛在生意，並且少賺了多少鈔票！

這也是為什麼川普和我會建議你要考慮傳銷事業的理由之一，如果你真的很認真地想要成為一位創業家，我建議你投資幾年的時光（利用自己閒暇時間），藉著加入傳銷事業來學習銷售的技巧。你所接受的訓練，尤其是克服自己被別人拒絕的恐懼等技巧，都是無價之寶。

賣方與買方

二〇〇二年，我在多倫多證券交易所第一次讓自己的公司公開發行股票上市，這家公司是位於中國的一家礦冶公司。從我的觀點來看，打造一個事業並讓它公開上市，也就是在股票市場上出售自己公司的股份，應該是所有創業家最終極的目標。當我的公司正式公開上市時，我在心裡默默地對富爸爸說了一聲「謝謝」，感謝他鼓勵我成為銷售這個字眼的學生，而不像我的窮爸爸那樣把這個字當成一種下流的字眼。

如果我們觀察現金流的遊戲，你就能很清楚看到，為什麼這麼多人會損失了大筆的財富。將我自己的公司公開上市是一個在快車道發生的事件。在B和I象限的世界裡，那些提供初次公開發行（IPO）的人們被稱為**大股東股權轉讓**（Selling Shareholders）。那些轉讓股權的大股東把自己手上的股份賣給那些老鼠賽跑裡面的人，藉此獲得鉅額的收益。因此，在此要學到的重要觀念就是，在金錢的世界中同時存在著買家和賣方。在金錢的世界裡，有錢的人都是站在**賣方**，而貧窮的人或者中產階級都是**買家**。買家都位於現金流象限 E 和 S 的那一邊，而**賣方**都是位於 B 和 I 象限的這一邊。

想要更清楚地瞭解買家和賣方所構成的遊戲，請造訪 http://www.conspiracyoftherich.com 這個網址，我會在一段影片裡有更進一步的說明。

結論

當你環視當今全球的經濟，你就能輕易看出，為什麼我們會遭逢這樣的金融危機：中國不斷地銷售，而美國則是拚命地購買。換句話說，美國買進的比它自己賣出的還要多。不僅如此，美國買進時所用的錢還是借來的，也就是把自己的房子當成提款機來用。全世界幾乎都把美國當成最終端的消費者，這麼一來就會在我們國際貿易中產生所謂的貿易逆差，因此促使美國國債以數兆美元的額度不斷地增加，同時讓我們背負著愈來愈沈重的稅賦。

中國現在是我們最大的債主國，我們整個國家已經失去了銷售的能力，無法扭轉買多於賣的事實，我們也很容易就能看出為什麼這麼多公司接連倒閉。隨著經濟的委靡不振造成營收下降，很多會計部門也開始刪減公司的廣告預算，這是所有手段當中最差勁的一種。刪減廣告預算就等於毀滅一個事業，各種事業反而更應該在經濟不好的時候增加它們的廣告預算，來獲取更大的市占率。俗話說得好，「業績能解決所有的問題」，沒有廣告的話你就不可能會有業績。

從個人的狀況來看，如果你想要跳脫老鼠賽跑、前往快車道活出富裕的生活，就必須克服自己被人拒絕的恐懼，並且學習銷售這個非常有價值的技巧。請務必記得：**將注意力擺在銷售而不是購買上**。數百萬計的人們之所以會面臨財務上的問題，原因是他們熱愛購買，但是痛恨銷售。如果你想要變成有錢人，你賣的一定得要比買的還要多，這句話的意思絕對不是要你量入為出地過生活。與其量入為出地活著，不如好好學習如何銷售，那麼你就能提升自己的生活水準，並且放手追逐自己的夢想。如果你能賣的比買的多，你就不需要量入為出地過生活，或者死抓著有保障的工作不放，或者跟其他那些膽小如鼠的人們一起參加無關緊要的小趴（派對）。

Rich Dad's

Conspiracy of The Rich

The 8 New Rules of Money

Chapter 10

打造未來

Building for the Future

大野狼說：我吸……我呼……，然後把你的房屋吹倒！

我們很多人都聽過「大野狼和三隻小豬」的故事，它是個非常好的童話故事，含有一些適用於各個年齡層、可以應用在日常生活的教訓與意義。就像故事中所說，從前有三隻小豬，其中一隻豬用稻草來蓋自己的房子，第二隻豬用樹枝來打造自己的房子，而第三隻小豬則是用磚頭來建立自己的房子。

用稻草打造房子的小豬率先完工了，因此牠有很多的時間可以玩耍。沒有多久之後，這隻用稻草蓋房屋的小豬就慫恿第二隻小豬趕快完成用樹枝所蓋的房屋，牠才有伴一起玩耍。當用樹枝蓋房屋的小豬也完工之後，兩隻小豬就一起歡笑、唱歌、玩耍，甚至還揶揄第三隻小豬，也就是在用磚頭打造自己房屋的小豬，因為牠非常辛苦，還要花這麼久的時間才能蓋好房子。到最後磚造的房屋也完成了，因此三隻小豬都可以快樂地享受生活。

直到有一天，大野狼無意間路過了這個快樂的小社區，並且看到了三隻美味的大餐。看到逐漸逼近的大野狼，三隻小豬各自逃回自己的家裡去了。大野狼首先來到稻草屋之前，並命令裡面的小豬出來，當小豬拒絕牠之後，大野狼就簡單地吸氣、呼氣，輕鬆地把稻草屋給吹倒了。這隻小豬就趕緊逃到用樹枝蓋的房子裡。再一次地，大野狼要求兩隻小豬出來，但是又被拒絕了。大野狼一吸一呼之間，就再度把這棟用樹枝蓋的房屋給吹倒，所以兩隻小豬只好跑到用磚頭建造的房屋裡。

充滿自信的大野狼相信這一次可以同時逮到三隻小豬來當晚餐，因此牠勇敢地走到磚造房屋之前，並且命令三隻小豬出來，可是再次被三隻小豬拒絕了。就如大家所知，大野狼雖然費盡力氣吸氣又呼氣，但是這個磚造的房屋完全聞風不動。一而再、再而三地，這隻大野狼又呼又吹，就是無法將磚造的房子吹垮。耗光力氣的大野狼只好黯然離開，而三隻小豬就開始慶祝牠們的勝利。

在這則童話故事當中，前兩隻小豬很快地汲取教訓，並開始用磚頭來建造自己的房屋，因此三隻小豬從此就過著快樂的生活。但是就如你所知道的，「三隻小豬」只是一則童話故事罷了。在現實生活當中，人們會要求政府拿著納稅人的錢來拯救他們，然後這些人再次用稻草和樹枝來打造自己的房屋。這樣的童話故事不斷地重複發生，但是人們卻永遠都學不會教訓，而大野狼也仍然躲在黑暗中虎視眈眈。

由稻草和樹枝蓋成的房子

有隻大野狼——次級房貸危機——在二〇〇七年時從森林當中現身了。當這隻大野狼吸氣、呼氣之後，就把這些用稻草打造的跨國大銀行通通吹垮了。隨著這些稻草銀行的垮台，它也一併拖垮了其他用稻草和樹枝所打造的房屋。今天，那些像是AIG集團、雷曼兄弟、美林證券、花旗銀行、美國銀行、美國通用汽車，和克萊斯勒等巨型的跨國企業，就像是稻草屋一樣地被吹垮了。全球的民眾開始發現，原以為是用磚頭建造的這些巨型企業，其實只是用稻草地樹枝搭蓋出來的房子。隨著這些巨大的房子被吹垮，它們所造成的餘震也持續影響著周遭的中小企業和一般民眾。

今天，許多公司都關門大吉，全球失業率一直增加，房屋的價格不斷地往下跌，而且存款也即將耗盡。就連像冰島這樣的國家體系，也開始宣布違約倒債；還有其他像是美國、加州（它是全球第八大經濟實體）等，也都瀕臨破產的邊緣。很不幸地，一般大眾並不像三隻小豬一樣汲取教訓，重新用磚頭來打造自己的房屋，而是仍然寄望聯準會、華爾街，以及政府的領袖們來幫我們解決這些問題。

全球的人都在問，「我們的領袖們打算怎麼辦？」我相信更重要的問題應該是，「你和我應該要怎麼做？」更精確一點來說，你和我要如何建造屬於自己的磚造房屋？

用磚頭來打造房屋

我是藉著重新塑造並教育自己，來開始打造屬於自己的磚造房屋。如你所知，新的金錢法則第四條是：**為最壞的打算做準備，所以生活只會愈來愈好**。一九八四年，我開始跟我的太太金討論當前所看到未來經濟的演變，以及我們為什麼必須為此開始動手準備。我們並沒有充滿恐懼，她簡單地握著我的手，我們就一起踏上了人生的旅程，攜手打造了一棟非常堅固的磚造房屋。我們剛開始踏上旅程的時候，身上還背著債務：我之前的事業賠了七十九萬美元，其中還有四十萬美元尚未還清，當時的我身無分文，也沒有工作、房屋，甚至是汽車。我們倆所擁有的只有身上的衣服、兩只手提箱、我們之間的愛，以及我們對未來的夢想。

【讀者評論】

我最大的阻礙就是「方便的現金」，也不幸多次掉入這個陷阱之中。我親身體驗到複利不光只是一個數學公式而已，我現在正在努力讓複利的效果為己所用，而不是用來害自己。

—— Robertpo

一九八六年我們開了一瓶香檳慶祝「零」這個數字。在我們兩個一起努力之下，我們還清了四十萬美元的不良債務。在一九九四年的時候，我們完全達到了財務自由，一起打造了生命中的磚造房屋。我們為最壞的情況做準備，因此我們的生活只會愈過愈好，就算是面對金融海嘯也一樣。這並不表示我們完全都沒有遇到阻撓、掙扎、失敗、損失，以及一些慘痛的教訓。但是我們**的確**將自己所遇到的阻撓、掙扎，以及慘痛教訓等，看待成建立磚造房屋的必經過程。

磚造房屋的計畫

上圖就是建立磚造房屋的計畫，我們稱之為B—I三角形；下圖則是**現金流象限**。

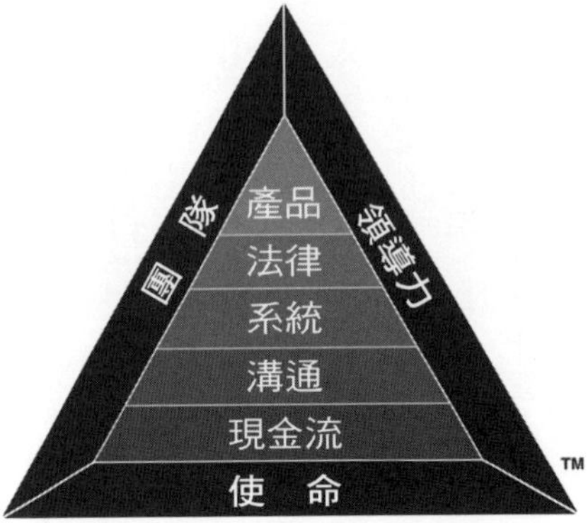

B—I三角形是由第九章所說的**現金流象限**中衍生出來，這點在我另外一本《富爸爸有錢有理》一書裡面有更詳盡的探討。

簡單來說，我跟金一起把自己的生活設計成**現金流象限**右邊的B和I之中。你也一樣可以這麼做，就算對你個人而言現在待在象限左邊比較有利也是如此。讓我做進一步的解釋。

1. 技術上來說，B—I三角形適用於現金流象限任何的象限之中。

2. 每個人的生活都是以B—I三角型的八項完備因素作為基礎，並受到它的影響——無論他身處於哪個象限之中。問題在於許多人根本不知道何謂B—I三角形。

如果一個人的生活中缺乏了八項完備因素的任何一項，那麼他在財務上就不算完備；就算他是位做人誠實、努力工作的人也一樣。我之所以會這麼說，是因為根據**完備**（integrity）這個字眼的定義來看，它的意思是「完整或者是健全」，而不是像常見的解釋那樣，具有道德方面（誠信正直）的其他意思。**完備**這個字同時也有「和諧運作」之意。如果一個人缺乏其中一兩項的時候，幾乎不可能以和諧的方式來運作自己生活的各個層面。接下來簡單扼要地解釋這八項完備的因素。

完備因素#一：使命。我相信每個人在生命當中都擁有個人的使命。對你而言，找出自己的使命是相當重要的一件事情，要把它寫下來並經常拿出來看。在生命不同的階段，個人的使命也會有所不同。舉例來說，當我在一九六五年加入美國商船學院時，首先要做的事情就是背誦學院的使命。在那四年當中，我的使命就是要服膺學院的使命。當我擔任越戰當中海軍陸戰隊的飛行員時，我很清楚我的使命是什麼：也就是要把自己的弟兄們活著帶回來。對我而言，這是個精神上的使命。

今天，我的使命是要提升全人類優質的財務水準，並為世界帶來財務教育。當我在一九七〇年代只為了賺錢而生產產品時，我內心的感受非常糟糕，生命也沒有什麼方向，而且毫無生命力可言。雖然生活很有趣，但是我知道總是缺少了一些什麼。我在一九八一年遇見了富勒博士，是他提醒了我使命的重要性。在我們會面之後，我很清楚地知道自己再也不能從事生產加工業，因此也準備勇敢地踏出第一步來成為一位老師，專門教導別人富爸爸所傳授給我的知識。一九八四年，正當我要勇敢地踏出第一步時，我遇到了金，因此我們倆一起設定了一個使命，要成為財務知識方面的老師。我們一開始的時候其實什麼都沒有，只是擁有一種使命感。

金和我相信，如果一個人的生活不完備，又跟自己這輩子使命不相符合的時候，他的生活就會開始發生問題。「個人的使命」和「活著的意義」就是人生的基礎，想要做到八項因素完備，這點是不可或缺的。

完備因素#二：團隊。常言道，「人不能獨活。」凡是談到事業和投資領域，沒有比擁有一個專家所組成的團隊——律師、會計師等——來幫助自己達成目標更重要的事情了。團隊可以輔助你的弱點並強化自己的優點，而讓所有人更加堅強。團隊也會砥礪你要擔當起應負的責任，並且不斷地鞭策自己向前進。

我在學校裡所面對的挑戰之一，就是學校要把我們訓練成獨自面對考驗的個性。如果我想在考試時跟任何同學進行合作或者尋求協助的時候，我就會被指控為作弊。我相信這種思維模式造就了成千上萬的人們像是孤島一般地活著，非常害怕與人合作，這可能是因為他們從小被訓練成與人合作隱隱約約好像跟作弊有關。

在現實生活當中，我們的成功完全取決於團隊的品質。舉例來說，金和我擁有一群卓越的醫生所形成的團隊來照顧我們的健康。我們也有一群由工程師、水電工、承包商、原料供應商等所組成的優秀團隊，在我們面對無法處理的問題時，我們打電話尋求這一群我們所相信的人們來幫忙。在我們的事業當中，我們擁有一群卓越的員工和專家，來幫助我們解決事業上所面對的問題。而且在精神上，我們也有所謂靈性的團隊夥伴，確保自己的身心靈和情緒可以提升至更高的境界。我們沒有團隊的話，是絕對無法成功的。

完備因素＃三：領導力。在軍事學院時，我們有接受領導力的訓練。很多人認為身為一個領袖就等於必須知道所有的答案，同時也得要求別人都聽話照做。沒有比這個更荒謬的想法了。真正的領袖瞭解，所有團隊成員都擁有非常具有價值的想法，而且也能成為團隊成功的關鍵。

想要成為一位優秀的領袖，首要就是學習如何讓自己成為一個傑出的隊友。當我自軍事學院畢業加入海軍陸戰隊時，我持續地培養自己領導和團隊合作的能力。今天，身為自己事業的領袖，我仍然繼續在發展自己的領導能力。想成為一位優秀的領袖，其中有個方法就是不斷地學習，並願意隨時接受隊員的回饋意見——就算是你不喜歡的回饋也一樣。我曾經學到有關領導力最有價值的一些經驗和教訓，都是透過毫不留情面、直接坦白的回饋。

或許你曾經看過年長的海軍陸戰隊士官長，臉貼著臉對著年輕新兵破口大罵的畫面，這些新兵正在學習如何接受別人的回饋。現實生活就是一種全面的回饋機制。當你踏上浴室裡的磅秤，並發現自己超重二十磅時，這就是一種回饋。如果你被公司開除、身無分文、甚至離婚，這也是一種回饋。接受回饋是身為領袖最重要的一點。很不幸地，很多我們商業界、勞工界、政治界，以及教育界的領袖，無法從世界經濟變化所發出來的訊息當中接受到回饋的訊息。看樣子他們就是搞不懂這件事情。

如果個人、家庭、事業、或者是經濟面臨困境，那都是因為缺乏領導力所致。俗話說得好，「樹必定從根爛起。」我們應該問自己的一個重要問題就是，「我在自己的生命當中，算不算是一位傑出的領袖？」或許你應該問問其他人的意見，看看自己在家庭裡，在自己擁有或替它工作的公司裡，以及自己所居住的城市與國家之中，自己領導力的品質如何。千萬不要害怕從你的家人、客戶、老闆，以及朋友獲得的坦誠回饋。只有藉著接受回饋，並根據這些回饋做出正面的改變，你才能成為一個更傑出的領袖。

完備因素＃四：產品。任何推到市場上的東西都可以稱之為產品。它或許是一種商品（例如水果），或者一種服務（例如法律諮詢、網站設計、或者是割草等）。我們在世界經濟體系當中，就是藉著產品來交換金錢。產品就是我們創造現金流收入的工具。

如果一個人的產品不佳、品質不良、服務速度緩慢，或者過氣過時，這個人在財務上的表現也必定不佳。假設你擁有一家餐廳，而這間餐廳送餐服務的速度緩慢、口味不佳而且價格昂貴，我想收入應該會一直減少才是。遲緩的、劣質的、過於昂貴的產品，就是造成許多家庭、事業，以及政府機構臨財務困境的元兇。

當我遇到在財務上掙扎不已的人時，我首先會檢視的就是他的產品或者服務。如果這個人不下工夫來改善或更新自己的產品，這個人的財務狀況很可能會持續下去。而且，如果這項產品跟這個人的使命並不相符合，那麼這位仁兄的生活一樣也會面臨挑戰。舉例來說，當我的產品是生產尼龍錢包的時候，我的事業一直是命運多舛，因為我的精神層面無法與自己的產品結合——我真正的使命是要成為一個財務的教育家，而不是一個生產者。我相信我的書籍、遊戲跟事業之所以會這麼成功，是因為它們是我自己的精神和這輩子的使命所衍生出來的產品。

完備因素#五：法律。不管你是否喜歡，我們所居住的世界裡充滿了各種規定。想要成功，你必須要瞭解規則，並且在這些規範之下竭盡所能地發揮效率工作——這就是為什麼在一個團隊裡擁有一位優秀的律師是件非常聰明的決定！如果沒有這些規則，我們文明的社會就會分崩離析。舉例來說，身為一個美國人，如果我在英國仍然使用美國的交通規則來開車，由於英國的行車方向剛好和美國完全相反，因此我的結局就可能會是躺在醫院的床上，甚至被關進大牢裡。

如果一個人不按照規則來做事的話，他的生命當中就會面臨各樣的挑戰或問題。舉例來說，如果一個人抽菸、暴飲暴食、完全不運動、忽視自己身體所發出的警訊，那麼這個人一定會產生健康方面的問題，在金錢方面來說也是一樣的。如果某人搶劫了一個商店，這個人很可能會吃牢飯。如果某人背著另一半在外頭搞外遇，這個人一定也會在生活上面臨重大的困難與挑戰。打破規則對於生活、家庭、事業和國家等來說，都不是一件好事。

完備因素#六：系統。事業和生活上想要獲得成功的關鍵之一，就是要瞭解有效率的系統的重要性。人類的身體當中有許多同時運作、彼此又相互配合的系統。舉例來說，我們身體具備排汗系統、骨骼系統、消化系統、血液循環系統等等。如果有某個系統的運作不正常，整個身體就會產生麻煩。

在事業領域當中，也有所謂的會計、法律、溝通，以及其他各式各樣的系統。而在我們的政府體系當中，也有司法、交通、社會福利、稅務、教育，以及其他不同而需要加以管理的系統。如果其中有個系統出了問題，整個政府都會面臨問題，甚至運作不順暢。許多人自己的財務系統都具有瑕疵甚至是停擺，因此使得他們一直面臨著財務方面的困難，無論他們是賺多少錢還是多麼辛苦地工作亦然。

完備因素#七：溝通。「我們現在的問題是因為溝通不良所引起。」這句名言是出自「鐵窗喋血」（Cool Hand Luke）這部老電影，而且也經常會在許多組織當中聽到類似的話。對個人和家庭來說也是一樣。我在越戰親眼見到，許多敗仗和死亡之所以會發生，完全只是因為溝通不良所導致的。由於溝通品質不良，我們經常會轟炸或是開槍射擊自己的部隊。我們有時候甚至在自己內心也會面臨同樣的問題。

這本書絕大部分都和溝通有關，亦即學習如何運用金錢的語言以及該語言所用的詞彙等。對多數人而言，金錢的語言就像是一種外國話。如果你想要改善自己和金錢之間的溝通，那麼請你先從學習金錢的語言開始著手。

完備因素#八：現金流。現金流經常會被人稱為「損益」。如果一個銀行家想要評估你的財務ＩＱ，他就會要求你提交自己的財務報表。由於多數人根本不知道什麼叫作財務報表，因此他們就會要你去申請所謂的信用貸款。次貸危機就是因為這些世界級的大銀行，願意給那些繳不起貸款最窮的人們、公司，以及國家所謂的信用貸款而產生的。

金錢的新法則第三條：**學會如何控制現金流**。這是一項非常重要的法則，因為藉著控制現金流，你就可以同時控制這八項完備的因素。如果你能控制現金流，你就能控制自己的生活（無論你原本的收入是多是少）。這就是為什麼我創造了現金流這套遊戲，而現在現金流俱樂部遍布全球各個國家——就是用來教導人們控制現金流的重要性。如果你想要更深入瞭解B–I三角形裡面的八項完備因素，你可以造訪http://www.conspiracyoftherich.com這個網站，我個人會在一段影片上解釋，為什麼這對你的事業是這麼重要的一件事情。

【讀者評論】

我以為自己在財務上已經做得非常完善了。我也一直在跟別人宣導完備的生活是多麼重要的一件事情。我對於完備（或誠信）的想法就是避免惹麻煩、不背著另外一半搞外遇等諸如此類的事情。我幾乎沒有意識到所謂的完備也包含了財務領域。在仔細檢視自己的生活之後，我發現自己在財務方面並沒有達到完備的程度。我們的內心充滿了感激，因為我們現在有了機會來改變自己的人生方向。

——msrpsilver

如果你是對於B–I三角形或是現金流感興趣的創業家和投資者，我在《富爸爸辭職創業》以及《富爸爸提早享受財富》這兩本書裡都有更深入地探討B–I三角形。你可以在書店、網路書店上、甚至上富爸爸網站下載錄音檔來取得這兩本書。

自我分析

請你花一點時間檢視一下B–I三角形各種完備的因素，並問自己到底比較擅長哪些領域，或者在哪些方面比較弱。問自己一些諸如此類的問題，「我的法律團隊中有哪些人？」或者，「誰是我在報稅和會計方面的顧問？」或者，「當我需要分析財務狀況或者進行投資時，我能找誰討論呢？」

我想表達的重點是，當你藉著擁有八個完備性的B–I三角形來檢視自己的人生和事業時，你就可以從B和I象限的眼光來看待這個世界和自己的人生。想要打造一個屬於自己的磚造房屋，就要以這八個完備因素來作為生活的基礎。

當我看到一個人的事業或者個人面臨困難，我發現通常是因為這八個完備因素當中有個非常弱，甚至根本不存在於這個人的生活或事業之中。因此你或許應該停下來，利用這八項完備因素來做一番自我檢測。如果你很有勇氣並很想建立你的磚造房屋，那麼就找一群朋友來互相坦誠，並且共同討論這八個領域。要有意願給予並接受坦白的回饋，這點非常重要，因為有時候我們的朋友和愛人可以看出我們自己所看不到的盲點。我也向你承諾，如果你經常誠實地做這件事情（例如每六個月一次），你會發現你正在自動建立一個屬於自己的磚造房屋。

從商創業和投資都是團隊運動

數百萬計的人們一輩子都在重複著他們在學校裡所學到的習慣，也就是在人生各種試煉當中孤軍奮鬥，不願意開口尋求協助，或者被強大而且有勢力的組織壓著頭聽話照做。當他們面對問題的時候都會奉這句話為圭臬，「想把事情做好就得親自動手。」從另外一種觀點來看，我的富爸爸經常會說，「從商創業和投資都是一種團隊運動。」許多人之所以經常在日常生活中處於劣勢，是因為他們在進入金錢遊戲這個領域時，都是獨自一個人而非一支勁旅，因此會被那掌控全球的國際事業團隊，或者像巨人般的（富勒博士所用的形容詞）國際大型機構徹底擊潰。

當一對年輕情侶跟自己的理財顧問接洽時，一般來說這位理財專員其實是屬於另外一個團隊的隊員，亦即那些超大型跨國機構組織。你皮夾裡的每一張信用卡，都跟B–I象限裡面的一些大型公司有所關聯；當你購買房屋時，你的貸款直接和全球最大的金融市場，也就是所謂的債券市場產生關聯；你的房屋、汽車，和人壽等保險契約，都和全球最大幾間公司有所關聯。換句話說，成千上萬的人在生命這場遊戲當中，都扮演著E和S象限的角色，來對抗全球最大的幾家B和I。這就是為什麼有許多人對生活感到這麼無力，並且仰賴政府來照顧他們，但如你所知，我們的法律幾乎都被這些在選舉當中贊助數十億美元、位於B和I象限的巨型機構所左右。你雖然擁有神聖的一票，但是他們卻擁有幾百幾千萬美元可以影響投票的結果。

這種事情在醫學界也是一樣的。現在的醫療體系之所以不完善又這麼昂貴，是因為現在的規則完全都由這些超大保險公司來制定。位於E和S象限的醫生在製藥和保險方面，幾乎對位於B和I象限的企業沒有任何影響力。在教育方面也是如此，現在控制著全球教育體系的都是強而有力的教師公會。公會著重於金錢和老師的福利，而不是兒童所受到的教育。

我個人想要表達的訊息很簡單：如果你想要保護自己的人生、房屋以及家庭避免遭受B和I象限裡那些大野狼的荼毒，你就必須打造屬於自己的B－I三角形，自己組成一個具有八項完備因素的團隊。

我知道許多人都不具備八項完備的因素。事實上，只有極少數的人才做得到。這就是為什麼會有這麼多公司員工拚命抓著工作機會不放，隨時擔心自己被開除，並將上帝賦予自己的使命擱到一邊，完全為了公司的使命而努力。這些人之所以會活在恐懼之中，是因為他們的人生完全是由稻草和樹枝所打造出來的。

開始打造屬於自己的B－I三角形

當我跟金在建立屬於自己的磚造房屋時，第一件事情就是聘請一位簿計員，把我們的財務狀況整理清楚。我在《富爸爸財務IQ》這本書裡有提到這件事情。這在建立團隊的當時是個非常重要的步驟。就算你沒有什麼多餘的錢，《富爸爸財務IQ》這本書也可以協助你打造屬於自己的B－I三角形。另外一本可以幫助你打造一個紮實的B－I三角形的書，就是由富爸爸顧問群中，身為律師的蓋瑞特．舒頓（Garrett Sutton）所著的《擁有自己的公司》（*Own Your Own Corporation*）。這本書會在完備因素第五項上頭，亦即法律這個領域中對你有很大的幫助。另外一本《富爸爸銷售狗》則能幫助你完備因素的第七項：溝通這個領域，因為藉著有效的溝通技巧來提高自己的銷售能力時，就能提高你銷售產品、服務，或者是遞履歷的能力。我們正處在一個過度溝通的世界之中，因此你的銷售能力將會決定你是成功還是失敗，有工作抑或失業，有錢還是破產等等不同的結果。

打造自己的團隊並非一件輕鬆的任務，也不可能在一夕之間就完成，必須要投入相當的時間，團隊的成員也會來來去去。多年來我曾經擁有過卓越優秀的團隊成員，以及一些非常差勁的隊員，但這本來就是打造團隊的必經過程。隨著你的知識和財富不停增加，你甚至需要更新自己的團隊，將你的磚造房屋改建成磚造的城堡，需要持續努力不懈才能成功。有云，「通往成功的路永遠都在鋪設當中。」

即將罩頂的烏雲

如果你平日習慣做最壞的打算，那麼當烏雲籠罩的時候，你就更有機會能看到它四周鑲著銀邊；你也將更有機會在彩虹的另一端發現屬於自己的一罈黃金。對於那些用稻草和樹枝打造房屋的人們來說，接下來的這幾年可能會非常難熬；而對於那些擁有磚造房屋的人們來說，他們將在即將罩頂的烏雲上找到閃亮的銀邊，並在伴隨而來的彩虹下找到屬於自己的黃金。

接下來的這幾張圖，在解釋為什麼我會認為接下來的幾年當中，對那些用稻草或樹枝打造房屋的那些人來說會非常地難熬，幾乎沒有什麼人看過這些圖。

聯準會印鈔票的圖形

圖A現的是自一九一三年以來，所有在市面上流通的美元基礎貨幣（硬幣、紙鈔，以及銀行儲備用的貨幣）的總額。從一九一三年到二〇〇七年整整八十四年之間，一共才創造出八千兩百五十億美元的流通量。當尼克森總統於一九七一年在未經國會的同意下片面取消金本位制之後，請你觀察通貨的總供給量到底發生了什麼樣的變化：它開始以加速度的方式攀升。或許你也注意到，自二〇〇七年起，即次級房貸撼動全球的那一年，聯準會將實質通貨供給量（八十四年以來的總和）足足增加了一倍，也就是將基礎貨幣量擴增至一兆七千億美元之譜。

你認為圖A對你和家人而言有著什麼樣的意義？我所預見的一些可能性如下：

1. **惡性通貨膨脹**：這就表示一些關鍵物資，例如食物和能源等的價格，會以從來沒聽

圖A　聖路易斯調整後的基礎貨幣（AMBNS）

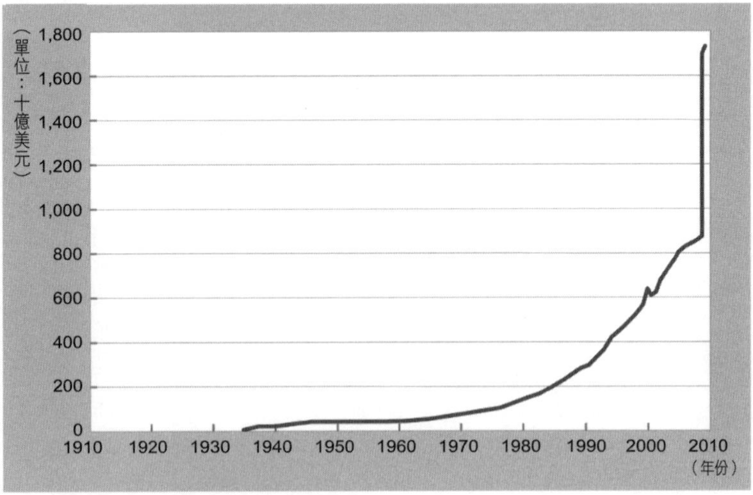

資料來源：美國聖路易斯聯邦儲備銀行

說過的速度開始上漲。這對那些中低收入戶來說，將會產生毀滅性的結果。

2. **所有的國家會被迫大量印鈔票：**由於美國在大量印鈔票，所以其他國家一起跟進也在所難免。如果其他國家不願意多印鈔票，那麼該國的貨幣相較於美元會變得過於強勢，因此出口到美國的貿易量就會開始減緩，造成那些高度依賴出口的國家經濟發生衰退。這就表示任何跟美國有貿易往來的國家，大概都會發生通貨膨脹的情形。

3. **生活支出的增加：**那些居住在稻草和樹枝房屋裡的人們，會發現生活愈來愈難過，因為飛漲的物價將會嚴重侵蝕他們的收入。

巴馬總統提出的預算案圖形

圖B是從雷根總統執政開始，歷經老布

圖 B　預算赤字：歷史與預測

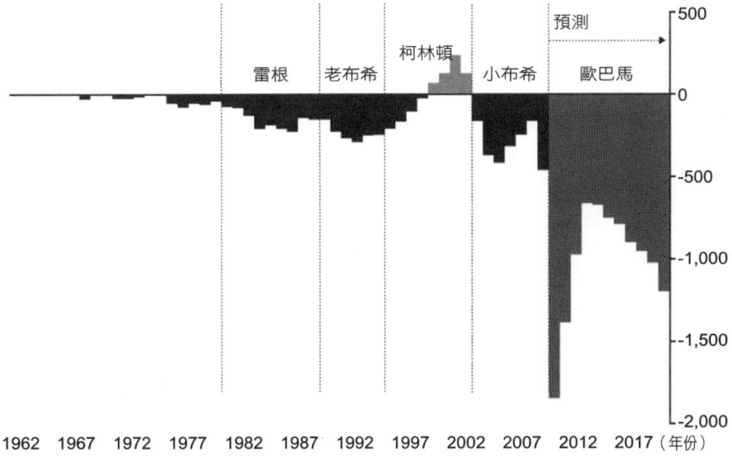

資料來源：美國國會預算辦公室（Congressional Budget Office）

希、柯林頓，以及小布希等總統的每年國家預算圖，最後則是歐巴馬總統現在所提出來的預算案。

圖B對你而言有什麼樣的意義？對我而言，這張圖告訴我，會成立更多的政府機構、課徵更高的稅賦，並且累積更高的國債。這同時也表示，我們能預見政府將用稻草和樹枝來協助我們重新打造自己的房屋。

房貸利率重設定的圖形

圖C則是顯示了全球房貸利率需要進行重設定的總金額。每當房貸的寬限期到期，房貸利率就要進行重新設定；此時銀行就會根據市場當時的利率水準重新調整房貸利率。一般來說，房貸利率重設定之後，買方得要支付更高的利息，也就是說每個月都得繳納額度更高的房貸。

圖C　每月房貸利率重設定

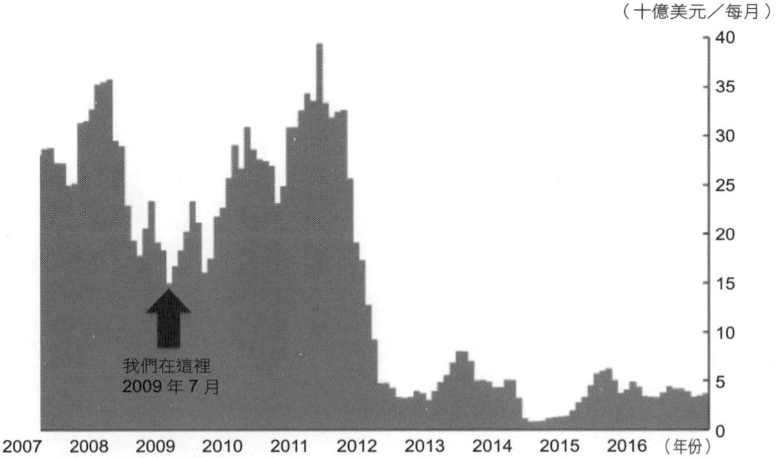

資料來源：國際貨幣基金組織（IMF）

假設一對夫婦利用次級房貸買下了一棟他們原本負擔不起、市價三十萬美元的房屋。為了引誘這對夫婦買房子，銀行主動提供他們三十三萬美元的房貸，相當於該房子目前市價一一〇％的貸款額度，而且利息是令人心動不已的二％。過了一陣子，房貸利率進行重設定，變成較高的五％來計算；沒多久後又再度調整為七％。房貸每次進行重設定後，每個月所要負擔的房貸額度就會愈來愈高，因此這對夫婦沒有多久就違約繳不出錢來，貸款也跟著被取消，結果是這對夫婦失去了自己的房屋。以目前的狀況來看，這些房屋的價格也下跌了不少，有些房子的市價甚至跌到了原先貸款額度的一半而已。以上述的情形為例，現在這棟房屋的市價只剩下十五萬美元，但是這對夫婦還得背負著三十三萬美元的貸款總額。這時候，銀行就被迫要打消十八萬美元的壞帳，因此隨著愈來愈多法拍屋的產生，銀行界就會發生壞帳的浩劫，而手上擁有銀行股票的投資者也將面對巨大的損失。

請留意一下圖C的左邊。次級房貸的危機自二〇〇七年中開始，那時候每個月房貸利率重設定金額高達兩百億美元。我曾在本書的第一章裡列出這些事件發生的時序：

・二〇〇七年八月六日——
美國最大的不動產貸款機構「美國房屋抵押貸款投資公司」申請破產。

・二〇〇七年八月九日——
法國巴黎銀行由於美國次級房貸大問題，宣稱無法再為十六億歐元以上的資產進行（放貸）價值評估。

當你再次看著這張房貸利率重設定圖時，你能看出在二〇〇八年底時，每個月房貸利率重設定的金額高達三百五十億美元，就是這次金融海嘯的最高峰。那時候，整個世界的前景看起來都非常渺茫、慘澹。

【讀者評論】

當我看著這些圖表想像著未來時，我個人看到了許多商機就在轉角等著我。現在正是開始動手準備，並好好利用這種趨勢的機會……，我很高興你提到我們現在正處於颱風眼之中，我還以為全世界只有我一個人才有這種想法。我認為銀行界將會面臨更大問題，並再次引爆出更嚴重的後果。

——newydd105

暴風眼

現在請你看圖C中「我們在這裡」的箭頭，正指著二〇〇九年的夏天。當我在寫這些內容的時候，房貸利率重設定的額度非常低，大概每個月一百五十億美元左右。現在各個財經新聞分析專家們都說風暴已經過去了，全球經濟到處在「抽綠芽」。由於聽到這些好消息，那些住在稻草和樹枝房屋裡的小豬又出來玩耍了——因為大野狼已經走遠了。人們開始再度到大拍賣場和購物中心消費，有些餐廳甚至還需要訂位才有辦法吃得到。但是，如果你留意圖中二〇一〇年十一月時，該圖顯示，屆時將會有三百八十億美元的房貸利率面臨重設定。這樣看起來，大野狼現在只是先喘口氣而已。

這對你而言代表著什麼樣的意義？

當我在二〇〇九年六月寫這些內容的時候，我相信現在的我們只是恰好處於暴風眼之中，最壞的情形尚未來到。如果回頭看二〇〇七年八月時，那時候房貸利率重設定一個月只消兩百億美元，就足夠吹垮雷曼兄弟和貝爾斯登這些用稻草蓋的財經房屋。冰島的經濟也在大野狼的第一口氣就被完全吹垮了。美國銀行、蘇格蘭皇家銀行、AIG集團等由樹枝所打造的財經房屋，到現在都還在搖搖欲墜。全球第八大經濟實體的加州，跟日本的經濟一樣，都在瀕臨破產的邊緣。因此，二〇一一年十月和十一月即將面臨四百多億美元的房貸利率重設定，又將會帶來什麼樣的影響？這將會對你的家庭、你的事業、你的國家，和全球造成什麼樣的衝擊？

務必記得新的金錢法則第四條：為最壞的打算做準備，所以生活只會愈來愈好。當我們檢視房貸利率重設定這張圖的時候，為最壞的情形做打算的意思就是，要藉著強化自己的B－I三角形來鞏固自己的財務結構。現在還有時間可以做準備，而且就算這場暴風將來不會發生，現在藉著B－I三角形來建立一個磚造房屋，你也不會有什麼損失。

圖ABC的綜合意義

當你同時檢視這三張圖的時候，你所看到的將是一個相當嚴峻的未來。

1. 圖A：**在市面上流通的基礎貨幣**。整整花了八十四年，在外流通的貨幣才從極少量的錢成長到八千兩百五十億美元，結果現在不到兩年的時間，我們就將在外流通的貨幣數目倍增到一兆七千億美元，而且現在還在不斷地印鈔票。對我來說，未來民生的關鍵物資（例如食物和能源等）就會因此發生通貨膨脹，因為有更多在外流通的通貨追逐著同一數量的物品，這些物品的價格就必定會上漲。這也代表全球都會發生通貨膨脹，因為國外的中央銀行們也得跟著大量印鈔票來降低自己貨幣的購買力。如果某國家不讓它的貨幣貶值，那麼它的貨幣就會太強勢，意即表示該國家的產品和服務對世界其他各國來說過於昂貴，出口就會呈現衰退，導致該國的經濟停滯不前。一言以蔽之，全球的生活費即將大幅地上揚。

2. 圖B：**歐巴馬總統所提出來的預算案**。為了因應國家新增的債務，我預見政府會有更多的動作並且同時提高稅賦。當食物和能源的價格一直上漲，房屋的價格卻不會以同樣的速度上揚。為何會如此，有兩點理由：第一，由於貸款和信用將會愈來愈難取得，因此不容易申請到貸款的狀況下就會壓抑房價；另外一個理由就是在稅賦增加之後，商業的成長就會趨緩，所以導致工作機會日益減少——而不動產的價格直接和就業狀況相關。

以上對於那些想要翻修轉賣房屋來賺價差（資本利得）的人來說是個壞消息，因為他們在賣出房屋的時候沒有辦法賺到更多的錢。但是對於那些為了現金流而投資不動產的人來說可是個好消息，因為他們可以買到價格非常便宜的投資標的，而該資產的租金將足以支付房貸以及所有的維護費。

3. **圖C：房貸利率重設**。隨著房貸利率重設定，我預見圖A和圖B的數據都會受到影響而持續攀升，以上還不包括全球的經濟瞬間因為當前過高的債務、賦稅，以及有毒資產而突然崩潰的情況在內。

鑲著銀邊的烏雲和一鐔黃金

在童話故事中，所有的烏雲都鑲著銀邊，而且每道彩虹底下都藏有一鐔黃金。雖然全球性的金融危機不是童話故事，但也會有跟童話故事裡一樣的情形發生。

下圖是在比較黃金和白銀從一九九〇年到二〇〇七年間，錠塊數量的變化。當我在二〇〇九年六月寫這章內容的時候，黃金每盎司的價格是九百美元左右，而白銀每盎司的價格是十五美元左右。

貴重金屬錠塊的庫存量

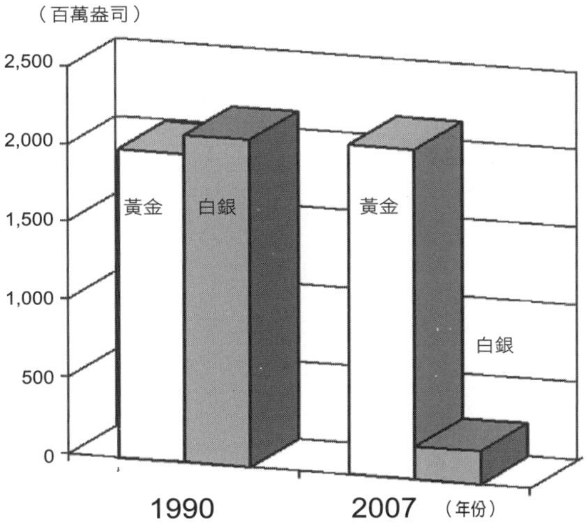

資料來源：CPM 集團

請留意，跟黃金相較之下，白銀的數量一直在減少當中。白銀的供應庫存量之所以會遠低於黃金，是因為白銀是一種被持續消耗、具有工業用途的貴重金屬，被大量用在手機、電腦、開關，以及反射鏡等當中。當黃金被人們儲放收藏起來時，白銀卻不斷地在被消耗當中。對我而言，黃金和白銀對大多數人而言，將會是這次金融危機中，最佳且前景最看好的投資之一。

當我們檢視圖A、B，和C時，我預測大眾很快就會對政府操弄通貨的手段失去信心，並警覺即將來臨的通貨膨脹，因而開始持有黃金和白銀來避險。當大眾覺醒之後，那麼下一波充滿貪婪和恐懼的泡沫就會再次形成。黃金每盎司可能會上漲超過三千美元，而有一天白銀的價格可能會跟黃金一樣貴，因為它是種愈來愈稀少的工業消耗性原物料。以上只是我個人的預測，但在充滿不確定性的金融動盪當中，應該可以算是一種滿有希望的想法。

就像是所有的泡沫一樣，那些不肖商人和詐騙集團會緊接著如雨後春筍般地冒出來，拚命在電視、網路，以及印刷品上打著各式各樣花俏的廣告。再次強調，那些沒有為這次危機做準備的小豬們的財富，就會完全被那些甜言蜜語的大野狼搶走。就如同所有的投資工具一樣，在投資黃金白銀之前，你必須事先對它有一定程度的瞭解才行。

新的金錢法則#七：生活是一種團隊運動，謹慎選擇自己的隊友

大野狼並沒有離開。牠只是在喘口氣而已。想要保護自己，就請你開始建立自己的財務

團隊，並以B－I三角形為藍圖來打造（或者鞏固）自己用磚頭所建立的財務結構。那些有錢人在從事金錢遊戲的時候，都擁有堅強的團隊。你也應該學著這樣做。

【讀者評論】

我逐漸開始理解到團隊的價值，並開始從我身邊的人們當中挑選一支屬於自己的團隊。我也從這些夥伴中獲得一些轉介，向他們問一些你所提出來的問題，讓我瞭解將來是否能一起順利地工作。這個過程能幫助我更加清楚地瞭解自己的使命，以及我要如何達成自己的目標。

——mgbabe

如果你已經下定決心要打造一個由磚頭所建立的財務結構，那麼我建議你跟朋友和理財顧問一起坐下來討論你個人的B－I三角形，並滿懷感激地接受他人的回饋，就算他們講的話很不中聽也一樣。

我之所以會創造富爸爸顧問系列叢書，就是要讓你有機會接觸到我自己的團隊。舉例來說，我的不動產事業夥伴是肯．麥肯羅（Ken McElroy），藉著閱讀富爸爸顧問系列叢書當中有關於不動產的書籍，你就能接觸到他的智慧與經驗。麥克・馬隆尼（Michael Maloney）是我在黃金和白銀領域的顧問。唐納・川普和史蒂夫・富比士（Steve Forbes）是我在財務ＩＱ方面的顧問。對此你可以在我另外一本《富爸爸財務ＩＱ》一書當中，讀到他們關於這些重點所發表的看法。在不久的將來，我跟團隊打算推出更多與創業、股票和選擇權投資等相關的書籍。透過富爸爸顧問的雙眼來看這個世界，就會有助於你選擇自己團隊夥伴和顧問，建立起一個由B—I三角形為基礎的磚造房屋。

就算你不打算建立一個磚造的財務結構，你至少要買一些銀幣。當我在寫這些內容的時候，每枚銀幣大概在十五美元左右。就像愛因斯坦所說，「直到有變化之前，什麼事情都未曾發生。」十五美元並不算很多錢，但至少是一個起步，而且我相信每個人都能買得起一枚銀幣。

Rich Dad's

Conspiracy of The Rich

The 8 New Rules of Money

Chapter 11

財商教育：不公平的競爭優勢

Financial Education: An Unfair Advantage

二〇〇九年六月一日，我正在寫本章的時候，就在同一天，美國通用汽車公司宣布破產，恰好跟第十一章表達的形式有關。再次提醒各位那句俗諺，「只要美國通用汽車公司垮了，那麼美國也就沈淪了。」就算這次美國和通用汽車公司都能夠存活下來，但事實上現在全球成千上萬的人也都踏上了通用汽車公司的後塵，一一宣布破產。

生活將會愈來愈昂貴

沒有人擁有水晶球。但是藉著研讀歷史（就像我們在本書第一部分所做的一樣），並觀察當今領袖們的作為，我們是可以把未來看得更清楚一些。當我們的領袖發行更多的鈔票，並假借拯救經濟的名義來挽救有錢人時，這些不斷上漲的賦稅、債務、通貨膨脹，以及退休金等因素，會讓我們的生活支出愈來愈昂貴。

1. **稅賦的增加：**歐巴馬總統早已經在討論，要提高年所得超過二十五萬美元的人們的所得稅，國稅局也已經雇用了更多的稅務人員來加強稽查。也有人提出方案說，要針對那些有額外給予員工醫療補助的公司課稅，好拿這筆稅收去補助那些沒有醫療保險的人。這就代表公司的支出將會增加，因此會有更多的中小企業被迫關門，造成更高的失業率。也有另外一個提案表示，針對那些年所得超過二十五萬美元以上的家庭，要降低他們房貸利息支出的免稅額度。如果這項法案通過了，那麼次級房屋市場必定會崩潰，並讓現在的房價跌得更慘。

當我在寫這些內容的時候，全球第八大經濟實體的加州，已經瀕臨破產邊緣。加州的首都山克拉門都（Sacramento）有一處地方遍地都是帳棚（而且範圍還在不斷擴大），裡面住的都是原本有工作以及家園的百姓，但現在被迫住在帳篷和鐵皮屋的貧民窟之中（就像我在前文所提到的南非開普敦市一樣）。隨著經濟不斷地衰退，將來會有更多沒辦法養活自己的百姓尋求政府的援助，這就表示政府還得再課徵更多的稅來因應這筆支出。

2. **債務的增加：**稅賦的增加就會強迫人民背負更高的債務，因為政府需要更多納稅人的錢來資助各種補助計畫與方案。在日常生活中，信用卡的地位也將會日形重要。那些無法取得信用貸款的人們，將會悄悄地掉落到貧窮標準之下。

3. **通貨膨脹的增加：**通貨膨脹之所以會發生，主要就因為政府大量印鈔票，擴大通貨供給量的結果。隨著愈來愈多鈔票在市面上流通，你手頭上鈔票的價值（購買力）就會愈來愈薄，也就表示許多民生的關鍵物資，例如食物、能源和服務等價格會一直上漲，因為有更多的鈔票在競相追逐同一數量的物品。通貨膨脹也經常被稱為「看不見的稅」，而這種稅對於那些貧民、老人、儲蓄者、低收入戶，以及領取固定收入的人們來說，是課得最兇的一種稅。

4. **退休成本的增加：**美國通用汽車之所以會面臨財務上問題，最主要的原因是，它並沒有控制已退休員工的養老金和醫療保險的成本。美國和其他西方國家都面臨了同樣的窘境，它們正面對著一個財務和道德上兩難的矛盾：你要如何照顧那些無法養活自己而日益老化的人？這個問題的答案，甚至可能比當前金融危機還要昂貴。今天，許多家庭因為退休之後沒有收入，還要負擔龐大的醫療支出，因而逐漸邁向破產。

不公平的競爭優勢

在這個時代，擁有健全財務教育的人和那些沒有的人相比較起來，兩者間有一種不公平的競爭優勢。藉著紮實的財務教育，人們可以利用稅賦、債務、通貨膨脹，以及退休金制度來致富，而不是愈來愈貧窮。相反地，稅賦、債務、通貨膨脹，以及退休金制度四者的影響力，則會讓那些不具備財務教育的人們日漸貧窮。

愛因斯坦曾說過，「我們不能用導致問題發生的思維模式去解決問題。」今天，這才是真正令人悲哀的事。我們的領袖就是在利用當初創造出金融危機的同一種思維模式，想要來解決我們當前的經濟問題。舉例來說，我們的領袖正在印更多的鈔票，想要用這種辦法來解決印太多鈔票所產生的問題。

由於採用同一種思維模式來解決自己財務上的問題，使得一般大眾的財務狀況更顯惡化。今天，有許多人藉著更辛苦地工作、還清債務、儲蓄金錢、量入為出、長期投資於股市等方法，想要來解決他們在稅賦、債務、通貨膨脹，以及退休金上的問題。那些堅持這種思路的人們，將會發現他們未來的生活會因此付出更昂貴的代價。

【讀者評論】

我在健保制度中看到的是一個極大的矛盾。雖然我不認為我們的醫療健保比任何國家來得差，但是我堅信那些長期慢性病（亦即醫療健保最大宗的支出）被特定人士誤導，而且其支出昂貴得離譜。

——MicMac09

用圖來解釋

下頁圖在說明，為什麼我相信將來的生活支出會更加昂貴。

美國一般上班族根本在拿到薪水**之前**，就因為稅賦、債務、通貨膨脹，以及退休提撥金而被取走一大部分。換句話說，這個人都還沒有領到一毛薪水之前，就有一大筆錢被人先要走了。

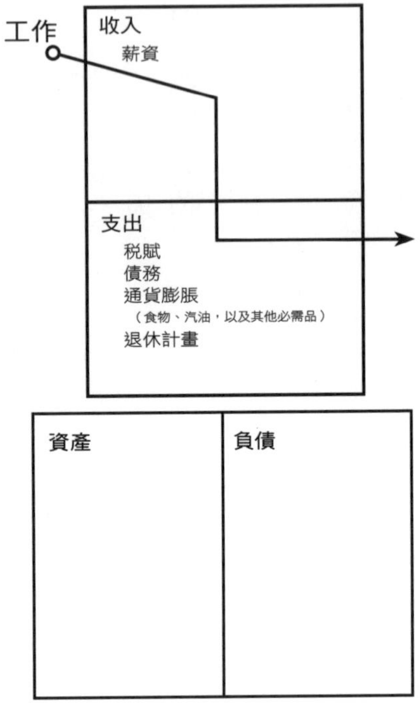

或許你已經注意到了，一個人絕大部分的錢都花在稅賦、債務、通貨膨脹，以及退休金提撥等開支上，因此這些錢就流入了那些有錢人的口袋之中。我相信這也就是為什麼當今教育體系中沒有納入財務教育的原因，如果一般民眾知道他們的薪資都被用到哪裡去的話，他們早就起來革命了。如果擁有紮實的財務教育，人們就可以將這些支出最小化，甚至還可以進一步利用這些支出讓錢回流到自己的口袋之中。

舉例來說，我個人沒有那種滿手基金的制式退休金帳戶的原因有二。第一個原因是，股市的風險實在太高了，一般人對於股市根本沒有任何控制能力，萬一股市大跌的話，他們的退休金幾乎可以確定會蒙受巨大的損失。第二個理由是，我寧可將退休金放到自己的口袋裡，而不是放到操縱著華爾街的那些傢伙的口袋裡。當你擁有財務教育之後，就再也不用花錢請共同基金公司來幫你賠錢。

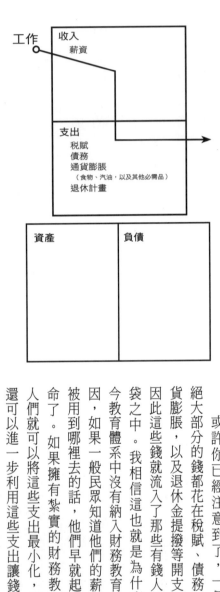

兩種截然不同的生活方式

如果要進一步詮釋為何擁有財務教育是一種不公平的競爭優勢，我打算拿我自己和一些朋友來做例子。唐和凱倫（並非真名）已經結婚了，並且一起經營著自己的事業，跟我和金的狀況很類似。我們的年齡差不多，而且我們都擁有大學文憑，但問題在於唐和凱倫並沒有足夠的財務教育或者是投資的經驗。

雖然唐和凱倫在技術上擁有自己的事業，但事實上他們只能算是在S象限自己開公司的自由業者，也就是說，如果他們今天停止工作，就會頓時失去收入。金和我擁有的則是B象限的事業，意思也就是說，無論我們工作與否，我們都持續會有收入。

我們兩對夫婦幾個月之前共進晚餐時，唐和凱倫跟我們說他們非常擔心自己的未來，因為他們的生意一落千丈，營運成本也愈來愈高，而且他們退休帳戶的投資組合最近損失了將近四成左右。因此他們裁掉了四位員工、降低了自己的生活水準，同時也非常擔心將來是否還能賺到足夠的錢退休。他們想要瞭解我們目前的情況如何，是否也會跟他們一樣對未來滿懷擔憂，以及我們是否能有能力退休。

我們回應，我們也一直很關心這些問題，而且從來就不會把任何事情視為理所當然，但是我們並不打算降低自己的生活品質。事實上我們的收入一直在持續增加當中，最主要是因為我們把稅賦、債務、通貨膨脹，以及退休金制度轉化成對自己有利的情勢。

唐和凱倫跟我們不一樣的地方在於，他們是透過E和S象限的眼光來看這個世界，而金和我則是採用B和I象限的觀點來看待這個世界。

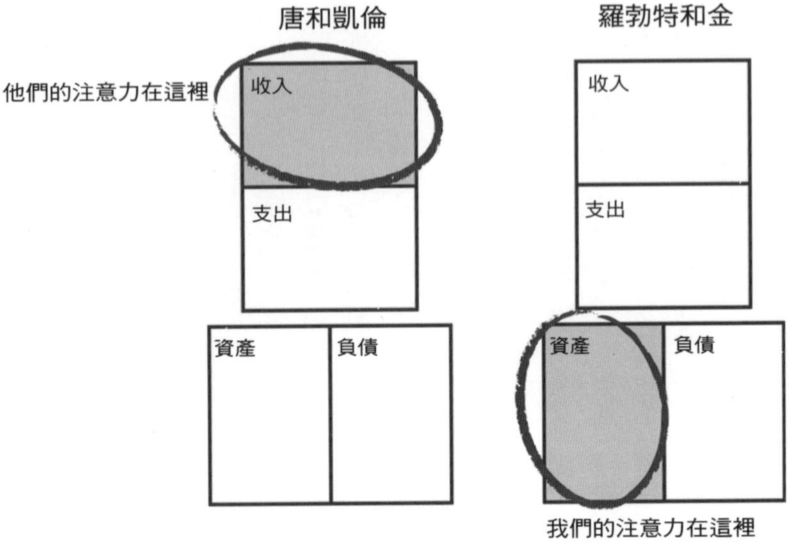

接下來藉著分享簡化的財務報表圖形，來解釋我想要表達的意思。如果你對以下這些圖表並不熟悉，那麼在我另外一本《富爸爸，窮爸爸》一書中，你可以找到更詳細的說明。

當你分別檢視我們兩對夫妻的財務報表時，你就可以看出唐和凱倫著重的地方和我跟金是不同的：唐和凱倫想要藉著更辛苦的工作來賺取更多的金錢；金和我則是把重點放在投資上面，並且增加事業和個人的資產，以便獲得更多的收入。

身為擁有自己事業的兩對夫妻，唐和凱倫若想要賺到更多的錢，就必須更加賣力地工作。而身為B象限的企業主，金和我的注意力並不是擺在更賣力的工作之上，而是更著重於如何增加自己的資產，藉這些資產來提高自己的收入。由於我們把注意力放在如何增加資產之上，所以我們繳交更低的稅賦，並利用債務來取得更多的資產、又看著通貨膨脹不斷地讓自己的現金流愈來愈大；而且與其將自己的退

唐和凱倫	羅勃特和金
收入 薪資	收入 薪資 出書的版稅 授權的權利金 不動產的收益 石油和天然氣收入 股票股利

休金交給華爾街，我們把這些錢投入事業和個人的資產中來產生更大的現金流，讓這些錢回流到自己的口袋之中。

當你把唐和凱倫的資產負債表和我們做比較之後，這兩者之間的差異就會一目了然。

唐和凱倫唯一的收入來源就是他們的事業，如果他們停止工作，就不會再有任何收入，這就是他們倆會擔憂的原因。至於我和金，我們絕大部分的收入是來自於事業或個人的資產，例如出書的版稅、發明的權利金、使用富爸爸商標的授權金、不動產收益、石油天然氣的收入，以及股票股利的收入等。每個月我們都會因為每項資產而收到一張支票——也就是所謂的現金流。如果你曾經閱讀過《富爸爸，窮爸爸》這本書你就會知道，來自於資產的收入（例如不動產和事業）所要繳納的稅賦，遠比工資收入（薪水）所要繳納的稅賦低很多，有的時候甚至完全不需要繳納任何稅賦。

三種不同的所得稅

美國課徵的所得稅基本上分三大類別：薪資收入、投資收入，以及被動收入。薪資收入源自於勞力，稅率級別是三種收入當中最高的一種，一般來說就是資本利得，是因為低買高賣各種資產而產生的收入。投資收入的稅率級別則是第二高的一種，被動收入一般來說都是從現金流而來，而它的稅率級別則是三種收入中最低的一種。

諷刺的是，現在人們被迫投資於退休金帳戶的共同基金之中，可是在絕大多數的情況下，當這個人退休之後開始從自己退休帳戶裡贖回原本屬於自己的錢時，這些提領出來的錢竟然還要被當成薪資所得來課稅，也就是所有稅率級別當中最高的一種。唐和凱倫確實有在為自己的未來儲蓄，但是他們完全不清楚，當他們退休之後，這些退休金將會採用最高的稅率來課徵所得稅。以上的例子就是在說明擁有財務教育和缺乏的人們之間，存在著一種不公平的競爭優勢——有些人就擁有繳納最低稅賦的優勢，而稅賦正是我們這輩子最大的支出之一。

每當我聽到學校的老師驕傲地跟我說，他們有把財務教育引進教室，因為他們有邀請銀行家和理財專家到學校來，教導孩子們要為自己的未來開始做準備，我只能忍不住地直搖頭。透過位於E和S象限上班族的觀點來學習，學生怎麼可能會真正瞭解金錢的世界？

不同的財務報表

我在學校的成績簡直是慘不忍睹。我的窮爸爸是位學校教師，同時也是一位非常好的父親，完全是因為他的鼓勵，我才願意待在學校裡完成學業。我的富爸爸一樣會鼓勵我要在課業上有所進步，但是只要談到學科表現和成績單時，他就會說，「當你從學校畢業之後，你

唐和凱倫

資產	負債
儲蓄存款	一棟房屋 兩輛汽車 沒有收入的 退休生活

從資產而來的現金流：零

羅勃特和金

資產	負債
事業上的權利金 1,400 棟出租物業 石油和天然氣鑿井 黃金和白銀	兩棟房屋 六輛汽車

從資產而來的現金流：數百萬美元

唐和凱倫

收入
支出
退休計畫

羅勃特和金

收入
支出

往來的銀行根本不會跟你要在校成績單。銀行才不在乎你在學校的成績如何。銀行家只想看你的財務報表，因為個人的財務報表就是你離開學校之後的成績單。」

當你拿唐和凱倫的資產負債表（特別是資產和負債欄位）跟我們的來做比較時，你就能看出在工作二十年之後，誰在財務方面擁有較高的成績。

我們兩對夫妻都有從自己的事業當中領取薪資，但對於我和金而言，絕大多數的收入都是來自於事業上的書籍、遊戲、商標授權等資產，以及個人在不動產、股票，以及石油天然氣鑿井等資產上的投資。金和我並不把黃金和白銀當成能產生現金流的資產，因為它們無法把錢放進我們的口袋。我跟她持有黃金和白銀，反而比較像是一般人將錢存在存款戶頭裡一樣的意思。黃金和白銀很容易變現，而且隨著政客印製愈來愈多的鈔票時，黃金和白銀最是有機會能維持原有的購買力。

在支出欄位也可以觀察到我們兩者之間另外一種很大的差異。

諷刺的是，由於我們並不需要、也未曾擁有過退休金帳戶，因此金和我在稅賦、債務、通貨膨脹，以及退休金提撥上，擁有不公平的競爭優勢。由於我們絕大多數的收入來自於事業上的資產以及各項的投資，因此我們所繳納的稅賦遠比一般人來得低。舉例來說，我來自於書籍、遊戲、商標權利金等收入一共所需要繳納的稅賦，遠遠低於我個人薪資所得需要繳納的所得稅。藉著投資於不動產，我們可以利用債務來增加我們每個月的現金流。同樣地，來自於不動產的收入所需要繳納的稅賦，遠低於我個人薪資所得所需要繳納的所得稅。藉著投資於石油和天然氣等的鑿井，每當發生通貨膨脹時，我們的現金流也會同時增加，而且再次地，源自於石油和天然氣的收入所要繳納的稅賦，遠低於我們薪資所得需要繳納的所得稅。

既然我們沒有提撥任何退休金，因此完全不需要負擔來自於手續費和佣金等大筆的開銷，就有更多錢用來增加每年來自於資產的收入，因而完全不需要擔心自己的未來。與其每個月將自己收入的一部分上繳給華爾街，我跟金選擇拿著這些錢自行投資，讓這些錢產生更多的現金流來回到自己的口袋之中。當你可以選擇投資一些風險性更低、每個月都還能領到錢、每年又繳納更少的稅，同時利用債務來讓自己迅速致富，還可以藉著通貨膨脹來增加自己的現金流時，你為什麼要甘願放棄自己退休金的控制權，還要冒著在股市做長期投資的風險？

我相信藉由以上簡單的比較，可以解釋為什麼唐和凱倫比我跟金更擔心這次金融危機所產生的影響，同時也證明了財務教育能讓人在一生中，長期擁有一種不公平的競爭優勢。

其他不公平的競爭優勢

當我們的生活開支隨著稅賦、債務、通貨膨脹，以及退休提撥金不斷地上漲而增加時，和一般人相較之下，擁有財務教育還可以提供許多其他不公平的競爭優勢。其中有些優勢是：

1. **提高自己的生活水準，而不是量入為出**。每年金和我會花幾天的時間將注意力放在自己的財務目標之上。與其把精力花在如何量入為出，我們反倒是將注意力擺在如何提高從資產上頭所獲得的現金流量，以便提升自己的生活水準。下圖就是在呈現這種觀念。
二〇〇九年時，金和我打算另外再出版三本新書，購買兩百至五百間出租公寓、再鑿兩口油井，並藉著授權更多的加盟商來拓展自己的事業版圖。與其縮衣節食量入為出，或者期待能在股市買賣股票來賺取資本利得，或者寄望房價能再次上漲，我們倆反倒是把注意力擺在如何透過資產來增加更多的現金流。

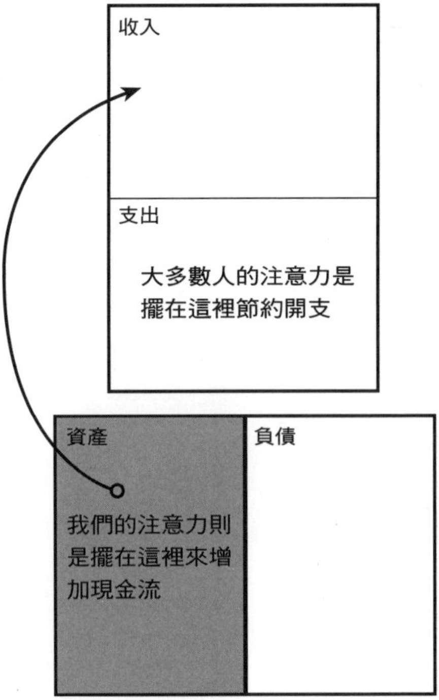

2. 印自己的鈔票。《富爸爸，窮爸爸》這本書第五課的標題是，「富人的投資」，即富人會自行創造金錢。對我而言，學會如何印製屬於自己的鈔票這樣的本領，是為自己財務教育進行投資最大的優勢之一。既然政府的鈔票愈印愈多，難道我們不應該也合法地印製屬於自己的錢？與其更辛苦地工作並繳納更高額的稅賦，或者是把錢存在銀行裡面讓這筆錢的購買力受到通貨膨脹和所得稅的侵蝕，或者冒著風險將自己的錢長期投資於股市之中，難道你不認為印製屬於自己的錢在財務上是一種比較有合理的做法？你要如何印製屬於自己的鈔票，完全得要藉由一種叫作**投資報酬率**（ROI）的財務名詞才能做到。

當你跟許多銀行家、理財專家，或者是不動產經紀人接觸時，他們會告訴你，如果自己的投資能獲得五到一二％的投資報酬率是一種相當不錯的結果。這樣的投資報酬率是一個沒有什麼財務教育的人所創造出來的。另外一種他們經常使用的財務童話故事（或者是恐嚇戰術），就是不斷地警告人們，「投資報酬率愈高，風險也愈大。」如果是在你擁有良好財務教育的狀況下，那麼這句話就完全不正確。我一直在設法從自己的投資中獲得無限大的投資報酬率。

無中生有的錢

自己印鈔票的方式之一，就是從自己的投資上創造出無限大的投資報酬率。我對於無限大投資報酬率的定義就是「無中生有的錢」。更精確點來說，每當我取得一項資產、把當初所投資的錢完全地拿回來、並且一直持有該項資產、同時享受這項資產所帶給我的現金流時，我就是在印製屬於自己的鈔票。我分別在下列幾本書裡面寫過這種觀念的步驟。例如《富爸爸，窮爸爸》就有提到這個觀念；而我另外在《富爸爸提早退休》（*Rich Dad's Who Took My Money*）一書裡解釋了股票市場和理財專員是如何藉著退休金制度來掠奪你的財富；以及《富爸爸財務ＩＱ》一書也多有著墨。

藉著紮實的財務教育，我就可以利用自己的事業、不動產、股票、甚至像黃金、白銀、石油等原物料來合法印製屬於自己的鈔票。再次強調，關鍵就在於追求無限大的投資報酬率，也就是想辦法賺到這些無中生有的錢。

利用事業來印自己的鈔票

我跟金在自家廚房的餐桌上創立富爸爸這間公司。與其用我們自己的錢，我們找了一些金主並募集了二十五萬美元。再次提醒，這就是事先投入一些時間來學習如何進行銷售的好處。以此為例，我們將這個創業的主意賣給了我們的金主，在不到三年的時間裡，感謝我們事業成長的速度以及它的獲利能力，我們不但完全還清了金主所出資的錢（外加利息），還再給了他們一倍的錢，好把他們手上所持有的公司股份買回來。現在富爸爸這家公司會不斷地在我們口袋裡放進數百萬美元的現金流，就算當初我們完全沒有把自己的錢投在裡面也一樣。根據定義，這就是無限大的投資報酬率；換言之，我們的事業不斷地在幫我們印鈔票。

富爸爸這家公司之所以能成功的關鍵是，這個事業體系專門在設計並創造出資產，而不是在販賣產品。舉例來說，我們不願意自己來發行這本書。因此，我們就得創造出本書的衍生性金融商品，也就是所謂的版權，並將這本書的版權轉賣或者是授權給不同國家的出版商。富爸爸公司其他的資產，諸如遊戲、品牌商標，以及加盟權利等，我們也都會用同樣的方式處理。我們的財務報表如下頁圖。

富爸爸公司生產的開支很小、完全沒有背負任何債務，但是每個月擁有幾百萬美元的現金流收入。

我再次重申，一定要瞭解**衍生性金融商品**這個字的重要性，因為授權本身就是一種衍生性的做法。如果能正確地加以應用，那麼衍生性商品會是創造大量財富的絕佳工具。我也要提醒你：**注意力要多擺在銷售（賣）方面，而非購買之上**。你或許已經注意到了，富爸爸公司專注於創造發明能長期銷售的各種資產。

針對藉著事業來印製屬於自己的鈔票的方法，如果你想要獲得更進一步的解釋，請造訪 http://www.conspiracyoftherich.com，並搜尋我和一位朋友凱利．瑞奇（Kelly Ritchie）所錄製的影片，我在影片中會解釋，如何藉著連鎖加盟的模式，在自己的事業中創造出無限大的投資報酬率。

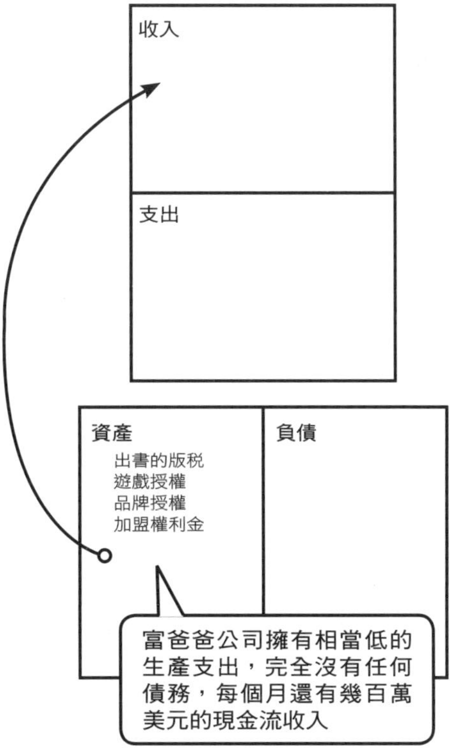

利用不動產來印自己的鈔票

在不動產方面，我們的營運計畫則是運用債務（也就是別人的錢）來達到無限大的投資報酬率，這就等於是在印製屬於自己的鈔票一樣。接下來是一個被簡化過的真實案例：

1. **購買：**我們買下一棟位於絕佳地段、價值十萬美元、兩室一廳的房子。
2. **貸款：**我們拿出兩萬元的頭期款並申請十萬元的貸款，甚至從銀行或其他金主募集更多的現金來作為修繕之用。

3. **改良不動產：**我們額外增建一間臥室以及衛浴間，來提升該不動產的價值。

4. **增加租金來反應改善的價值：**我們將每個月的租金從每個月六百美元（當地市面上兩房一廳的標準租金）提高至每個月一千兩百美元的水準（也就是市面上三房兩廳的租金水準）。

5. **替不動產重新估價並提高貸款額度：**當我們再次請銀行來進行資產重評估之後，銀行就將貸款額度提高到十二萬元（也就是房屋改良之後最新估價的八成）。我們不但可以拿回當初所投資的兩萬元（頭期款），還額外獲得了兩萬元，可以拿來投資下一個不動產。

6. **成本：**以六％的房貸利率水準來說，每個月的利息支出大概是六百美元左右。每個月還有三百美元的其他支出，因此我們每個月可以將最後剩下來的三百美元放到自己的口袋。

7. **關鍵：**承租人的租金可以完全負擔這筆新房貸以及其他支出。

整筆交易最後就如下圖所示。要

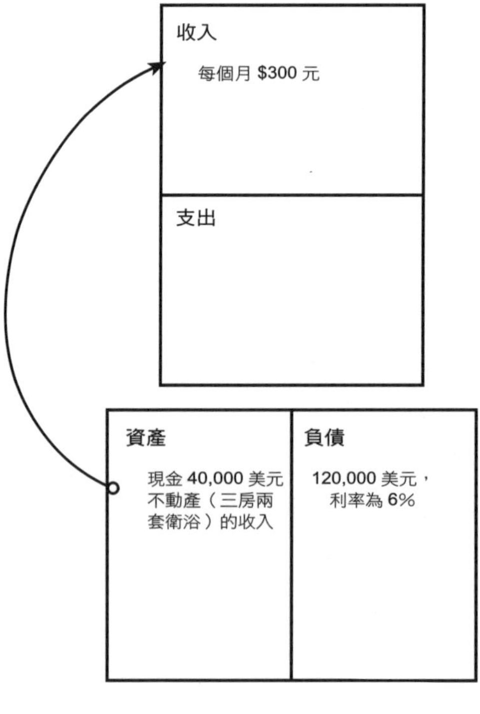

讓這件投資案成功的關鍵為：

1. 不動產的改良。
2. 絕佳的房屋地段——當地附近有工作機會時，不動產才會有價值。
3. 良好的資金操作以及（或者）找到很好的金主。
4. 優秀的不動產管理能力。

如果缺乏上述任何一項，該投資案就會很不順利。

我於一九七三年在夏威夷茂宜島上買下了一間價值一萬八千美元、一房一廳的套房，因而開啟了我投資不動產的事業。金則是於一九八九年在奧立岡州波特蘭市買下了一間四萬五千美元的兩房一廳起了頭。

今天，我們擁有超過一千四百間出租的不動產以及數間商用的不動產，完全都是藉著上述百分之百由別人出錢的方式，我們所有不動產都沒有花到自己任何一毛錢。今天，唯一的差別是，我們是動用幾百萬美元來投資於更大的案件之中，而不是原本的幾千美元而已——但是兩者的原理都一樣。而就算是在當今的經濟氛圍下，我們的績效仍然很好，因為我們非常謹慎地選擇不動產的房客，同時聘請專業的不動產管理團隊，確保我們的房客都住得非常滿意。

如果你想進一步瞭解我們是如何投資不動產並獲得無限大的投資報酬率，請造訪 http://www.conspiracyoftherich.com 網站片。我跟自己不動產的事業夥伴，也是富爸爸顧問系列叢書中《富爸爸教你如何投資不動產》（*The ABC's of Real Estate Investing*）一書的作者肯・麥肯羅，會更詳細地說明我們是如何購買上千萬美元以上的不動產、如何收回自己所投入的資金、如何繼續擁有這個不動產的產權、並且如何為自己創造現金流，同時獲得無限大的投資報酬率。在這裡所要強調的重點是：我們買不動產進行翻修，並不是為了轉手賣出賺價差。我們致富的公式是買下並長期持有不動產，同時按月賣出租賃的時間給住戶們。

利用有價證券來印自己的鈔票

利用有價證券（例如股票等）來印製屬於自己的鈔票，方法其實有很多種。其中一種方法就是利用選擇權的策略。舉例來說，假設我用每股二美元的代價買進某公司一千股的股票。接著我到選擇權的市場（期交所），以每口契約一美元的權利金，賣出我這一千張股票三十天到期的買權（一共可以收到一千美元）。如果我所持有的股票漲到三美元以上，那麼向我買了這一千口選擇權買權的人，就可以用每股三美元的代價來買走我手上的這一千股股票。如果我的股票在三十天到期之前，並沒有漲到三美元以上，我就能保留他當初購買選擇權用的一千美元。再次強調，我是為了長期持有而買進股票，可是不斷地按月出售時間。

在上述這個簡化的範例中，賣出三十天到期的買權立即就會在我的口袋裡放進一千美元的現金。如果下個月我再次用同樣的條件賣出三十天到期的買權，而該股票也並未在這三十天內上漲超過三美元的話，那麼我就可以從原先二千美元的投資上再賺進一千美元，同時繼續持有這些股票。這時候的我已經百分之一百地把當初投資的二千美元給賺了回來，也就是我再一次藉著財務知識來印製屬於自己的鈔票。對我而言，以上這種投資策略還比較明智一些，而不是把自己的錢長期投資於共同基金之中，好讓那些炒短線的投資者利用股票和選擇權合法地掠奪自己的財富。

如果你想看一段影片，是有關於你如何利用股票和選擇權等有價證券來印製屬於自己鈔票的方法，那麼請你造訪 http://www.conspiracyoftherich.com 網站搜尋。在影片中，我和一位身兼富爸爸顧問的朋友——安迪・泰納（Andy Tanner）會解釋如何藉由選擇權，來合法地印製屬於自己的鈔票。

利用貴重金屬來印自己的鈔票

我個人藉著成立黃金和白銀的礦冶公司，並將該公司的股份（衍生性金融商品）賣到股市中的方式，印製了屬於自己的鈔票。我目前正準備成立另外一間銅礦公司，待銅的市價進一步上漲後我才會讓該公司上市。我瞭解，讓公司股票上市這種方式並非每個人都適用，但是這種方式絕對是將個人的點子轉化成巨大財富的最佳辦法之一。

桑德士上校是在六十五歲的時候才將肯德基的股票公開上市。就如他的傳奇故事所描述的：由於一條新的高速公路並沒有行經他原來的餐廳，所以餐廳的生意一落千丈；他同時也警覺到社會福利的救濟金不足以讓他安度晚年，因此他就開始在美國到處奔走，想要出售他的食譜（一種衍生性商品），但是被人拒絕了不止千次以上。在面對無數的拒絕之後，終於有人願意出資買下他的食譜，並以此打造了一個事業體系，進一步地授權加盟，然後將這間公司的股份（再度衍生出來的商品）賣到股票市場之上。藉由從 S 象限晉升到 B 象限，桑德士上校把他原來不幸的事件化成了大筆的財富。他因為改變了思維模式而改變了自己的一生。每當聽到有人說，「我已經太老了，沒有辦法改變」時，我就會直接跟他分享桑德士上校的故事。

我之所以在這裡提到黃金和白銀，是因為我手頭上寧可持有黃金和白銀而非現金。既然我有能力印製屬於自己的錢，那麼我就用不著操心，也不用為了不時之需而存錢。當政府印了這麼多鈔票的時候，我覺得還是擁有黃金和白銀比較安全一些。

如果你想要學習更多有關黃金和白銀的知識，請到 http://www.conspiracyoftherich.com 網站上搜尋相關的影片介紹。在影片當中，其中有一段我的好朋友，也是富爸爸系列叢書《富爸爸買賣貴重金屬》（*Guide to Investing In Gold and Silver*）的作者——麥克．馬隆尼，會告訴你為什麼在當今世界的經濟環境下，黃金和白銀是攸關生存的一種投資。

新的金錢法則＃八：既然鈔票愈來愈不值錢，學會如何印自己的鈔票

自我九歲起，富爸爸就給了我一份最好的禮物，也就是財務教育。新的金錢法則第八條遙遙呼應新的金錢法則的第一條：**知識就是金錢**。在當前所面對的金融危機以及鈔票愈來愈不值錢的趨勢下，一個擁有財務教育的人，比起那些受過傳統教育的人，會擁有一種絕對不公平的優勢。

【讀者評論】

雖然我受過很好的財務教育——喬治城大學國際金融財務的碩士，畢業之後在投資銀行協助私人規劃投資組合兩年，接下來在一家公司當了五年財務長，然後十五年來不斷地在募集資金、經營、並出售自己的事業……，但是我在這些財務教育中，始終缺乏一個非常關鍵的因素。這個因素就是克服自己內心的恐懼，並著手為自己投資不動產。這種恐懼隨著我錢愈賺愈多而更加嚴重，因為萬一賠錢就會是一筆很大的數目……。為了改變自己，我做了一些事情，其中一件就是聘用一位富爸爸公司的財務教練，他一直平靜且溫柔地在每個禮拜三提醒我，「別忘了，你的目的是要投資不動產。」我現在正準備要為自己第二棟的出租公寓用印交屋——我每天早上起床時雖然都還會感到一些焦慮，但是我還是會鞭策自己努力向前。

——cwylie

我相信有錢的陰謀家是在一九〇三年接掌我們的教育體系，那些有錢陰謀家們藉著他們的力量塑造了我們的思想，因此造成現在數百萬的民眾在財務方面無知無能，完全得依賴政府來照顧他們。今天這個世界之所以會發生了金融危機，就是因為對於財務的無知無能所造成的。歷史上最大的一次搶錢行動正在上演，我們的財富就是因為稅賦、債務、通貨膨脹，以及退休金制度等，完全合法地被他人掠奪。既然這次的金融危機是因為缺乏財務教育所造成，那麼唯有靠著財務教育才能帶我們走出這次的危機。誠如你所知道的，我們的領袖仍然在用導致危機發生的思維模式思考解決方法。與其寄望他們做出改變，我認為你我最好要先改變，就如桑德士上校願意做出改變一樣，藉著改變思維模式和學習的內容，我們就能改變自己的未來。

教育體系最大的毛病

人們之所以會害怕做出改變，是因為他們非常害怕犯錯，尤其是犯下財務方面的錯誤。很多人死抓著穩定的工作不放，因為他們害怕在財務上出狀況。他們之所以會把自己的錢交給理財專家來處理的原因，是因為他們希冀這位理專不會犯錯；但是非常諷刺的是，這種做法本身就是一種錯誤。

對我而言，我們教育體系最大的問題就在於，老師們一直在教孩子不要犯錯。如果某個孩子不幸犯了錯，這個教育體系就會懲罰他們，而不是教他們從錯誤當中汲取教訓。任何有智慧的人都清楚知道，我們都是藉著不斷地犯錯來學習。想要學會騎自行車，就要在跌倒之後不斷地爬起來才學得會；我們想要學會游泳，就得先跳到水裡面去。如果一直害怕犯錯，人們怎麼可能學會任何有關於金錢的知識？

為什麼很多小孩無法在學校有效地學習

下圖稱為「學習金字塔」，是布魯斯．海蘭德（Bruce Hyland）在一九四六年根據艾格．戴爾（Edgar Dale）的「經驗」演變而來。這張圖能解釋為什麼這麼多小孩子討厭學校，覺得學校很無聊，且就算在教室裡坐了這麼多年，到最後幾乎都把上課內容還給老師了。

箭頭＃一：閱讀。根據學習金字塔，藉著閱讀的方式來學習或記住知識，是最差勁的學習方法，因為它們長期能記住的內容低於一〇％。

箭頭＃二：聽講。第二種最差

學習金字塔

兩週後我們大概記得什麼	事件	涉及的本質	
對我們說過和做過的事 記得 90%	實作	積極的	
	模擬實際經驗或遊戲		4
	做一場完美的簡報		
對我們說過的事 記得 70%	做非正式演講		
	參與討論		3
對我們聽過和看過的事 記得 50%	當場看到事情完成	消極的	
	觀賞展覽 參觀展覽 看現場表演		
	看電影		
對我們看過的事 記得 30%	看圖片		
對我們聽過的事 記得 20%	**聽講**		2
對我們讀過的事 記得 10%	**閱讀**		1

資料來源：引用美國教育學家艾德格．戴爾（Edgar Dale）於 1969 年撰寫的《視聽教學法》（Audio-Visual Methods in Teaching）三版，已獲得湯姆森學習公司（Thomson Learning）華茲沃斯事業部（Wadsworth）的許可在此引述。

勁的學習方式就是講課。或許你已經注意到了，學校傳授知識最主要就是藉著閱讀和講課的方式進行。

箭頭#三：參與小組討論可以提高學習效果。我在唸書的時候，一直都很喜歡參加小組討論，尤其在考試的時候更是如此，問題在於學校會將這種行為稱為作弊。在現實生活中，我都會跟自己的團隊一起面對財務上的考驗，因為我們都知道三個臭皮匠必定勝過一個諸葛亮。

箭頭#四：藉由模擬或遊戲來學習。為什麼模擬器或遊戲是非常有效的學習工具，原因是我們在模擬和遊戲的過程中，會不斷地從錯誤當中汲取經驗。就算參加空軍軍官學校，我也得在模擬器裡花上數百個小時之後，才能學會駕駛真正的飛機。就算在今日，各家航空公司仍花費幾十億美元，藉著模擬器來訓練他們的飛行員。這不但非常具有成本效益，駕駛員可以嘗試不同的操作方式，而且不須冒著飛機墜落的風險。

藉著跟著富爸爸玩了無數小時的大富翁，我學到了B和I象限的人們的思維模式。換句話說，我先是在遊戲上頭不斷地犯錯，然後藉由小額投資並犯小錯誤來練習，藉此獲得現實生活的真實體驗。我今天之所以是有錢人，並不是因為我在學校表現得多麼出色，而是我學會了如何從自己所犯的錯誤中汲取教訓。

提早退休

我跟金於一九九四年退休了。當時金三十七歲，而我則是四十七歲。我們之所能提早退休，是因為我們所擁的資產遠多過於自己的債務。就算面對當今的金融危機，我們的績效還比以往更好，因為我們依然持續不斷地累積更多的資產。成千上萬的人們今天面臨了財務上的挑戰，是因為只有在市場崩跌時，他們才發現自己原本以為是資產的東西，其實都是一種負債。

一九九六年，我跟金創造了現金流遊戲，好讓人們在現實世界中用真錢進行投資之前，可以先在遊戲裡裡拿著假鈔票來犯錯。今天，這款遊戲總共分成三種版本：現金流兒童版、現金流一〇一（教的是創業和投資相關的基礎概念），以及現金流二〇二（教你如何在多空市場當中做技術性的分析與投資）。三種遊戲也都具備所謂的電子版本。如果你想從這些遊戲當中學到更多、更深入的內容，那麼全球各處也有所謂的現金流俱樂部，其中有些正規的俱樂部甚至還擁有我自己發明的十套教材，讓你能從遊戲當中獲得最佳的學習效果。如果你想提升自己的財務ＩＱ，同時又不想降低原有生活水準、甚至還想提早退休的話，那麼這些現金流遊戲就能提供你犯錯的機會，並從中學習。

我於一九九七年自行出版了《富爸爸，窮爸爸》這本書，在書中我也提到，你自己所居住的房屋不能算是一項資產、有錢人所繳的稅比平常人低、有錢人不為錢而工作，以及有錢人早就知道要如何印製屬於自己的鈔票等內容。當二〇〇七年次級房貸危機爆發以來，成千上萬的人們同時也發現了自己的房子是一項負債，而不是資產。

二〇〇二年我寫了《經濟大預言：清崎與富爸爸趨勢對話》一書，書中預言幾百萬個家庭所依賴的退休金計畫很快就會土崩瓦解。直到二〇〇九年的今天，我所要表達的訊息一直未曾改變。

【讀者評論】

知識或許是新的金錢，但是認真的投資者唯有在充分瞭解B—I三角形的各個因素，並且在實際生活中加以應用之後，才會產生效果。這本書對於那些想要在不確定的年代釐清各項投資機會的人們來說，是一個非常好的開始。非常感謝你分享自己個人的經驗，並協助我們渡過這波市場的大動盪。

——Ray Wilson

Rich Dad's

Conspiracy of The Rich

The 8 New Rules of Money

Chapter 12

如果由我來執掌教育體系

If I Ran the School System

對很多人而言，缺乏財務教育讓自己生活過得非常不順利。就像本書從頭到尾所討論的，當今金融危機發生的最主要原因是缺乏財務教育。或許大部分的人不這麼認為，但是我是一個極力鼓吹教育的人。我認為在當今的社會中，教育遠比以往任何時期還來得重要許多。如果我們的教育體系不納入財務教育相關的教材，那麼學校體系真的對不起我們的孩子們、我們的國家，以及這個世界，因為我們沒有讓小孩子們準備好面對真實的世界。

接下來的內容大部分都已在本書以及其他的富爸爸系列叢書多所涉獵。我忽然有個主意，把自己對於財務教育的一些想法通通歸納在一個章節之中，應該會有一些加分的作用。雖然本章無法涵蓋一個健全財務教育所應該具有的全部內容，但是我相信它能涵蓋大部分和傳統理財規劃相異之處。如果是由我來執掌教育體系，我會創造一套包含下列十五項的財務教育課程。

1.金錢的歷史

就如同人類會演化，金錢同樣也會不斷地演進。「錢」一開始的時候藉著以物易物的方式進行（例如拿雞去換牛奶），接著演化成用貝殼和寶石，然後又發展成利用黃金、白銀，以及銅幣等形式。這些全都是實體物件，也是大家都公認具有實質的價值，因此就會被拿來交換等值的其他物品。而今天，絕大部分的錢都是紙幣，是政府所發行的借據，一種稱之為法定貨幣的東西。這些紙幣本身以及背後所代表的價值根本是一文不值，完全只是某種事物的衍生性金融商品。以往的美元是黃金的衍生商品，但是現在只是國家債務的衍生物，也就是該國納稅人的借據罷了。

今日的錢不再是像雞、黃金、或白銀等實質的物體。今天的錢完全只是一種對某國政府的信心和信任而已。當這個國家愈值得信任時，該國的錢就會愈有價值，反之亦然。由於金錢從實質物體演化成一種純粹的概念，這就是今天人們對於金錢感到這麼混淆的原因。想要瞭解一個我們再也看不到、摸不著、感覺不到的事物，是很不容易的。

金錢歷史上幾個重要的日子

接下來扼要地列出本書曾經舉過的一些關鍵日期。

．一九〇三年：我相信，在洛克斐勒成立國民教育委員會來決定孩子應該要學習什麼學科的時候，美國的教育體系就落入了這些人的手中。那些極度有錢的人開始影響到我們的教育，因此學校完全沒有教導有關金錢的議題。今日，人們上學是為了學習如何為錢工作，但完全學不到如何讓錢為自己工作。以下就是所謂的現金流象限：

- **E代表雇員（上班族）。**
- **S代表自由工作者、專家（例如醫生或律師等），或者中小企業老闆。**
- **B代表大型企業的老闆（公司員工數超過五百人及以上）。**
- **I代表投資者。**

學校非常擅長把學生訓練成E和S象限的人，但幾乎沒有教他們成為B或I象限的本事。就連自MBA畢業的學生所受到的訓練，也都只是要成為E象限的高薪上班族替有錢人的企業工作。B象限最有名的代表包括比爾．蓋茲（微軟的創始人）、麥可．戴爾（戴爾電腦的創始人）、亨利．福特（福特汽車公司的創始人），以及湯瑪斯．愛迪生（美國奇異公司的創始人）——這些人都沒有受到所謂完整的教育。

- **一九一三年：聯準會獲准成立**。聯邦準備理事會根本不是美國人的，亦不屬於聯邦政府體制，它沒有任何儲備金，也根本不算是一間銀行。聯準會完全被這世界上一些最富有、最具有政治影響力的家族所掌控。它有權力可以完全憑空創造出錢來。擬定我們憲法的先賢，以及諸如華盛頓總統和傑佛遜總統等開國元老，都堅決地反對成立類似聯準會的機構。

- **一九二九年：經濟大蕭條**。在經濟大蕭條危機之後，美國政府成立了諸如聯邦存款保險公司、聯邦住宅部門、社會福利保障制度等公家機構，也藉著新的稅賦辦法獲得了更多控制民眾財務的權利。這麼一來，百姓就開始習慣於政府藉著社福計畫和各種機構的名義，來介入民眾的日常生活。許多這一類的政府計畫和機構，例如聯邦住宅部門、房利美和房地美等，都是今日次級房貸危機發生的核心。而且，現在政府完全沒有資金來源的給付義務（例如社會福利制度與醫療健保制度等），根據初步估計是個高達五十兆至六十兆美元的定時炸彈，而且這個問題必定會在不久的將來被引爆，屆時爆發的規模將會讓現在的金融海嘯相形見絀。換句話說，當年政府為了解決上一次經濟大蕭條所做的一切努力，反而很可能在未來創造出更嚴重的經濟蕭條。
- **一九四四年：達成布列敦森林協議**。這個國際間的貨幣協議創造了世界銀行以及國際貨幣基金組織兩個組織。這個協議將聯準會的體制複製到全球各地，因而使美元獲得了全球儲備貨幣的地位。基本上，當全球忙著打世界大戰的時候，那些世界銀行家也同時為了改變世界的體制而忙得不可開交。這個意思就是，全球各國的通貨都開始以美元來作為擔保，而美元則跟黃金連動。只要美元持續以黃金來作為擔保（美金），那麼全球的經濟就能保持穩定。
- **一九七一年：在未經國會同意下，尼克森取消了美元的金本位制**。當這件事情發生之後，美元就變成了債務的衍生性金融商品，而不是原來黃金的衍生性商品。從一九七一年之後，美國的經濟唯有靠著不斷擴大債務才有辦法持續維持擴張，同時也開始發生了所謂的紓困案。在一九八〇年代紓困金的額度是以百萬計；在一九九〇年代動輒以十億來計算；而現在則是以兆來計算（而且還在不斷地增加中）。金錢的法則發生了這樣的改變，可以說是全球歷史上最大的財經變革之一，它讓美國可以藉著發行愈來愈多的債務（亦即美國政府公債）來隨意發行鈔票。人類歷史上從來沒有過這種例子，也就是全球的貨幣通通都是以某個國家的債務——亦即美國納稅人所開出來的借據——來作為唯一的擔保。

- **一九七一年起，美元不再是美金，而變成了一種通貨。通貨**（currency）一詞是由**流量**（current）演變而來，就跟電流和洋流同義。換句話說，通貨必須一直流動，否則它的價值就會開始流失。為了維繫它的價值，法定通貨必須不斷地從某項資產轉移到另外一種資產之中。因此自一九七一年之後，將法定通貨停放在存款帳戶或股票市場中而不加以運用的人就一直賠錢，因為他們所擁有的通貨停止了流動。隨著政府的鈔票愈印愈多，造成更大的國債和通貨膨脹時，偏好儲蓄的人們則成為最大的輸家，而願意負債的人則成了最大的贏家。
- **一九七一年後，經濟需要藉著債務才能擴張**。理論上，如果現在全球所有的國家、公司，和個人都將自己的債務還清，現代人所用的金錢就會頓時從世界上消失。二〇〇七年，當次級房貸戶無法繼續繳納每個月的房貸時，全球的債務就停止了擴張，因而引發了公債市場的崩盤，造成我們現在所面臨的金融危機。

美國就是利用這種方式，把自己的債務賣給歐洲、日本，和中國，來平衡自己財政方面的赤字開支。如果這些國家開始對美國失去信任因而停止購買美國政府公債，那麼就會再次引爆出另外一種金融危機。如果你和我不願意再背負房貸，或停止使用自己的信用卡，那麼這次的經濟衰退將會持續很長的一段時間。

財務教育之所以如此重要，是因為我們必須要認清所謂好的債務以及壞的債務。壞的債務會讓我們愈來愈窮；好的債務則會讓我們愈來愈富有。既然現代的金錢是從債務衍生而來，那麼擁有紮實的財務教育就能教導人們如何利用債務來致富，而不是像現在多數人那樣愈來愈貧窮。

・**一九七四年：美國國會通過受僱人退休所得保障法，現在已經是美國著名的四〇一（K）退休帳戶**。在一九七四年之前，大部分的上班族所擁有的是一種叫作**確定給付式（DB）的養老金計畫**。公司的確定給付養老金就是提供員工所謂的終身俸。但在一九七四年之後，員工被迫改用**確定提撥制（DC）的養老金計畫**，意即員工現在要負責為自己的退休生活存錢。一位員工在年屆退休時所能領到的養老金，取決於他（或她）本人之前所提撥的總金額。在這樣的制度下，萬一該公司把這些養老金花光了，或者因為股市崩盤而讓養老基金賠光了錢，那麼這些員工到時候一毛也領不到，只能怪自己運氣不好。

這種由確定給付制變成確定提撥制的做法，導致數百萬上班族涉足股票市場這個未知的領域。問題就在於當時絕大部分的上班族極度缺乏（這種情形到現在仍然沒有改變）適當的財務教育，他們無法明智地為自己的退休金進行投資。

今天，全球數千萬的上班族面臨了退休金不足以支付退休生活所需的窘境。由於缺乏財務教育，數千萬民眾都只會找上那些機構組織——也就是一手造成當今金融危機的銀行和股票市場——希望自己能在這些地方存下足夠的錢來享受退休的生活。這些人最容易受到這次金融危機的影響，也是最為此擔心的一群人。

現在的你已經稍微回顧了一下當代金錢的歷史，那麼現在你應該開始體會到為什麼財務教育是如此重要。而接受財務教育的第一步，就是要先瞭解什麼叫作財務報表。

2. 瞭解自己的財務報表

我的富爸爸經常說，「你往來的銀行根本不會跟你索取在校成績單。銀行才不在乎你在學校的成績表現如何。銀行家只想看你的財務報表。因為你個人的財務報表就是你離開學校之後的成績單。」

財務教育的一開始，就是要先瞭解到財務報表總共被劃分成三個部分。

為了對財務報表做出更完善的解釋，我們必須先進入財務教育的第三堂課，亦即資產和負債兩者之間有什麼樣的區別。

3. 資產與負債兩者之間的差異

我的窮爸爸經常說，「我們自己的房子就是一項資產。」我的富爸爸則說，「如果你父親擁有紮實的財務教育，那麼他就會知道自宅不是一種資產。自己所住的房子是一種債務。」

這麼多人面臨財務方面的挑戰，其中最主要的理由是，他們會把負債當成資產。在當今的金融危機中，數百萬計的人們開始警覺到自己所住的房子並不是一項資產。就連我們政治界的領袖們也會把負債當成資產。舉例來說，問題資產紓解計畫並不是針對有問題的資產所

制定的紓困計畫。它是專門用來處理有問題的債務而成立的。如果這些東西真的是一種資產，那麼根本就不會發生什麼問題，因此這些銀行也就用不著政府出面來挽救它們。

財務教育另外一個重要的環節，就是要瞭解和金錢有關的詞彙。想要增加自己駕馭金錢的力量，那麼請開始運用一些諸如**資產**和**負債**等和金錢有關的語言。

我的富爸爸對於**資產**和**負債**有著非常簡單而且明確的定義。他說，「資產就是會把錢放到自己口袋裡的東西（就算你完全不工作也一樣），而負債就是把錢從自己的口袋裡掏走的東西（就算拚命工作也一樣）。」

藉由檢視財務報表的圖形，我們就更容易解釋資產和負債兩者之間的差異。

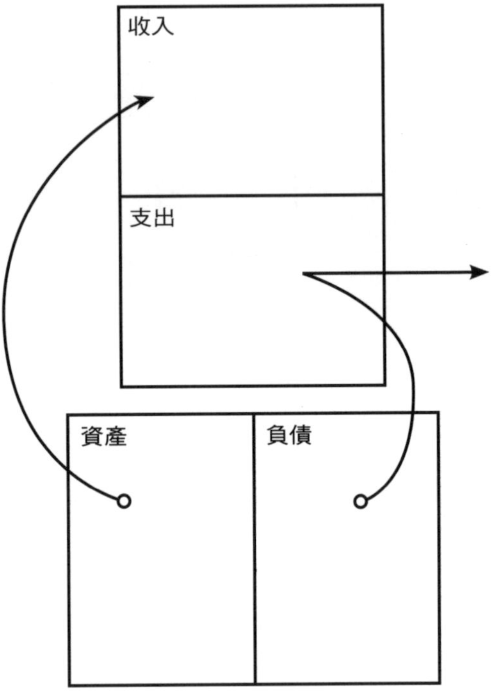

上圖的箭頭代表現金流向。其中一個箭頭代表現金會從資產（例如出租用的不動產，或者是股票股利等）流到自己的口袋之中，也就是自己的**收入欄位**。另外一個箭頭代表現金會從負債（例如汽車貸款或者是自宅的房貸等）流出到你的**支出欄位**。

有錢人之所以愈來愈有錢，其中一個理由是這些有錢人工作是為了獲得資產，而其他人賺了錢卻在購買一些自以為是資產、但實際上為負債的東西。數百萬的民眾之所以會在財務方面發生困難，是因為他們辛苦地工作之後，購買的竟然是房子和汽車等這類的負債。當他們獲得加薪之後，就會換購更大的房屋以及更高級的汽車，希望讓自己看起來很富有，但實際上卻是愈來愈窮，因為他們讓自己陷於更深的債務之中。

我有位朋友在好萊塢是個小有名氣的明星，他告訴我，他自己的退休金計畫就是要投資於個人居住的不動產之中。他經年住在好萊塢，同時擁有位於美國亞斯本（Aspen）、夏威夷茂宜島，以及法國巴黎等地區的昂貴度假別墅。我們最近在一個電視節目上不期而遇，因此我隨口問了他近況如何。他一臉苦哈哈地回答我，「我現在手頭上沒有什麼戲約，而且也幾乎賠光了一切。我這些房子的價值不斷下跌，也負擔不起這些房子的貸款。」這個人的問題是，把負債當成了資產，同時也不瞭解**現金流**的重要性，因而造成了這樣的結果。

在前一波不動產大漲時，許多人衝進房市並自以為是投資者，但事實上他們都只是一些投機客和賭徒，這種人在那時還獲得了一個叫作「飛寶」（**flippers**，「翻修轉賣的討厭傢伙」之意）的外號。那時甚至還有電視節目專門介紹如何買低翻修然後轉手賣出不動產，教人們如何藉著裝潢、翻修不動產的方式來趁機大撈一票。隨著房市泡沫化，問題就產生了，許多翻修轉賣的人被大批淘汰，而他們手上的不動產最後也以查封拍賣收場。

講到這裡，我們就得進入財務教育的第四堂課。

4. 資本利得與現金流之間的差異

許多人是為了**資本利得**而進行投資的。這就是為什麼當股市或者房價上漲之際，他們就會感到興奮不已。我那位好萊塢的朋友，以及許多翻修轉賣的人，也都是採用類似的投資方式。許多上班族為了退休金而投資於股票市場時，也是基於同樣的目的。那些為了資本利得而投資的人根本是在賭博。就如同巴菲特所說，「所有應該買這支股票的理由當中，最蠢的就是因為這支股票正在上漲。」

為了資本利得而投資，會讓許多投資者在股市或者房價下跌時感到沮喪。為了資本利得而投資跟賭博沒有兩樣，這是因為投資者對於市場的漲跌幾乎沒有任何控制能力。擁有財務教育的人會同時為了現金流和資本利得而投資。最主要的原因有兩個：

理由＃一：通貨必須從有在創造現金流的資產上流出，否則它的價值就會一直減少。換句話說，如果你只是把錢停靠在資產上，並期待該資產增值或者價格上揚，那麼你的錢就沒有什麼樣的產值，也沒有在為你工作。

理由＃二：為了現金流而投資的做法，幾乎排除了投資時絕大部分的風險。只要有現金不斷地流入自己的口袋之中，就算資產的價格下跌了，也毋須感到沮喪。如果你的資產增值了，那麼就完全是一種額外的加分作用，因為你早就在獲得現金流。

下圖顯示了資本利得和現金流兩者之間的差異。

金跟我合開了一間石油公司。我們投資是為了同時獲得資本利得以及現金流。我們一開始探勘的時候，每桶原油的價格大約是二十五美元。我們對於每個月所獲得的現金流感到非常滿意。當石油漲到每桶一百四十美

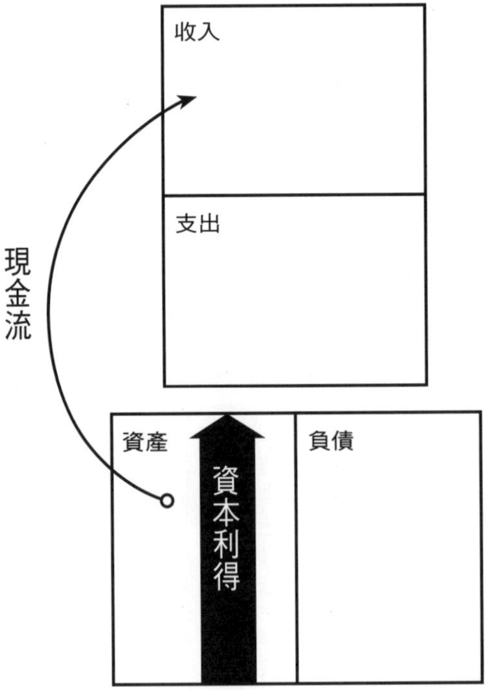

元時，由於資本利得的關係，我們油井本身的價值的確增加了不少，更是讓我們雀躍不已。不管現在這口油井的價值為何，我們仍然一樣地高興，是因為現金流每個月會持續地流到我們的口袋之中。

如果你個人偏好投資股票，那麼先投資那些能持續穩定地派發股利（現金流的一種）的股票是一種比較好的做法。在經濟反轉、股價低迷的情況下，這時候就要大量低價買進那些不斷穩定配息的股票。

股票投資者也同樣瞭解現金流的威力，在股票市場中，所謂的現金流被稱為**股利殖利率**（dividend yield）。當股利殖利率愈高時，那麼該股票相對的價值就會愈高。舉例來說，如果某支股票的股利殖利率是五％，就表示這支股票不但具有價值，股價也非常漂亮。當股利殖利率降到三％時，就意謂這支股票的價格已經漲過頭了，而它的價值也很可能因此而減少。

二〇〇七年十月時，股票市場創下了歷史新高的一四一六四點。愚蠢貪婪的傢伙爭先恐後地栽進市場，認為股票還會繼續上漲（資本利得）。問題在於當時道瓊工業加權指數的股票配息率只占全體股票總市值的一．八％，亦即表示股票已經漲過頭了，因此專業的投資者們紛紛開始出售手上的持股。

二〇〇九年三月時，道瓊跌到了六五四七點的新低，仍然有很多人急急忙忙地跳進去，認為股市最壞的情形已經過去了。問題在於道瓊的股票配息率仍然只有區區的一．九％，這對專業的投資者來說，等於在告訴他們現在的股價仍然過高，因此股市很有可能持續探，並隨著資金不斷地流出股市，那些長期投資者也可能會因此蒙受更大的損失。

對我而言，同時為了現金流和資本利得而投資是比較明智的做法，也用不著擔心任何市場的漲跌。這就是為什麼我發明了現金流一〇一以及現金流二〇二這兩款財務教育的紙盤遊戲，教育人們以這種方式投資的優點。既然任何市場都有漲有跌，我們就必須往下走到第五堂課。

5. 投資基本面與投資技術面的差別

投資基本面的方式，就是要分析一家公司在財務上的績效，而想要這麼做就必須先瞭解財務報表。

一個有財務ＩＱ的人會想知道一家公司（或者不動產）是否受到明智的管理，而這點唯有藉著分析該事業（或不動產）的財務報表才能得知。當銀行跟你要財務報表時，是想要判別你是否有妥善管理自己的財務。銀行想要知道你的收入和支出兩者之間的情形、有多少能產生現金流的資產，以及擁有哪些會讓現金流出的債務。當你投資於一家公司

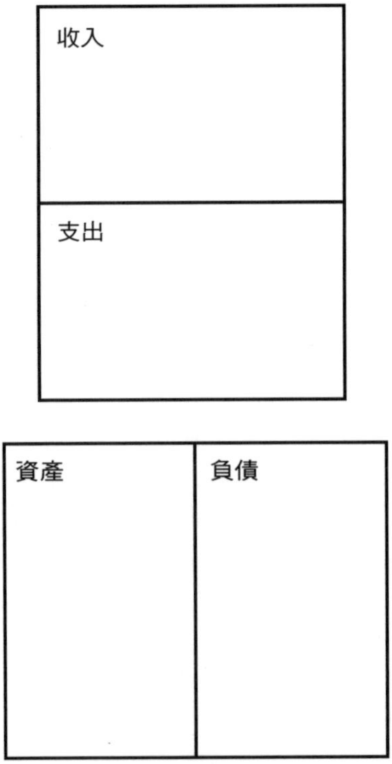

時，你也會想要知道相同的資訊。

我的現金流一〇一遊戲專門用來教導這些基本面投資的基礎知識。

投資技術面則是藉著各種技術指標來衡量市場的熱絡程度和表現狀況。技術面的投資者或許不太會關心事業本身的基本面。他們看的是一些衡量價格的圖表，類似於下圖。

圖很重要的原因是，它們完全是根據事實而來，大部分都是根據某種商品的買價與賣價繪製而成，例如某支股票的股價，或者黃金等原物料的市價。當圖中的線型向右上方移動時，就代表市場價格上揚，也就表示現金正在流進該市場。若錢不斷地流入這個市場，人們通常稱之為多頭市場（牛市）。當圖表中的線型向右下方移動時，則代表現金正在流出該市場。而現金不斷流出的市場就稱為空頭市場（熊市）。技術投資者通常會根據現金流

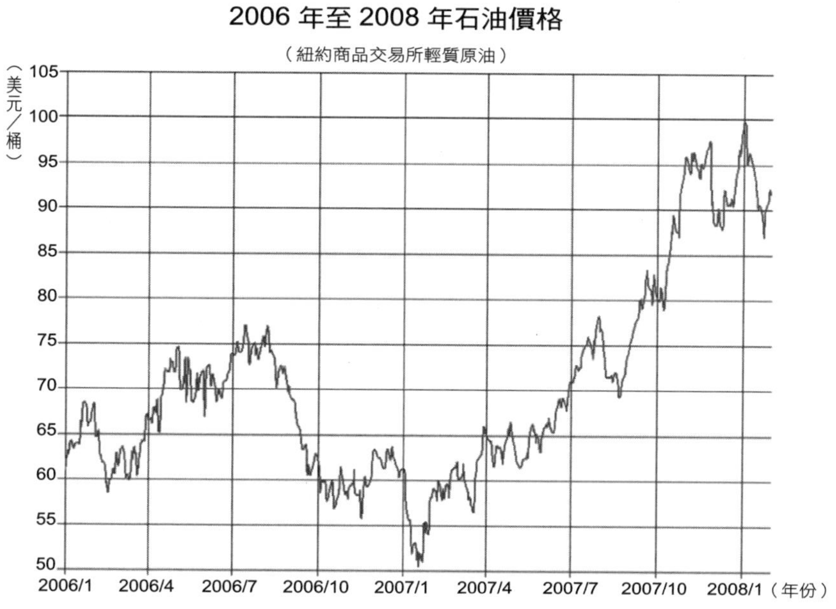

流向來尋找歷史上的一些特定模式，並且根據以往的模式來預測未來市場的走向，以便作為自己投資的決策。

受過財務教育的投資者同時也想知道現金流是來自於哪個市場，又正朝向哪一個市場移動。舉例來說，當股市崩跌而人心充滿恐懼時，許多現金都流向了黃金市場。技術投資者或許可以根據相關的技術指標來預測黃金即將上漲而股市即將下跌，因此他就能比任何人都先採取動作，把自己的錢轉移到黃金之上。（參照下圖）

再次強調，務必要留意現金流對於股價（或者資本利得）所產生的影響力。受過財務教育的人之所以會想要讓他們的資金充分地流通，其中有個理由就是，萬一他們將錢通通停泊在一種資產類別當中（就像很多業餘投資者的做法一般），那麼當現金開始流出這種資產時，他們的投資就可能會蒙受損失。既然所有的市場有漲有跌，而且任何市場都會蓬勃發展與衰退蕭條，我們就必須開始探討財務教育的第六堂課，也就是如何衡量資產的健全程度。

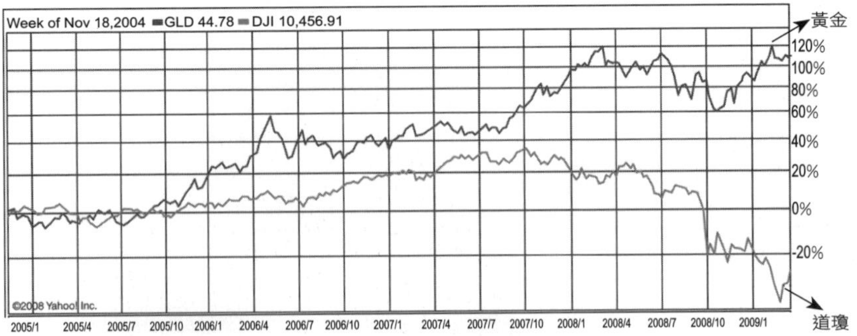

資料來源：Reproduced with permission of Yahoo! Inc. ©2009 Yahoo! Inc. YAHOO! and the YAHOO! logo are registered trademarks of Yahoo! Inc.

6. 衡量資產的健全程度

很多時候，有人會來到我的面前說，「我有一個新產品的好主意」，「我找到了一處絕佳的不動產」，或者「我想要投資這家公司的股票，你有什麼樣的看法？」

針對這些問題，我就會以下方的B-I三角形來做回應。B-I三角形源自於稍早所提過的**現金流象限**，如下圖所示。我再重申一遍：

- E代表雇員（上班族）。
- S代表自由工作者、專家（例如醫生或律師等），或者中小企業老闆。
- B代表大型企業的老闆（公司員工數超過五百人及以上）。
- I代表投資者。

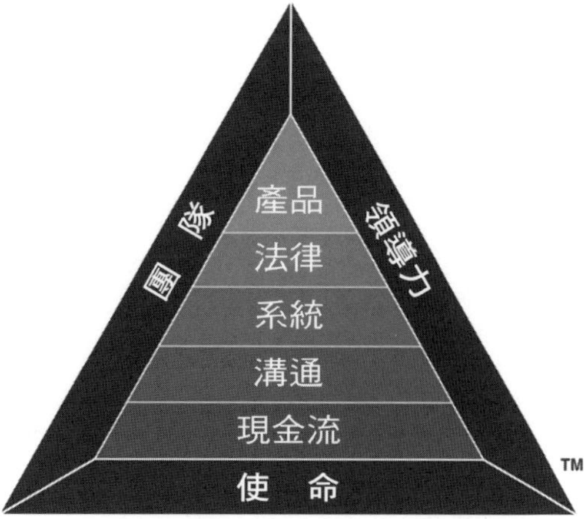

或許你有注意到，產品在B-I三角形裡占的位置最小，也是最不重要的一項因素。許多人創業之所以會失敗，就是因為他們將注意力放在產品上頭，而不是整個B-I三角形之上。這對投資不動產來說也是一樣的道理。很多投資者只會看著不動產物件本身，而不是用整個B-I三角形來做檢視。

富爸爸說，「當個人、事業、或者某項投資表現狀況不良時，必定是欠缺了B-I三角形裡面某項完備因素，或者該因素無法發揮正常功能。」換句話說，在做任何投資或進行創業之前，要先用整個B-I三角形來加以評量，並問自己這項投資或事業是否能建立起一個健全穩固的B-I三角形。

如果你打算成立自己的公司，或者想要學習更多有關於B-I三角形的內容，或許你應該閱讀《富爸爸辭職創業》一書。

今天這個世界需要更多知道如何打造健全穩固B-I三角形的創業家。藉著培養這些優秀的創業家，我們就能為那些位於E和S象限的人們創造出更多的就業機會。

與其讓政府來安排更多的工作機會，政府應該致力於培育更多的創業家們才是。因此這就得進入財務教育的第七堂課。

7. 如何挑選優秀的人才

富爸爸經常說，「想找到好夥伴的方法，就是清楚知道哪種人是不好的夥伴。」

在我自己的事業生涯當中，我曾經擁有過非常優秀的事業夥伴，以及非常惡劣的合夥人。就像富爸爸所說的，想要知道什麼人才是好的事業夥伴，唯有在體驗過非常差勁的夥伴之後才會懂得，不過在選擇夥伴這方面，我也曾經吃足了苦頭。

唯一的問題是，在生活當中，你沒有辦法事先區分夥伴的好壞，都是在事情開始惡化之後才會有所發現。好消息是，對於每一個我曾經為伍的惡劣夥伴關係中，我到後來**必定會**因而認識一個卓越的事業夥伴。舉例來說，我之所以認識了我現在的不動產夥伴肯．麥肯羅，就是因為我跟另外一位差勁的合夥人共同投資了一筆很糟糕的投資案件。自從那次非常差勁的投資案以來，肯和我一起賺進了數千萬美元，他現在是我和金最要好的事業夥伴之一。我從肯的身上學到，任何絕佳的合夥投資案，一共要備齊三項關鍵因素。這三項因素就是：

- **夥伴**
- **資金**
- **管理**

這永遠適用於何投資案和事業。當你把錢投進去之後，你就跟這筆投資案成為夥伴，就算你不認識其他跟你一起投資的個人或公司也是一樣。舉例來說，當有人投資於共同基金時，他（或她）就跟這一支基金在股份上成為了合作夥伴的關係。因此，任何投資案的第一個要素，就是要在把錢投資進去之前，審慎地 選擇你的事業夥伴。

就如同我的富爸爸所說，「跟差勁的夥伴在一起，就做不到好的生意。」肯所講求的第二項要素，也就是所謂的資金部分，則是要留意該投資案的資金結構是否紮實，以及身為夥伴的你在財務上獲勝的機會大不大。以下就是我不願意成為共同基金夥伴的四個原因：

- 共同基金的財務結構是傾向於讓共同基金公司蒙利，而不利於你這位出資的事業夥伴。
- 共同基金的管理費用太過於昂貴，也沒有完全被公開揭露。我要拿出百分之一百的資金，承擔百分之一百的風險，而共同基金則可以拿走八成的獲利。在財務方面來說，這種作為不能算是一個好的投資夥伴。

‧當我投資不動產時，我會盡量利用銀行的錢進行，也就表示我投資不動產的時候，與投資共同基金相較，我可以擁有更高的投資槓桿作用。

‧我個人有可能在共同基金上賠了錢，但是仍要為不屬於自己的獲利（基金公司所拿走的八〇％）繳納資本利得的所得稅。光就這點來說絕對是不公平的。

肯所說的絕佳投資案第三個因素則是管理。一位好的事業夥伴必須要是一個卓越的管理者；管理不善的事業或者是不動產投資案件，就無法讓投資者所投入的資金產生最大化的效益，因而導致事業或投資案無以為繼。有這麼多中小企業創業失敗或者不動產投資失敗的原因就是因為不當的管理，以致於無法產生良好的績效。

今天我藉著簡單地問自己，「這次的投資夥伴是哪些人？而且我想不想跟他們成為夥伴？」、「財務結構如何，對投資案有利嗎？」，以及「管理團隊是否優秀？」等問題，就能快速地分析許多投資案件。如果以上這些問題都獲得了滿意的答案，那麼我很可能會更進一步來瞭解這筆投資案。

因此我們就得談到財務教育的第八堂課。

8. 瞭解哪種資產最適合自己

有四種最基本的資產類別可以進行投資。

事業

・**優勢**：事業是個人可以擁有的最佳資產之一，因為你從中獲得稅賦上的優勢、借助別人的力量來增加自己的現金流，並且同時對這項資產擁有相當的控制權。世界上最富有的人都會打造屬於自己的事業。例如史帝夫・賈伯斯（蘋果電腦的創辦人）、湯瑪斯・愛迪生（美國奇異公司的創辦人），以及塞吉・布林（Google的創辦人）等。

・**缺點**：事業跟人有「高度密切」的關係。這句話的意思就是，你必須能管理員工、客戶，以及顧客等。與人相處的能力和領導能力，以及是否能找到一起共事並具有才華的夥伴，都是事業獲得成功不可或缺的因素。以我個人的觀點來看，在這四種可以投資的資產類別當中，建立事業最需要高度的財務智慧以及相關經驗，才有辦法獲得成功。

資產負債表

資產	負債
事業 房地產 有價證券 原物料	

不動產

・**優勢**：不動產可以獲得很高的投資報酬率，因為你可以利用銀行的錢（例如申請貸款）或者別人的錢（例如金主和投資者）來發揮財務上的槓桿作用，亦可藉著各種稅賦上的優勢來獲利（例如攤提折舊），還可以獲得穩定的現金流（如果管理得當的話）。

· **缺點**：不動產是一種極度需要管理、流動性極低、而且管理不當時會讓人財務吃不消的資產類別。僅次於事業之後，投資不動產所需要的財務智慧是第二高的。許多人缺乏足夠的財務ＩＱ，無法妥當地投資不動產。這就是為什麼許多想要投資不動產的人，寧可去投資不動產證券化（REITs）的共同基金。

有價證券：股票、債券、定存儲蓄，以及共同基金

· **優勢**：有價證券的優勢在於非常容易進行投資。另外，它們非常具有流通性，而且投資單位都不大，意思就是投資者一開始可以隨意花點錢，買幾張股票都行，進入的資金門檻跟其他資產類別相比較，可以說是非常低廉。

· **缺點**：有價證券最大的缺點是，它們擁有極高的流通性，也就是說它們非常容易脫手。流通性高的資產最大的問題，就是一旦資金開始流出市場，如果自己動作不夠快時，你很可能就會開始產生損失。有價證券是需要持續不斷地予以監控才行。絕大多數投資者缺乏足夠的財務教育，因此大部分人都會選擇投資於有價證券這個類別。

原物料：黃金、白銀、石油等

· **優勢**：投資於原物料對於通貨膨脹來說，是一種絕佳的避險與保護方式，尤其是當今天全球政府在大量印鈔票的時候更為重要。它們之所以可以有效地緩和通貨膨脹的衝擊，是因

為它們用通貨所購買的一種實質資產。因此當通貨供應量增加時，市面上會有更多的鈔票在追逐同樣數量的實質資產。這就會造成原物料的價格上漲，或者稱之為膨脹也可以。舉凡石油、黃金、白銀等等都是很好的實質資產，而且和前幾年相比較起來，它們的價格都上漲不少，這都得要感謝聯準會的印刷部門。

- **缺點：**由於原物料都是實質資產，你必須要確定它們被妥善地儲放，並且擁有足夠的保全來加以保護。

一旦決定哪一種資產類別最適合自己，而且你對於哪一種類別的資產最感到興趣，那麼我建議你在投入真正的錢**之前**，要多花點時間對這項資產類別進行研究。我會這樣說的理由，是因為資產本身不會讓你變得富有。你有可能在任何一種資產類別中賠錢。反倒是你對於各項資產的理解程度和所具備的知識才會讓你致富。千萬不要忘記，自己所擁有的最偉大資產，就是你自己的腦袋。每一種資產類別都會使用不同的詞彙。舉例來說，不動產投資者們經常會利用「資本還原率」（cap rate）以及「淨營運收益（NOI）等字眼，而股票投資者則會經常利用像是**P/E**（本益比）或者**EBITA**（未計利息、稅項、折舊、與攤銷費用前的利潤）等詞彙。每一項資產類別都有它自己獨特的語言。舉例來說，石油投資者所用的字彙就跟黃金的投資者有所不同。好消息是，當你懂的詞彙愈多，你的投資回報就會愈高，同時風險也就會愈來愈低，這是因為你已經可以跟他們講同樣的語言。

我創造現金流遊戲就是要教導人們有關於會計和不同資產類別的一些基本語言。如果你個人已經決定自己最感興趣的是哪一種資產類別，富爸爸公司也有進階的財務教育課程，以及適合個人的財務輔導計畫等服務。

這麼一來我們就得進入財務教育的第九堂課，也就是探討有關於「集中火力」和「多元化投資」兩種不同的概念。

9. 知道何時集中火力，何時要多元化

許多人建議要進行多元化的投資，是為了要保護自己免於受到市場上不確定因素的影響。但是巴菲特在《巴菲特之道》一書中表示，「多元化是用來保障自己的無知所採用的辦法。對於那些很清楚知道自己在做什麼事情的人們而言，這樣的行為完全沒有道理可言。」

或許你有注意到許多人會把投資共同基金來當成多元化的投資。多元化共同基金的投資組合所存在的問題，就在於你並沒有真正地採行多元化分散風險的投資，因為所有的共同基金都是投資於股市有價證券之中。

要做到真正的多元化，就必須同時投資於四種不同的資產類別當中，而不是投資於一種資產類別中的不同工具之上。我的資產欄位當中包含了所有四種資產類別：事業、不動產、有價證券，以及原物料。從不同的角度來看，我都有進行所謂的多元化投資來分散風險，但是在另一方面來說，我又完全沒有這麼做，因為我只將火力集中在每一種資產類別中最佳的投資工具上。

聚焦（focus）這個字拆開來的意思，就代表著「堅守一條道路直到成功為止」。如果你想在現金流象限 B 和 I 裡獲得成功，那麼集中火力和注意力就變成了一件非常重要的

事情。選擇自己想要精通的資產類別並且堅守這個方向，直到自己獲得成功為止。舉例來說，如果你對不動產感到興趣，那麼就開始研究、練習、從小案子做起，並且集中火力與注意力，直到你的銀行戶頭擁有穩定且不間斷的現金流為止。當你確定能在所有小案子上創造出現金流之後，就可以非常謹慎地開始投資於一些較大的案件之中，並繼續集中火力和注意力，確保這些投資都能創造出正的現金流。

我完全不打算量入為出地生活。與其想著如何省錢，我寧可將注意力集中在如何增加資產之上。每一年我跟太太都設下自己下一年的財務目標，把注意力集中在如何從資產獲得更多的現金流，我們從資產所能得到的收入就會不斷地增加。金於一九八九年在奧立岡州波特蘭市買下了一間四萬五千美元的兩房一廳作為起頭，如今她擁有超過一千四百戶的出租不動產，二〇一〇年她打算再增加五百多間房子，我個人則是打算在資產欄位當中多增加三口油井。我們也出售富爸爸集團加盟經營權給想要自己創業的人，藉此來拓展事業並增加事業資產的總價值。富爸爸的加盟連鎖經營權大約是三萬五千美元，如果投資者按照事業訓練計畫進行，大概在兩年之後就能獲得每年十萬到二十萬美元的收入。這從投資報酬率的角度來看，無疑是一種絕佳的投資。

一九六六年，我在標準石油公司加州分部做事時，就開始研究原物料（尤其是石油）。一九七二年，當我還是越戰的飛行員時，我便已經開始研究黃金了。一九七三年回到美國後，我就將注意力放在不動產之上。在投資之前，我會先參加不動產的相關課程，因而賺進了幾百萬美元。但是比錢還更重要的是，那堂課還真的讓我獲得了財務自由以及財務方面的穩定，就算在當今的經濟環境下也一樣。一九七四年，當我離開海軍陸戰隊並加入全錄公司時，我就開始將注意力導入自己的事業之中，並學習相關的銷售技巧。我於一九八二年開始研究股票市場和選擇權。今天，我擁有的是四種不同的資產類別，因此我才算是做到多元化地分散風險，但是我絕對不會讓自己失去焦點。

我們準備進入第十堂課。

10. 風險最小化

創業和投資並不見得要冒著風險，但是缺乏財務教育的風險卻不小。因此，降低風險的第一步（也是最好的方法）就是接受適當的教育。舉例來說，當我想要學駕駛飛機時，我必須先上過飛行的課程。如果我立即爬進座艙直接起飛，我大概早就失事升天了。

第二步就是要為投資做避險。專業的投資者都會為他們的投資進行保險，我們買房子或汽車幾乎都會投保，但是絕大多數人在進行投資的時候卻不會這麼做，因為這樣投資的風險會很大。

舉例來說，如果我想投資股票，我一樣也可以買保險，就是利用選擇權的賣權。假設我買了一張十美元的股票，我可以另外購買一張一美元的選擇權賣權，這張賣權保證，萬一股票下跌，我可以得到九美元的補償。假使股票跌到了五美元，那麼這張賣權就會像保單一樣發揮作用，我就會因為這張現在跌到五美元的股票而獲得九美元的補償。以上例子是專業投資者在股票市場中投資時的一種保險措施。

至於我的不動產投資，我一樣有許多防範火災、水災，以及其他潛在的保險。擁有不動產的另外一個優勢在於，房客用他們的租金來幫我負擔保險的成本。如果我的不動產不幸遭到祝融之禍也不會有什麼損失，因為我的保險會補償我的損失。

在股票市場當中採取多元化投資的做法，在二〇〇七年股市崩盤時並沒有對投資者產生保護的作用。多元化投資之所以無法替這些投資者提供保障，是因為他們並沒有為投資做保險；將資金完全投入股市並不算是真正的多元化投資。

檢視下面B—I三角形的圖，你將會看到我沖銷風險的其他方式。

你應該已經注意到，八項完備因素之一是「法律」：在自己的團隊中延攬一位律師，就是將風險最小化的關鍵。首先，適當的法律建議永遠都是無價之寶。事先避免誤觸法網的法律諮詢費，永遠比出了問題之後再請律師還要便宜許多。

其次，當我在設計新產品時，想要從這些小偷和海盜手中保護我的產品和事業。我的產品和事業會充分利用法律顧問在專利、商標，以及版權等方面所提供的服務。第三，因為我擁有專利、商標，或者是版權，因此我就能把這些衍生自我公司產品的衍生性商品轉變成一種資產。舉例來說，當我寫一本書時，我會在做好法律上的保護之後，才將版權賣給出版商發行這本書。現在我每寫一本書，就能將版權出售給四十至五十間不同國家的出版社。如果未經法律保護並合法地將它轉變成為一種資產，那麼我的這些產品就毫無價值可言。

以上的重點就是因為缺乏財務教育，所以人們才會在沒有保險的情況下貿然投資，或者寄望多元化投資能產生保護的作用。接下來就得講到投資時最大的風險，也就是因為稅賦的關係而讓自己賠錢。

11. 稅賦最小化

當你跟孩子說，「上學然後找一份好工作」，那麼你就是將這個孩子一輩子放逐到擁有最高稅率的領域之中。當你建議孩子，「將來當醫生或者是律師，你就可以賺到很多錢」，也是同樣的情形。這些都是屬於E和S象限的工作。請檢視下頁現金流象限的示意圖。

在E和S象限裡面工作的人，所負擔的稅賦是最重的。

位於B和I象限的人則繳納最少的稅（有些甚至完全不用繳稅），就算他們賺到了幾百、幾千萬元也一樣。其中一個原因在於，這些位於B和I象限的人們創造了一個國家大半的財富（例如創造就業機會、興建民宅、或者提供辦公大樓給民眾和公司租用等），因此而被當成一種獎勵措施。

基本上有三種不同的收入類別，分別是：

- **薪資收入——稅賦最重**：上班族或自由工作者所獲得的收入都算是薪資收入，也就是稅賦最重的一種收入。每當他們賺到更多的錢，他們就得負擔更高的所得稅率。諷刺的是，偏好儲蓄的人從存款獲得利息時，這些利息也要被當成薪資加以課稅。當某人為了自己的退休金而進行投資時，這個人的退休帳戶一樣也要當成薪資來課稅。從任何角度來看，一切都對這些位於現金流象限左邊E和S象限的人們極為不利。許多理財專家之所以會說，「當你退休之後，收入就會減少」，是因為絕大多數人的計畫是在退休之後要變成窮人。因此，如果你本來就很窮，那麼稅賦對你將來的儲蓄存款和退休金就不會產生很大的影響（因為你的錢本來就不多）。但是，如果你打算在退休之後過著富裕的生活，那麼你辛苦累積的大筆存款和退休金就會被課以最高的稅率，這在財務上並非一種明智的做法。

・**投資收入——一般稅賦：**絕大多數的人是為了投資收入而投資。投資收入基本上就是一種資本利得的收入，亦即買低賣高而來。歐巴馬總統打算提高資本利得的所得稅率，這幾乎已經成為定局。目前資本利得最高的稅率是二十八%。誰知道這些資本利得的投資者們將會擔負多高的稅率？

附帶一提，那些買賣股票或者翻修轉賣房屋的人雖然是為了資本利得而進行投資，但一般來說，他們都會被當成薪資所得或者是普通收入來課稅，因為他們持有這些資產的時間很少超過一年以上。事實上他們的確是在從事S象限（而非I象限）中的工作。投資時要承擔所有的風險、要買低並且祈禱能賣高、最後還要繳納最高的稅賦等等，這在財務上絕對不是一種明智的做法。請跟會計師研究一下你自己是在哪一個象限中進行投資。

．被動收入——稅賦最底：從資產中所產生的現金流（例如我的出租公寓）是以被動收入來課稅，而這也是稅賦最低的一種。

除了純粹的被動收入之外，不動產投資者還享有有其他形式的現金流，可大大降低自己的應稅額度：例如增值、攤銷，以及折舊等，這些都是免稅的收入（也被稱為「虛擬的現金流」）。我愛死這種連個影子都看不見的現金流了。再強調一次，在投資這類現金流之前，最好先諮詢自己的會計師。

12. 債務和信用兩者之間的差異

你們多半都已經知道了，債務有所謂「好的債務」以及「壞的債務」兩種。擁有自己的房子是一種壞的債務，因為它會從你的口袋裡面把錢拿走。若擁有一間可以出租的不動產，而且每個月都收到足夠的租金來支付所有的開銷（包含房貸等在內），就是背負一種好的債務，因為它會把錢放進你的口袋。

好的債務是一種免稅的資金。既然這是借來的錢，使用它的時候就不需要繳納任何稅賦。舉例來說，如果我購買一間出租公寓時準備了兩萬美元的頭期款，也申請到八萬美元的房貸，那麼在絕大多數的情況下，這兩萬美元應該是我自己稅後的盈餘，而八萬美元則是完全免稅的資金。

利用債務的關鍵就在於如何聰明地貸到這筆款項，以及如何把貸款還清。知道如何聰明地貸到這筆錢，並且讓他人（例如房客或者是自己其他的事業）來把錢還清，就稱為你的償債能力，或者是信用。當你的信用愈高，你就可以利用更多的債務來讓自己致富，而且完全免稅。但再次強調，關鍵就在於你是否擁有財務教育以及實際的操作經驗。

就算在當今金融危機之下，還是有很多銀行願意貸給那些信用好的投資客動輒數百萬元計的貸款。銀行之所以願意把錢貸給像我這種信用等級高的客戶，是因為以下的五個理由：

- **我們投資的是B級的住宅公寓**。在公寓市場中，總共劃分為A、B和C三種等級的建築。A級就是最高級的住宅公寓，而這類的公寓目前市況非常不好，因為人們負擔不起之後就開始大量退租。C級公寓住宅則是專門租給低收入戶用。B級公寓住宅是專門租給白領階級的上班族。我的公司專精於提供安全、整潔、而且價格合理的出租公寓。就算經歷了金融危機，我們的公寓住宅依然滿房，租金也一直不斷地湧進來。銀行之所以願意將錢貸款給我們，正是因為我們擁有非常穩定的現金流。
- **我們選擇擁有就業機會的地方**。不動產真正的價值是跟就業機會有關。我們在德州和奧克拉荷馬州等以石油工業為主、就業機會仍然暢旺的地區擁有大量出租公寓住宅。我們在底特律完全沒有任何不動產，因為那裡的就業機會大量流失，因而使得不動產價格一路下滑。
- **我們在自然的，或法定的限建區域附近擁有公寓住宅**。舉例來說，我們會在那些周圍有規劃限建區域的市鎮裡擁有住宅公寓。換句話說，由於該城鎮不能持續擴張，因此房市的供給面受到了限制，它的不動產也就會更具價值。我們通常也擁有一些以河流為邊界的城鎮中的住宅公寓，因為該城鎮受到大自然先天的限制，阻礙城市繼續地擴展。

- **我們多年來一直從事這一行，並且擁有良好的商譽**。我們擁有極為良好的商譽，因為我們非常善於管理經營，就算房市狀況不佳也沒有差別。由於銀行信任我們，它們就會把其他投資者無法申請到貸款的一些絕佳投資機會交給我們。
- **我們謹守自己最擅長的領域**。如你所知，不動產本身也分成很多不同類型。我們完全沒有投資任何辦公大樓或者是購物中心。這不是我們的專長——但是價格如果一直這樣跌跌不休，或許我們會開始探討切入這個市場的可能性。

如果你曾經看過《富爸爸，窮爸爸》這本書，或許你會想起麥當勞創始人雷·克洛克（Ray Kroc）的故事。在書中我有提到一個故事，克洛克有一次問大家，「麥當勞在做什麼樣的生意？」在很多人回答「賣漢堡」之後，他說，「我的事業其實是不動產。」麥當勞是利用速食連鎖企業來購買不動產。我利用出租公寓來購買不動產，清楚地瞭解自己所處的事業，既擅長又專精，就會讓我們建立起相當好的信用，而信用良好就可以讓我們接觸到良好的、免稅的債務，就算在目前信用緊縮的狀況下也一樣不受影響。

13. 知道如何利用衍生性商品

巴菲特把衍生性金融商品稱之為「具有徹底毀滅性的武器」。這次金融危機的罪魁禍首都是一些諸如擔保債務憑證、不動產貸款抵押證券等衍生性金融商品。簡單來說，這些都是源自於債務的衍生性金融商品，經過包裝並被穆迪和史坦普爾評比公司評比為「ＡＡＡ」等級之後，就被當成一種資產拿到市場上來賣。一切都進行得非常順利，直到次級房貸戶無法按時繳納房貸之後，就形成了巨大的泡沫化（他們原先就已經負擔不起自己所住的房子）。接著整個債務市場開始崩跌，因而讓全球各地民眾的財富於一夕之間消失殆盡。

但是衍生性金融商品也能是創造大量財富的工具。在一九九六年時，金和我共同成立了富爸爸這個事業，這是衍生於我們腦袋的主意。我們也創造了現金流遊戲和書籍（例如《富爸爸，窮爸爸》以及這本書），也一樣是從我們腦袋衍生出來的商品。當我們創造並銷售這些遊戲和書籍，我們就像聯準會一般地在憑空創造出屬於自己的金錢。最近我們致力於把富爸爸事業體系轉變成加盟連鎖的形式，這依然是源自於我們腦袋的衍生性商品。在不動產方面，我們經常藉著重新申請貸款（另外一種衍生性金融商品）的方式，再從不動產當中榨出免稅的資金，並讓我們的房客來清償這些貸款。在股票市場方面，我經常出售本身持股的衍生性金融商品（例如選擇權的賣權等），藉著我原有的股票和自己的腦袋憑空創造更多錢出來。

永遠記得：你最偉大的資產就是自己的腦袋。藉由恰當的財務教育，你一樣也能發明那些可以創造大量財富、屬於自己的衍生性金融商品。

14. 瞭解自己的財富是如何被竊取的

當你檢視某人的財務報表時，你就能看出，為什麼位於現金流象限左邊E和S象限中的人老是會面臨財務方面的困難。

這些支出立即就會流到位於B和I象限的人們的手中。

至於那些站對邊，也就是B和I象限這一邊的人，則可以合法賺到幾百萬之後完全用不著繳稅、利用債務來增加自己的財富、從通貨膨脹上面獲利、而且完全不需要擁有一個塞滿高風險有價證券（例如股票、債券、共同基金，以及儲蓄存款等）的退休帳戶。

這兩者最大的差別在於，E和S象限的人是為了錢在工作，而B和I象限的人之所以工作，是為了增加自己能產生現金流的資產。

若想要進一步瞭解自己的財富是如何被竊取的，以及為什麼會有這麼多人面臨財務上的挑戰，請你造訪 http://www.conspiracyoftherich.com 這個網址，並觀賞「天天搶錢的陰謀」（The Everyday Cash Heist）這段影片。

15. 知道如何犯錯

我們都知道，如果不親自操作，幾乎學不會任何事物，而親自操作經常代表著犯錯。如果小孩子跌倒就要接受懲罰，那麼他永遠也學不會走路；除非你跳到游泳池裡，否則你無法學會怎麼游泳；光憑著唸書或者是聽講，你根本無法學會如何駕駛飛機。但是，我們現在的教育體系就是採用閱讀和聽講的方式來教育孩子，同時也會懲罰那些犯錯的學生。

下圖的學習金字塔是解釋人類最佳的學習方式。在金字塔最底部是閱讀，其學習效果大概只有一〇%。接著就是

學習金字塔

兩週後我們大概記得什麼	事件	涉及的本質	
對我們說過和做過的事記得 90%	實作	積極的	
	模擬實際經驗或遊戲		4
	做一場完美的簡報		
對我們說過的事記得 70%	做非正式演講		
	參與討論		3
對我們聽過和看過的事記得 50%	當場看到事情完成	消極的	
	觀賞展覽 參觀展覽 看現場表演		
	看電影		
對我們看過的事記得 30%	看圖片		
對我們聽過的事記得 20%	聽講		2
對我們讀過的事記得 10%	閱讀		1

資料來源：引用美國教育學家艾德格・戴爾（Edgar Dale）於 1969 年撰寫的《視聽教學法》（Audio-Visual Methods in Teaching）三版，已獲得湯姆森學習公司（Thomson Learning）華茲沃斯事業部（Wadsworth）的許可在此引述。

聆聽（或者聽講），學習效果則為二〇％。

當你看到模擬真實情況這個欄位時，它不但擁有九〇％的學習效果，而且也被公認為僅次於實際操作的最佳學習方式。

模擬或者遊戲等教學方式之所以具有這麼大的威力，是因為這種方式允許學生犯錯，並可讓他們從錯誤中學習。我加入飛行學校之後，花了非常多時間在飛行模擬器之中。這不但是一種比較省錢的學習方式，同時也安全許多。我在飛行訓練期間犯下了許多錯誤，並且從這些錯誤當中不斷地學習，因此讓我成為一位優秀的飛行員。

我長大成人後之所以能處於B和I象限之中，是因為我小時候玩了無數次的大富翁，清楚地瞭解從綠色和紅色房子等資產中能產生現金流。金和我一起發明了現金流的遊戲（經常被人戲稱為「打了腎上腺素的大富翁」），就是專門用來模擬現實生活當中的各項投資。藉著這個遊戲，你就會勇於犯錯，並從錯誤中加以學習，好為自己的現實生活做準備。我們很清楚地知道，有些人之所以害怕投資，是因為他們很怕做錯事情而導致賠錢。如果你玩現金流遊戲的話，就算自己不小心犯了錯而賠錢，也只不過是遊戲中的假錢罷了。更重要的是，每當你在遊戲中犯下錯誤時，你就會在真實生活裡變得愈來愈聰明。

財務教育中最大的錯誤

現代財務教育所犯的最大錯誤，就是邀請銀行家和理財規劃師到學校，教導莘莘學子有關金錢的事。讓一手促成當今金融危機的公司所屬員工進到校園來教我們的孩子，你真的認為這麼做可以解決金融危機發生的原因？

這麼做不是財務教育，這根本就是一種財務上的剝削，有錢人就是從這裡開始進行掠奪的。

如果我們能教育人們以現金流象限B和I的眼光來看這個世界，那麼他們整個觀念都會發生改變，會發現到一個充滿財富與無數商機的世界。

就在最近，我認識了一名大半輩子都活在E象限裡面的卡車司機。他為了一份合理的薪資而每天長時間地工作，但是他在金錢方面很沒有安全感。隨著油價上漲而日子愈來愈難過時，他的公司被迫裁員，因此他失去了原來的工作。就在那個時候，他發誓要接受財務教育並增加自己的財務IQ。一段時日之後，他買下了汽車運輸業當中的某個加盟事業體，一個他早就熟悉的行業，因而變成了一位創業家。今天的他已經達到了財務自由。

跟他聊天時，他告訴我，在他成為創業家之前，由於長時間工作、低收入、高所得稅，以及不斷上漲的伙食費、汽油費、健康保險費等一直在侵蝕著自己的薪資，所以從他當時的眼裡看來，這個世界的商機與賺錢機會非常有限。現在他眼中的世界則是充滿了無限商機。他改變了自己的心態，並且用現金流象限B和I這一邊的眼光來看整個世界，因此他的生命從此再也不一樣了。他原本可以單純地申請失業補助金，並且謀求類似的工作，但是他卻決定要提升自己的財務IQ。

對我而言，這就是完美闡述我個人信念的一個範例，我認為把錢拿給別人無法真正解決他們的問題。我相信停止餵人吃魚的時候到了，現在應該是要教導人們如何自己釣魚，並賦予他們力量來解決自己的財務問題，財務教育絕對擁有改變世界的力量。我敢預言，若有某個國家能為學生提供一套完善的財務教育，那麼無論該國現在是窮是富，將來必定會晉升為世界強權之一。

結束就是新的開始

探索有錢人的大陰謀這趟旅程已經走到了尾聲。雖然這是本書的結尾，但不應該是故事的結束──這也是你的故事。我這十五堂財務課程或許永遠都不會被學校所採納，但是任何想要增加自己的財務ＩＱ、並願意投入時間和精力的人，都可學會它們。它們也一樣可以代代流傳，就像當初富爸爸把這些觀念教給他的兒子和我一樣。請你身體力行地實踐它們，並教自己的下一代這麼做。現在你手上握著的是，擺脫有錢人陰謀的一種力量，這個力量可以讓你和所愛的人過著富足的生活。

富爸爸集團的使命就是要提升全人類的財務水準，藉著我們的書籍、遊戲、產品、課程，以及進階的財務教育和個人輔導等方式，我們就能幫助那些想要更進一步成長的人。就如同本書像野火燎原般地蔓延網際網路上無數論壇和部落格，希望富爸爸的智慧、關於富足的生活以及財務自由的理念，也一樣能散布到全世界。讓我們大家一起努力，藉著每一次改變一個人或一位小孩，我們一定能提升全人類的財務水平。讓我們一起把**知識就是新的金錢**這個訊息散播出去，讓大家知道上天賜給我們最有價值的資產，就是我們自己的腦袋。

非常感謝你成為創下歷史新頁的一份子，也因為有你，讓這本書獲得巨大的成功。

結論

我們是如何地作賤自己

我們是否在財務方面被徹底洗腦了？我相信是的。絕大多數人對於每天發生在他們周遭的陰謀視而不見，最主要的原因是，從小我們在財務方面就被調教過，變成像帕夫洛夫那隻受到制約的狗一般，還透過我們所用的詞彙來作賤自己——我們經常不假思索地重覆述說著傷害自己財富的咒語。

如我之前所說，詞彙可以讓我們變得富有，或者讓我們變得一貧如洗。

我們的教育體系非常稱職地將大眾訓練成E或S象限的人。在我們塑造自己人格的期間，我們的家庭和學校會不斷重複教著它們自認為聰明的理財箴言；但在現實中，這些箴言會把我們訓練成作賤自己的元凶。這些詞彙就像是咒語一般地深植在我們的意識之中，調教我們順從地把自己辛苦賺來的錢交給現金流象限右邊B和I象限的人們。如果缺乏紮實的財務教育，你將會被囚禁在現金流象限左邊的E和S之中。

我們的領袖並不鼓勵我們做出改變，也不鼓勵我們想辦法脫離E和S象限到B和I的這一邊。他們反而教我們要量入為出、節儉度日，而非提高自己的收入與生活水準。以我個人的觀點來看，降低自己的生活水準就等同於抹殺自己的精神。人們不需要過著這樣的生活。

剝削掠奪：那些作賤自己的語言

如你所知，那些位於E和S象限人們的財富，因為稅賦、債務、通貨膨脹，以及退休制度等影響而不斷地遭受到侵蝕。以下幾個範例就是要讓我們知道：和上述影響有關的語言，是如何使得我們作賤自己。

稅賦，**「上學唸書，然後找一份好的工作。」**這將會調教小孩成為一個上班族，並且要支付最高比例的所得稅。當你告訴小孩要辛苦工作才能賺到更多的錢，你無意中就將這個小孩推向一個更高稅級之中，並判決他（或她）去為稅賦最高的收入形式——**薪資所得**來工作。

那些從小被教育成B或I象限心態的人們，則是遵照完全不同的稅賦規則，他們可以賺取更多的金錢並且繳納更低的稅（有時候甚至不用繳納任何稅賦）。就如本書稍早所提到的，在B或I象限裡的人們可以在賺到幾百萬之後不用繳納任何稅賦——而且完全合法。

債務，**「趕快買自己的房子。你的自宅是一種資產，同時也是你個人最大的一項投資。」**建議眾人購買自己的房屋，是在訓練他們到銀行申請貸款並開始背負不良的債務。自宅屬於負債的一種，因為它只會從你的口袋裡面把錢拿走。一般而言，自宅並非你自己最大的投資，反而是你最大的負債。它不會把錢放進你的口袋。這個道理在當前的金融海嘯中是清楚不過了。

那些位於B或I象限的人們，則是利用債務來購買能產生現金流的資產，例如住宅公寓——那些能把錢放到自己口袋之中，而不是把錢從自己的口袋中拿走的資產。位於B或I象限這邊的人們，清楚地知道優良的債務和不良債務之間的區別。

通貨膨脹，「要儲蓄，要存錢。」當人們在銀行裡面儲蓄時，他們不自覺地在增加通貨膨脹的程度；諷刺的是，這恰巧會讓他們的儲蓄貶值。根據當前銀行體系的儲備金制度，銀行可以將個人儲蓄帳戶中的錢以好幾倍的額度放貸出去，並在這些貸款上收取遠比給這些儲蓄帳戶更高的利息。換句話說，儲蓄者會讓自己的購買力遭受到侵蝕。當他們存放的錢愈多，通貨膨脹的情形就愈嚴重。

輕微的通貨膨脹遠比通貨緊縮來得好，因為通貨緊縮相當具有毀滅性，而且非常難以制止。現在面臨的挑戰是：如果當前這些紓困和刺激景氣的方案無法有效抑制通貨緊縮的發生，那麼政府有可能大量印製鈔票讓我們陷入惡性通膨之中；在這種情況下，那些儲蓄者將會是最大的受害者。

你每儲蓄一元，就等於授權給銀行產生更多的錢。當你能理解這個觀念，你就能瞭解到為什麼那些具備財務教育的人們，會擁有不公平的競爭優勢。

退休制度，「長期並多元化地投資於股票、債券，和共同基金的投資組合之中。」這些話會長期讓位於華爾街的那些傢伙非常富有。想想看，數百萬E和S象限的人們，每個月不斷地把支票和錢匯進來，這種事情有誰會不想要？我會問自己，「當我知道自己也可以利用財務知識和智慧，合法地『印』自己的鈔票時，我為什麼還會想把自己的錢交給華爾街處置呢？」

總結

藉著把財務教育從我們的學校體系當中剔除，這些陰謀家們非常成功地在你我的腦海中灌輸了有助於他們強取豪奪的理財觀念。如果你想要改變自己的命運，那麼就請你先改變自己所用的語言。吸收有錢人所運用的詞彙，你的競爭優勢完全來自於自己的財務教育。

這也就是為什麼從今而後，**知識就成了新的金錢**。非常感謝你閱讀本書。

【後記】最後的記要

當初我在孕育《富爸爸之有錢人的大陰謀》一書的時候，我心中真的沒有什麼定見。對我而言，在網際網路上採用互動的過程來寫一本書，完全是種嶄新的概念，但也同時讓我興奮不已。由於全球金融危機已在各處發生，因此我很想讓這本書因應這種局勢。

我知道如果採用傳統出版的格式來寫這本書，至少需要一年的時間，才能把自己的想法訴諸書本，那麼金融危機可能早就演變成很嚴重的局面，甚至可能都成為過去式了。數個月以來隨著經濟每況愈下，並開始看到線上讀者的回饋與反應，我很清楚知道，當初決定在網際網路上採用互動的方式來寫這本書是正確的。

每當我坐下來撰寫章節內容時，世界上也同時發生了許多重要事件。在某種程度而言，我感覺自己好像又回到越南的舊時光：駕著直升機飛越戰場，全神貫注於自己的任務上，子彈呼嘯而過，炸彈爆炸的威力也撼動著我……。就如同在越戰時我心中擁有清楚的任務目標，我在寫這本書的時候也擁有清楚的使命。

多年來的經驗告訴我，大眾非常渴望獲得淺顯易懂的財務教育。我同時也知道，有許許多多的人內心充滿了恐懼、挫折感，並對我們的政客在經濟上的表現一再失望。這本書是專門設計來針對上述這兩種情況，不但給予人們一個清楚的計畫，同時提供直接明瞭的財務教育，來因應我們目前的經濟環境與未來的趨勢，同時也讓身為讀者的你，擁有機會來表達自己的想法、恐懼，以及光榮的勝利。

這一點最令我驚訝不已。我從你們，也就是各位讀者身上獲得的回饋，簡直超乎我的想像。我原本期待的是充滿智慧、思慮清晰的洞見、提問和評論——但是各位的回饋簡直是出類拔萃，並對本書以及它所提供的資訊助益良多。不僅如此，遍布全球的讀者群更是積極主動地提供了本書浩瀚遼闊的經驗與觀點，並在對話中提出了無比的貢獻。

最終而言，《富爸爸之有錢人的大陰謀》一書遠比我當初所想像的更加地成功。下面列出幾項你們對於本計畫無與倫比的接受度：

1. 來自一百六十七個國家，超過三千五百萬的點閱人次。
2. 造訪網站人次超過一千兩百萬。
3. 九萬多名註冊的讀者。
4. 超過一萬多筆的【讀者評論】、提問，和意見。
5. 遍布全球的兩千多個部落格共同協助揭發這項陰謀。

本書會這麼成功，都是因為有你。

因此，讓我藉這個機會表示個人的由衷感謝，感謝你成為「富爸爸之有錢人的大陰謀」社群的一員，並讓這個計畫獲得如此巨大的成功。你手上的這本書雖然是我寫的，但其實也算是你的作品。你們的想法、評論、提問等等，的確在寫作的過程中幫助我塑造了本書內容。事實上，你們許多人的評論早就成了本書的一部分。

我們攜手創造了出版史上嶄新的一頁。

我們一起揭發了有錢人的大陰謀。

謝謝你們。

羅勃特．T．清崎

二〇〇九年七月一日

有錢人的大陰謀特別企劃：Q&A

接下來的九個問題是我親自從「富爸爸之有錢人的大陰謀」網路論壇幾百個提問當中所挑選出來的。我真的希望能回答所有你們提出來的絕佳問題，但是這麼一來就等於在撰寫另外一本書。我相信這些問題具有足夠的代表性來回應絕大多數讀者的來信和詢問。非常感謝你們所提供的洞見、論點和問題。記住：**知識就是新的金錢！**

Q：如果我們在不久的將來能看到像是俄羅斯不斷在鼓吹的「國際強勢通貨」，不知你對於這樣的結果有什麼評論？（By isbarratt）

A：我對於國際強勢通貨不打算做出任何評論。無論我們是否繼續採用美元，或者任何其他形式的儲備性通貨，根本上的問題仍然存在著：這類的通貨仍然只是一種「法定通貨」，可以憑空印製發行。它們本身不具有任何的價值。法定通貨只是政府操縱的一種騙局，其設計的原理就是專門藉著通貨膨脹來竊取你們的財富。依照我個人的觀點，持有黃金和白銀這類的資產，比持有任何通貨都來得好。

Q：投資黃金和白銀時，如何將它們變成現金流的投資，而非資本利得？《富爸爸之有錢人的大陰謀》這本書讓我知道自己已經逐步偏離現金流收益的途徑，因此我必須重新檢視

自己的方向。我在拓展個人思維架構上面臨著挑戰：因為我看不出來「黃金和白銀不只是用來保護自己財富的安全網而已」。是否可以用它們來創造現金流？

（By Foresight2Freedom）

A：依我個人的狀況而言，當我有額外的現金流進帳時，與其將這些額外的現金存入活、定存的帳戶之中，我反倒是選擇以黃金和白銀的形式持有。我之所以會這麼做，是因為黃金和白銀可以針對不明確的通貨發行政策發揮避險的作用，例如就像現在的聯準會一樣，他們正不斷地發行上兆美元的通貨，並將其挹注在經濟體系之中。與其將我多餘的現金以美元持有，並眼睜睜看著它的價值隨著通貨膨脹的上揚而不斷地下跌，我寧可將多餘的錢以黃金和白銀的方式持有，並看著它們的價值隨著通貨膨脹而日漸上漲。因此，雖然黃金和白銀本身無法創造出所謂的現金流，但是它們的確能保護我免於受到通貨膨脹的損失。再強調一次，就如同任何資產一樣，如果你的財務ＩＱ很低，你仍然可能會在黃金和白銀上頭賠錢。黃金和白銀本身無法讓你致富，而是你對黃金和白銀到底有多少瞭解才是致富的關鍵。

Q：你是否認為在惡性通膨的狀況下，不動產的租賃對自己的投資組合有著正面的效益？

（By colbycl）

A：除了惡性通膨之外，還有許多其他的因素要一併考量。就如同任何投資案件一樣，你必須先做好功課來確保一切數據是有利的。舉例來說，你是否能從租金當中獲得足夠的現金流來涵蓋自己所有的支出，並償還自己的貸款？針對自己所投資的地區而言，是否有足夠的就業機會，能吸引人潮前來居住？唯有當以上（以及其他相關）問題的答案都是肯定的時候，不動產的前景才會看好。記住，無論當時的景氣如何，永遠都會有優質和差勁的不動產投資案。一切都完全取決於現金流。

Q：我想請教你有關於健康方面的陰謀，你有什麼樣的內容可以跟我分享？（By ovortron）

A：我並不是一位醫生，我的專長也不屬於健康醫療這個領域，但是我的確高度懷疑所有的醫療以及健康保險行業，對於我們現有的醫療體系和百姓所獲得的醫療照顧擁有極大的控制權。我個人除了一般的醫療方式外，也會充分利用其他類型的醫療方式，例如針灸、自然療法、整脊整骨等等。我也極力避免服用任何藥物，就如同所有其他的事情一樣，當你知道得愈多，你就能愈能保護自己，並對自己的健康和財富做出紮實的判斷。我鼓勵你在這個議題上開始著手研究。

Q：我的問題是有關於剛剛起步的人。你在書中提到：在你獲得為數不小的資本利得之後，你的富爸爸才提醒你要開始為現金流而投資。大部分我所認識的人當中，有從投資當中得到豐厚報酬的人，都是藉著資本利得的手段，而非現金流收益的方式來獲得。雖然現金流是一種長期性的投資，但你是否能給一些僅有少數資金（甚至沒有）的人們一些建議，告訴他們如何聰明地進行短期投資？（By Miguel41a）

A：我回答這類問題的答案永遠一樣：趕緊獲得財務知識方面的教育。就如同我在《富爸爸之有錢人的大陰謀》一書中不斷地強調：知識就是新的金錢。最佳的學習方式，就是藉著實際練習，或者以模擬的方式進行。你一定會犯錯，但是關鍵在於要從錯誤中不斷地學習。如果一開始你不敢用真的錢來進行投資，那麼我發明的「現金流遊戲」就是一種絕佳的模擬方式，能讓你學習如何分析並進行各種投資案，從自己的錯誤中不斷地汲取教訓。這樣你就能在進行真正的投資之前做好充分的準備。我個人認為，知道如何發掘優質的投資案件、如何加以分析、如何做簡報等之類的知識，遠比擁有足夠的錢還來得重要許多——光是擁有錢是不足以讓你致富的，你所擁有的知識才是重點。只要是優質的投資案件，永遠都有辦法從投資家和銀行那裡籌措到金錢。

Q：我有一個十四歲大的女兒。她在功課方面擁有傑出的表現。我能給她什麼樣的建議，讓她在長大成人之後不會淪為有錢人大陰謀的受害者？她已經看完所有你寫給青少年看的富爸爸系列書籍。

（By Madelugi）

A：孩子最佳的模範就是他們的父母。因此問題不在於孩子正在做些什麼，反倒是你平日怎麼做給他看才是重點。就算你傳授小孩良好的知識，他們仍然需要觀摩你本人是如何實際地運用它們。光是你自己平日做榜樣給他們看，就會對自己孩子的財商教育產生巨大的影響力。

我也曾經聽說過有七、八歲的小孩，不但在看我寫的書籍，同時也在玩現金流遊戲。毫無疑問地，這些小孩在未來的財務上更有機會擁有光明的前景，因為他們獲得了財商教育——而他們的同儕就沒有獲得這類知識。我也開發了一套針對小孩的「現金流遊戲兒童版」（Cashflow for Kids），因此就連六歲大的孩子也可以開始學習有關金錢和投資的知識。

Q：不知道你對終生壽險保單有什麼樣的想法？有兩個理財專員不斷地向我推薦這類產品。

（By rzele）

A：我不喜歡投資壽險。我個人認為，尤其在聯準會還在拚命印製發行這麼多美元通貨的狀況下，它根本就是剝削搶錢。通貨膨脹會使你購買的保單價值逐年萎縮，而且理財專員拚命鼓吹這些投資工具的原因，是因為他們可以從中賺到錢，並非這些保單真的對你個人有所幫助。雖然這麼說，終身壽險保單仍然適合那些自己沒有辦法儲蓄、極度缺乏財商教育，以及不知如何投資獲利的人。至於那些自己不太敢進行投資的人，定期壽險則是另外一種選擇，它也遠比終身壽險還來得便宜許多。這需要由你自己來做決定。

Q：身為一個拜讀了你大部分著作的創業家，我也是第一次窺見我們下一代坎坷的道路，不知道我們的教育體系是否擁有任何希望？

（By jack47）

A：很不幸地，我對我們的教育體系並不抱持著任何希望，至少在短時間之內是如此。每個行業都各自以不同的步調做出改變。舉例來說，高科技的演變日新月異，重大的改變可能只需要十年，甚至更短的時間就會發生。工程建設和教育行業則需要花費更長遠的時間才能做出改變。有時候甚至可能需時五十年以上的光陰，才能在這些行業中觀察出已經發生過的那些有效率、系統化，並且具有意義的改變。這就是為什麼我一直在倡導人人應該要承擔起自己，以及自己的孩子的財商教育。

Q：目前的經濟局勢重創了我，現在的我只是在「勉強度日」。針對那些打算重新振作、有所作為的人，你能給予他們的最佳、最重要的建言是什麼？

（By msrpsilver）

A：就像我所說過的，知識就是新的金錢。因此要持續在金錢和投資的領域當中教育自己，不斷地提升自己的財務ＩＱ。同時要深入研究現金流象限，並清楚瞭解讓自己貧窮的原因：稅賦、債務、通貨膨脹，以及退休金制度。訓練自己以現金流象限右邊的Ｂ和Ｉ來思考，並且學習如何藉著稅賦、債務、通貨膨脹以及退休金制度來讓自己財富的損失最小化。當你擁有了現金流象限右邊Ｂ和Ｉ的知識後，你就能學會如何賺幾百萬元而不需要繳納任何稅賦、利用別人的錢來賺取自己的財富、找出並投資那些在通貨膨脹下會不斷增值，還會產生被動收入的資產，來因應自己退休生活的所需。沒有所謂的靈丹妙藥，完全得靠著勤奮以及良好的教育才能成功。

【感謝】

我的富爸爸經常說，「創業和投資都屬於一種團隊運動。」這句話在寫書時也是同樣適用——尤其是各位手中的這一本尤然。藉著《富爸爸之有錢人的大陰謀》一書，我們創造了全新的歷史。隨著富爸爸系列叢書當中第一部在線上互動的書籍，將我引進了一個嶄新的領域。還好我擁有一個絕佳的團隊，並且經常獲得他們的支持。每一位隊友都勇於承擔這些新的挑戰，表現也遠遠超乎我原先的預期。

首先，感謝我美麗的新娘金不斷的鼓勵和支持。妳在我的財務道路上，無論是輝煌還是落魄的時光，一路緊緊地伴隨著我。妳是我生命的夥伴，也是我成功的原因。

感謝Elevate顧問公司（elevatecomany.net）的傑克．強生（Jake Johnson）協助我塑造本書的思維和架構，並將本書從理想化成實際的結果。同時也要感謝在Hachette公司的編輯瑞克．沃夫（Rick Wolff）和利亞．崔科薩斯（Leah Tracosas），他們不但投注了無限的心血，並勇於做出新的嘗試來讓這個案子成功。

特別感謝富爸爸公司的朗達．尚科瑞（Rhonda Shenkiryk），以及Metaphour公司（metaphour.com）的瑞秋．皮爾森（Rachael Pierson）在本書的行銷以及發表本書的頂尖網站上，長時間以來所投注的巨大心力。

非常感謝那些每天嚴陣以待的富爸爸團隊夥伴們，你們堅持不懈地跟著金與我度過這些好好壞壞的歲月。你們才是我們整個組織的核心。

聘用世界第一品牌全球事業夥伴
讓你的業績快速成長

Sales Partners 賽仕博 TAIWAN

說到商業要贏…

就一定要

- 驅動銷售
- 創造大量現金流
- 建立一流的戰鬥團隊

不論那一個行業

聘用賽仕博全球事業夥伴，
讓你的業績在短短6周內
就爆增**20-85%**。

我們有最堅強的團隊，
隨時都準備好來幫助您, 讓您
擁有一流的公司和團隊。
並發現賺得比你能想像得還多的祕密!

我們過去的業績會說話：

山姆，來自美國
自從聘用全球事業夥伴後，短短一年之間，
業績就從75萬美元成長到130萬美元。
現在他終於知道如何成為公司的經營者，
而非個體戶。

莉茲，來自美國
聘用全球事業夥伴後，短短二個月
銷售額就增加了250萬美元，
現在更有機會創造
年營業額300萬美元的歷史紀錄。

賽仕博全球事業夥伴讓我成為一個贏的團隊!!
賽仕博全球事業夥伴讓我看到自己的問題，
之前要用很多的時間經營自己的企業，現金流也沒有
因此大幅成長，透過賽仕博讓我了解銷售=人生，
我的工作夥伴也都樂意去銷售並創造大量現金流，
在短短三個月內就多拓展3家分店。
【米蘭時尚髮型連鎖 台灣 許漢宗總裁】

賽仕博全球事業夥伴讓我打造一個破紀錄的團隊!!
參加富爸爸集團賽仕博全球事業夥伴讓我了解到
企業成長的五大公式，一年內連續打破台灣教育
訓練界海外大師學習人數的記錄，並連續2次打破
布萊爾. 辛格『領導與銷售2天課程』的全球紀錄，
遠遠超越自己以往的規模讓台灣在國際發光。
【苳業國際教育團隊 台灣 黃鵬峻總經理】

不管在任何市場你都能創造現金流

57分鐘後
你將了解以下的祕密

掌控最重要的資產-你內在的『小聲音』
讓你擁有絕佳的自信與能量
競爭對手撤退時, 輕鬆擴大市場佔有率
大量增加你的現金流收入
並發展銷售循環系統, 在任何景氣都能**贏**!

~公司. 團隊可提供1小時講座體驗~
場次有限. 現在來電預約!!

賽仕博全球事業夥伴加盟體系 台灣RD團隊
苳業國際教育團隊 TEL:(台北)02-2738-3379
網址:www.sp-taiwan.com

GOBOOKS
& SITAK
GROUP©